Zepter und Zügel

108
Rofrid' fidelissim' abbas
Mons casin'
Rocca archis
Mathes burrell' claves castri assignat
Capua

Ingeborg Seltmann

Zepter und Zügel

Unterwegs im Troß der mittelalterlichen Kaiser

BATTENBERG

Die Deutsche Bibliothek - CIP-Einheitsaufnahme
Seltmann, Ingeborg:
Zepter und Zügel : unterwegs im Troß der mittelalterlichen Kaiser/Ingeborg Seltmann. - Augsburg : Battenberg, 1999
ISBN 3-89441-422-7

Umschlagfotos: Ausschnitt einer Seite aus dem »Romuléon« des Roberto della Porta; Bibliothèque Nationale, Paris, Ms. fr. 364, fol. 313 (vorne). Ausschnitt einer Seite aus dem »Liber ad honorem Augusti« des Petrus de Ebulo; Burgerbibliothek Bern, Codex 120 (hinten)
Schmutztitel: Detail einer Seite aus dem Falkenbuch Friedrichs II.; Biblioteca Apostolica Vaticana, Rom, Pal. lat. 1071
Frontspiz: Seite aus dem »Liber ad honorem Augusti« des Petrus de Ebulo; Burgerbibliothek Bern, Codex 120 II, fol. 108r

Kartenausschnitte
S. 16: Putzger, Historischer Weltatlas, 102. Auflage, © 1997, Cornelsen Verlag, Berlin, S. 38/39; S. 79: Putzger, Historischer Weltatlas, 102. Auflage, © 1997, Cornelsen Verlag, Berlin, S. 42/43

BATTENBERG VERLAG, AUGSBURG

Konzeption: Annette Hofmeister
Lektorat: Margit Bachfischer, Langenneufnach
Layout und Satz: Armin Tichacek
Assistenz: Barbara Bößl
Gesetzt aus der Berthold Poppl Pontifex
Bildredaktion: Margit Bachfischer, Langenneufnach
Umschlaggestaltung: Thomas Steinkaemper, Wörthsee
Kartographie der Itinerare: Waltraud Laßner, Augsburg
Reproduktion: Repro Ludwig, Zell am See
Druck und Bindung: Appl, Wemding

Gedruckt auf umweltfreundlich chlorfrei gebleichtem Papier.

Printed in Germany

ISBN 3-89441-422-7

Inhaltsverzeichnis

Vorwort

Zepter und Zügel – diese beiden Begriffe drücken kurz und bildhaft aus, was die alltägliche »Regierungsarbeit« eines mittelalterlichen Herrschers in Deutschland prägte: Hoch zu Roß war er Tag für Tag, Jahr für Jahr in seinem Reich unterwegs, um seinen Herrschaftsanspruch immer wieder aufs Neue durchzusetzen, Recht zu sprechen, Lehnsbande zu erneuern, Privilegien zu gewähren und die Würde seines Amtes jedermann sinnfällig zu machen, indem er sich mit Zepter, Krone und den übrigen Insignien seiner Macht dem Volk zeigte.

Auch unsere Politiker reisen viel. Aber die Reisen der mittelalterlichen deutschen Könige und Kaiser fanden unter völlig anderen Voraussetzungen statt – nicht nur weil die Verkehrsmittel primitiver waren. Anders als heute gab es kein administratives Zentrum, keinen Ort, von dem alle Reisen ausgingen und an dem sie immer wieder mündeten. Es fehlten diesen Herrschern nicht nur all die modernen, uns vertrauten Kommunikationsmittel, es fehlte ihnen die Hauptstadt, ja es fehlte ihnen über weite Strecken jede ausgeprägte Form der Schriftlichkeit, es fehlten ein stehendes Heer, eine zuverlässige Beamtenschaft. Die Beziehungen zwischen dem Kaiser und den Reichsangehörigen waren fast ausschließlich persönlicher Natur. Und so war er gezwungen, in einem endlosen Ritt sein Leben im Sattel zu verbringen und immer wieder die einzelnen Teile seines Reiches zu durchqueren, um seine Herrschaft sichtbar und greifbar zu machen. Was dies nicht nur an Unbequemlichkeiten, sondern an körperlichen Strapazen mit sich brachte, können wir kaum noch ermessen.

Natürlich fragen wir uns: Hatte dieser endlose Ritt ohne Zentrum, dieses Kreuz und Quer von Nord nach Süd und Ost nach West eine Logik, einen Sinn? Was trieb den Herrscher zu einem bestimmten

Zeitpunkt an einen bestimmten Ort und nicht an einen anderen? Wie sah sein Alltag aus? Wie lange blieb er an einem Ort? Wovon lebte er auf seinen Reisen? Gab es in diesem Leben ohne Atempause auch Zerstreuung, ein Familienleben?

Das Buch will – so gut es die Quellenlage erlaubt – Antworten auf diese Fragen geben.

Das Mittelalter erscheint uns oft nicht nur als eine sehr fremde, sondern auch als eine statische Zeit, in der sich über tausend Jahre hinweg wenig verändert hat. Und doch sah der Reiseweg Karls des Großen um das Jahr 800 ganz anders aus als der Friedrichs II. um das Jahr 1215. Politische Entwicklungen, wirtschaftliche und soziale Wandlungen beeinflußten den Weg des reitenden Herrschers durch sein Reich. Aber auch persönliche Vorlieben, schier unglaubliche Glücksfälle genauso wie erschütternde menschliche Katastrophen hinterließen ihre Spuren. Wir begleiten den ersten großen Herrscher des Mittelalters, Karl den Großen. Wir folgen den Spuren Ottos des Großen, des ersten Kaisers des werdenden Deutschen Reiches, dessen Weg ein ganz anderer war. Wir begleiten den von politischen und menschlichen Katastrophen gebeutelten Heinrich IV. auf seinem Ritt und schließen mit dem staunenerregenden Weg Friedrichs II., der die Phantasie der Nachwelt über Jahrhunderte beschäftigt hat.

Dieses Buch hat eine lange Vorgeschichte, die zwanzig Jahre zurückreicht. Damals habe ich mich im Rahmen meiner Doktorarbeit zum ersten Mal mit dem Reiseweg eines mittelalterlichen Kaisers beschäftigt. Dieses Thema hat mich immer wieder begleitet. So war der Gedanke reizvoll, den Wegen der reitenden Herrscher einmal im Vergleich über mehrere Jahrhunderte hinweg nachzuspüren.

Es gibt zu diesem Thema eine ansehnliche Zahl von fachwissenschaftlichen Arbeiten – angefangen von einem grundlegenden Aufsatz von Theodor Mayer über ein umfangreiches Werk von Carlrichard Brühl bis hin zu neueren Spezialuntersuchungen. Dennoch taten sich beim Schreiben dieses Buches – besonders bei Otto dem Großen und Heinrich IV. – überraschend viele Fragen und Wissenslücken auf, die dazu zwangen, über die Fachliteratur hinaus die Quellen selbst zu befragen. Das hat die Arbeit an diesem Buch zwar mühsam, aber auch erst wirklich spannend gemacht.

Zwar enthält dieses Buch keinen wissenschaftlichen Anmerkungsteil, wer sich aber mit dem Thema intensiver befassen möchte, wird über das Quellen- und Literaturverzeichnis im Anhang sicher der Beantwortung seiner Fragen auf die Spur kommen.

Mein Dank gilt dem Battenberg Verlag, der mir die Möglichkeit zur Realisierung dieses Buches gegeben hat und mir alle Freiheiten gelassen hat, das Thema so auszufüllen, wie ich es mir vorgestellt habe. Danken möchte ich auch Annette Hofmeister und Margit Bachfischer für ihre Hilfe bei der Bildbeschaffung und ihren stets freundlichen und engagierten Einsatz für das Manuskript.

Vor allem aber bin ich meiner Familie dankbar, ohne die mir meine Arbeit keine Freude gemacht hätte.

Und so ist dieses Buch Thomas, Martin und Eva gewidmet.

Dr. Ingeborg Seltmann

Herrschaft aus dem Sattel

Politik und Alltag von den Karolingern bis zu den Staufern

Der Stauferkaiser Heinrich VI. (1190–1197) war während des Jahres 1193 ständig unterwegs, von Regensburg bis ins Elsaß, von Mainfranken bis zum Niederrhein. Im Laufe eines einzigen Jahres legte er zu Pferde eine Strecke von über 4000 Kilometern zurück.

Reich ohne Hauptstadt

Heinrich VI. war kein Einzelfall. Seit dem frühen Mittelalter waren die fränkischen und deutschen Könige zeit ihres Lebens unterwegs. Sie übten ihre Herrschaft in einer nie endenden Reise durch ihr Reich aus, regierten, wie man es einmal sehr plastisch beschrieben hat, »aus dem Sattel«. Eine feste Hauptstadt gab es nicht, bestenfalls vorsichtige Ansätze dazu in der Karolingerzeit, die jedoch nicht von Dauer waren. Es gab zwar unter den Herrscherhäusern der Ottonen (919–1024), Salier (1024–1125) und Staufer (1138–1250) bevorzugte Regionen, Verdichtungsräume der Herrschaft und Lieblingsorte, im Spätmittelalter auch landesfürstliche Residenzen, doch das Deutsche Reich als Ganzes blieb zeit seines Bestehens bis zu seinem Ende 1806 ein »Reich ohne Hauptstadt«.

Ruhelose Reisen

So waren die Herrscher gezwungen, Monat für Monat und Jahr für Jahr ihr Reich zu Pferde zu durchmessen. In einer Zeit ohne Telefon, Fax und Fernsehen, ohne Radio und Zeitung, ohne flächendeckendes Postsystem und schriftliche Verwaltung, ohne effektive Verkehrsmittel und eine verläßliche Beamtenschaft hing alles an der Person des Herrschers. Er selbst mußte in den einzelnen Teilen seines Reiches nach dem Rechten sehen, durch sein Erscheinen seinen Herrschaftsanspruch dokumentieren, Recht sprechen und den Frieden sichern, Privilegien gewähren, Kontrolle über die regionalen Mächte ausüben, dem Volk die Würde des Königtums vor Augen

Die Reisen Heinrichs VI. im Jahre 1193:

28. Jan.	Regensburg
14. Feb.	Würzburg
23. März	Speyer
5. April	Hagenau
9. April	Straßburg
19. April	Hagenau
28. April	Boppard
13. Mai	Mosbach
18. Mai	Würzburg
25. Mai	Gelnhausen
14. Juni	Koblenz
28. Juni	Worms
2. Juli	Kaiserslautern
15. Aug.	Worms
17. Aug.	Heßloch
30. Aug.	Straßburg
16. Sept.	Kaiserslautern
18. Okt.	Würzburg
2. Nov.	Sinzig
13. Nov.	Aachen
25. Nov.	Kaiserswerth
4. Dez.	Gelnhausen
12. Dez.	Frankfurt
20. Dez.	Gelnhausen

führen. Wo er sich selten oder nie blicken ließ, da bröckelte die Macht.

Symbolhafte Gesten

Herrschaft war weitgehend persönlich ausgeübte Herrschaft. Sie verlangte die physische Anwesenheit des Königs, immer wieder und wieder. Jede Belehnung, jede Privilegierung durch die Krone war ein persönlich vorgenommener Akt, in dem sinnfällige Gesten eine entscheidende Rolle spielten.

Stattete der König zum Beispiel einen Kronvasallen mit einem Lehen aus, so kniete der neue Lehnsmann nieder, der König umschloß in einer symbolhaften Geste die Hände des neuen Lehnsmannes mit den seinen und überreichte ihm anschließend ein Zeichen für sein neues Lehen, zum Beispiel eine Fahne.

Der Kaiser belehnt seine Kronvasallen mit Grundbesitz, Ämtern und Rechten. Er tut dies mit Symbolen. Hier übergibt er einem Bischof und einer Äbtissin als Zeichen für das neue Lehen ein Zepter, die drei weltlichen Reichsfürsten erhalten vom Kaiser Fahnen

Der Sachsenspiegel des Eike von Repgow, Illustration zum Landrecht III, 60§ 1; Universitätsbibliothek Heidelberg, Cod. Pal. Germ. 164

Ließ der König für eine geistliche Institution oder für einen weltlichen Großen durch seine Kanzlei einen Gnadenerweis ausstellen, so setzte der Herrscher zum Zeichen für die Gültigkeit des Privilegs (sogar wenn er selbst weder lesen noch schreiben konnte) auf der Urkunde in seinem Monogramm eigenhändig einen »Vollziehungsstrich«. Erst dadurch wurde das Privileg rechtsgültig.

Augenfälliges und Handgreifliches

Das Mittelalter lebte von solchen sprechenden Gesten. Die allermeisten konnten ja weder lesen noch schreiben. Man brauchte das Augenfällige, das Handgreifliche: Die Erdscholle mit den drei Halmen darin, die die Ausstattung mit einem Stück Feld be»greiflich« machte. Die Schenkungsurkunde für eine Kirche, die man auf dem Altar niederlegte, um damit den Heiligen selbst zu beschenken. Das Recht des jungen Ehemannes, der zum Zeichen der Besitzergreifung seiner frisch vermählten Frau auf den Fuß trat.

Wie sollte man da einem König folgen, den keiner jemals mit seinem ganzen Gefolge von Angesicht gesehen hatte? Wie jemanden als rechtmäßigen Herrscher von Gottes Gnaden begreifen, der nie im prunkvollen

Ornat in der Bischofskirche in einem feierlichen Gottesdienst unter der Krone gegangen war?

Vielleicht lächeln wir allzu leicht über einen derart einfältigen Bedarf an Sinnfälligem und Handgreiflichem. Dennoch legen selbst heute noch unter ganz anderen Voraussetzungen Bundesminister Wert darauf, persönlich und im Angesicht der Medien mit der Schere das Band am neuen Autobahnstück zu durchschneiden, den ersten Spatenstich für den neuen Regierungsbau zu tun oder mit einem Bad im Rhein dessen Wasserqualität zu demonstrieren.

Schriftliche »Beweise« der königlichen Gegenwart

Die verschlungenen Wege, auf denen die mittelalterlichen Herrscher durch ihr Reich zogen, bezeichnet die Geschichtswissenschaft als »Itinerare« (von lat. *iter* – Reise, Weg). Man rekonstruiert und kartiert diese hauptsächlich anhand der erhaltenen Urkunden, die die Herrscher auf ihrem Weg ausstellen ließen und die in aller Regel mit Orts- und Zeitangaben versehen sind. Diese Herrscherurkunden folgen einem festen Schema. Sie beginnen mit der Anrufung Gottes, in dessen Namen jeder Herrscher handelt: »Im Namen der heiligen und unteilbaren Dreifaltigkeit. Heinrich [Friedrich, Otto oder wie der Name des Königs lautet] von Gottes Gnaden König ...«

Die Urkunde endet bis ins 12. Jahrhundert hinein mit der Nennung von Zeugen und dem Vollziehungsstrich, den der Herrscher in seinem Monogramm setzte, sowie der Gegenzeichnung durch den Kanzler. Darauf folgten Zeit und Ort der Ausstellung. So heißt es in einer Urkunde Barbarossas für Heinrich den Löwen: »Gegeben zu Goslar an den Kalenden des Januar, in der VI. Indiktion [in der römischen Kaiserzeit gab es einen 15jährigen Steuerzyklus, den man mit dem Begriff der Indiktion bezeichnete; das Mittelalter verstand die Bedeutung zwar nicht mehr, benutzte diese Datierungsform aber weiter], im Jahre der Fleischwerdung des Herrn 1157, während der Herrschaft des Herrn Friedrich, des ruhmreichsten Kaisers der Römer, im 6. Jahr seines Königtums, im 3. Jahr seines Kaisertums.«

Zu den Urkunden, die die wichtigste Quelle für das Itinerar sind, treten chronikalische Nachrichten. So heißt es in den Jahrbüchern von Fulda:

»880: Der Winter war hart und ungewöhnlich lang: Rhein und Main, von Kälte zugefroren, gestatteten lange eine Begehung. König Ludwig feierte den Geburtstag des Herrn in Frankfurt, dann brach er nach Gallien auf.«

Ein Lehnsherr nimmt sitzend die »Mannschaft« seines neuen Lehnsmannes entgegen. Dieser kniet dazu vor dem Lehnsherrn und legt seine gefalteten Hände zwischen die des Herrn

Der Sachsenspiegel des Eike von Repgow, Illustration zum Lehnrecht, 20 § 5; Universitätsbibliothek Heidelberg, Cod. Pal. Germ. 164

Lückenhafte Überlieferung

Für die Merowingerzeit, also den Zeitraum von 482 bis 751, sind so wenige echte Urkunden erhalten, daß man gar keinen Reiseweg rekonstruieren kann. Selbst im 9. und 10. Jahrhundert klaffen oft noch Lücken von Wochen,

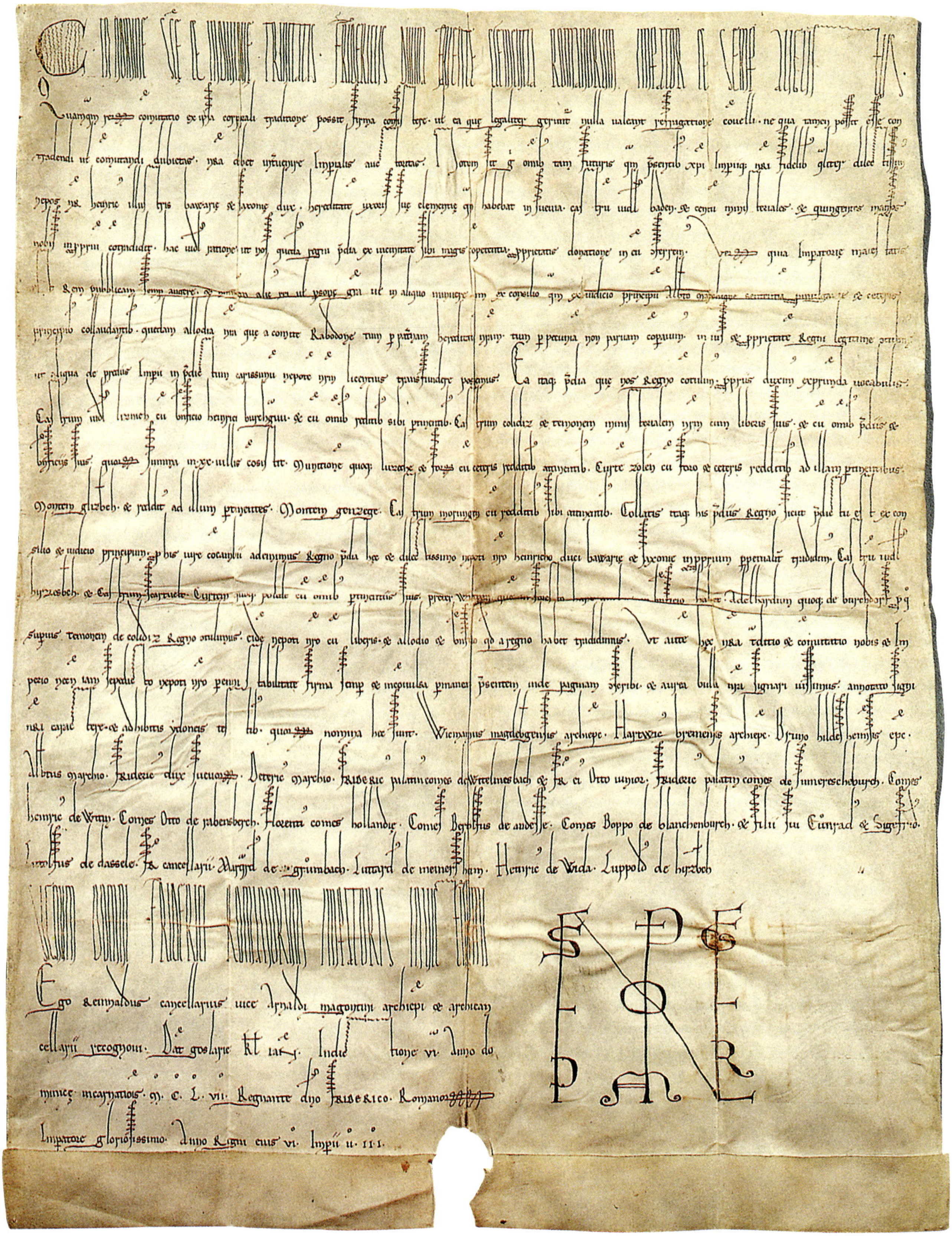

ja selbst Monaten zwischen zwei bezeugten Aufenthaltsorten. Erst in der Folgezeit fließen die Quellen üppiger.

Nicht selten beeinflussen Zufälle das Überlieferungsbild. Ein eindrucksvolles Beispiel ist die Abtei Hersfeld im heutigen Hessen. Von der Mitte des 10. bis zur Mitte des 11. Jahrhunderts hören wir 100 Jahre lang nichts von Herrscherbesuchen in der Benediktinerabtei, auch wenn wir solche vermuten können. Doch dann plötzlich ist Heinrich IV. gleich achtmal in den Jahren von 1062–1077 hier nachweisbar. Die Gründe liegen auf der Hand. Wir erfahren von diesen Aufenthalten in erster Linie durch den Chronisten Lampert von Hersfeld. Dieser war selbst Mönch in Hersfeld und führte natürlich säuberlich Buch über die königlichen Besuche in seinem Kloster!

Auch ist Aufenthalt nicht gleich Aufenthalt. Der eine Ort ist vielleicht nur Durchgangsstation auf einem Feldzug, ein anderer dagegen Schauplatz eines wichtigen Hoftages mit weitreichenden Beschlüssen, ein dritter Ort zählt zu den Lieblingsresidenzen, an denen der reisende Herrscher für ein paar Tage oder sogar Wochen Atem schöpft.

Fragen über Fragen

Man muß also schon genauer hinsehen, soll uns der Weg der endlos reisenden Könige etwas darüber erzählen, wie Herrschaft im Mittelalter ausgeübt wurde.

Viele Fragen stellen sich, wenn man sich den Itineraren zuwendet: Warum zog der König zu einem bestimmten Zeitpunkt an diesen oder jenen Ort und nicht an einen anderen? Wer begleitete ihn? Wie umfangreich war sein Gefolge? Wer versorgte ihn und die mit ihm Reisenden mit Nahrung? Wo wohnte und schlief der König mit seinem Troß? Welche Entfernungen legte er zurück? Reisten Frau und Kinder des Herrschers mit? Wie lange konnten sie an einem Ort bleiben? Warum bevorzugte der König immer wieder bestimmte Landschaften und war in anderen Gegenden nie zu finden?

Informationen »zwischen den Zeilen«

Wenn man sich mit der Geschichte des Mittelalters (also etwa dem Zeitraum von 500–1500 n. Chr.), und zumal mit der Geschichte des frühen Mittelalters beschäftigt, muß man sich aber leider damit abfinden, daß sich viele Fragen entweder nicht, nur schwer oder lediglich auf Umwegen beantworten lassen. Besonders gilt dies für Fragen, die nicht die großen Staatsaktionen, sondern das alltägliche Leben betreffen. Anders als heute, wo wir in einer Informations- und Papierflut ertrinken, war das Lesen- und Schreiben-Können ein Privileg und die Schriftlichkeit den besonderen Gelegenheiten vorbehalten. Die meisten Dinge wurden mündlich erledigt, durch ein Symbol, einen Handschlag bekräftigt. Nur wirklich bedeutsame Dinge schrieb man auf, zumal Pergament, gewonnen aus der Haut von Schafen, Ziegen oder Kälbern, ein luxuriöser Rohstoff war. Und wenn denn ein Annalist, ein Chronist zur Feder griff – und wir zudem noch das Glück haben, sein Werk noch zu besitzen! –, dann wollte er auch wichtige Dinge berichten: über den Italienzug des Königs, über eine Mondfinsternis, über ein Kalb, das mit zwei Köpfen auf die Welt gekommen war. Wen interessierte das Banale, das Alltägliche? Jeder wußte doch darüber Bescheid – es war nicht wert, aufgeschrieben zu werden. Jeder wußte schließlich, was ein ausgewachsener Mann am Tag so aß. Jeder wußte, was ein Reitpferd wert war. Jeder wußte, wie weit ein Reiter mit seinem Troß an einem Tag kam. Man mußte keinem erzählen, in welchem Zustand die Straßen waren. Und wenn der König

Urkunde Kaiser Friedrichs I. für Heinrich den Löwen, Goslar, den 1. Januar 1158. Am Anfang der Urkunde steht ein großes »C«, das sogenannte »Chrismon«, eine symbolische Anrufung Christi. Der Text beginnt traditionell mit den Worten: »In nomine sancte et individue trinitatis«, d. h. »Im Namen der heiligen und unteilbaren Dreifaltigkeit«. Gut erkennbar sind das Monogramm des Kaisers sowie Orts- und Datumsangabe am Ende der Urkunde. Das Siegel des Herrschers, eine Goldbulle, mit der die Urkunde beglaubigt wurde, ist nicht mehr erhalten

Pergament; Niedersächsisches Staatsarchiv Wolfenbüttel, 1 Urk 2

kam, lohnte es sich da wirklich zu berichten, wer noch alles mit ihm zog?

Doch gerade unser Interesse am alltäglichen Leben vergangener Zeiten wächst und wächst. Auch die Geschichtswissenschaft beschäftigt sich seit Mitte unseres Jahrhunderts, zunächst in Frankreich und den angelsächsischen Ländern, dann auch bei uns, in zunehmendem Maße damit. Die schriftlichen Quellen werden nach allen Richtungen ausgelotet. Oft interessieren dabei Dinge, die der Verfasser vor hunderten von Jahren gar nicht im Sinn hatte, die ihm nebensächlich oder gar nicht bewußt waren.

Urkundenanalyse

Nehmen wir noch einmal eine beliebige Urkunde irgendeines mittelalterlichen Königs. Für den Empfänger der Urkunde im Mittelalter war natürlich der Rechtsinhalt der Urkunde das Wichtige. Uns mag das von Fall zu Fall auch interessieren, wir erfahren aber darüber hinaus noch mehr:

Der Ausstellungsort sagt uns, wo sich der Herrscher aufgehalten hat. Die zur Bekräftigung genannten Zeugen sagen uns, wer von den Großen gerade am Hof anwesend war – besonders für Krisenzeiten eine wichtige Information! Der eigens genannte Kanzleibeamte und das Schriftbild der Urkunde geben Auskunft über die Zusammensetzung der königlichen Kanzlei und das Ausmaß der Schriftlichkeit. Das Siegel des Herrschers gewährt uns Einblick in künstlerische Traditionen und das persönliche Herrschaftsverständnis des Königs. Die Anrufung Gottes, die Verwendung der lateinischen Sprache und die römische Indiktionszählung geben Hinweise auf die Bedeutsamkeit der Religion für alle Lebensbereiche und auf das Fortwirken antiker Traditionen.

Wo die schriftlichen Quellen schweigen, müssen die historischen Hilfswissenschaften weiterhelfen: Die Archäologie, die die Fundamente einer Pfalz ausgräbt. Die Dendrochronologie, die mit Hilfe der Jahresringe das Alter eines Holzbalkens bestimmen kann und damit Hinweise auf die Bauzeit eines Gebäudes gibt. Die Kunstgeschichte, die aufzeigt, wie Kunstformen von einem Land ins andere wandern und mit ihnen Ideen und Menschen.

Der mühsame Forscherweg zur Erkenntnis

Oft ist es also ein mühsamer Weg, den die Geschichtsforschung geht. Mosaikstein wird an Mosaikstein gelegt. So lassen sich die großen Aktionen der mittelalterlichen Herrscher recht gut rekonstruieren. Den Geschichten ihres alltäglichen Lebens jedoch, das sich zum Gutteil auf einem Pferderücken abspielte, muß man schon wie ein Spürhund hinterherjagen – und man muß sich auch damit abfinden, daß manche Fragen nicht zu beantworten sind.

Und dennoch: Macht man sich die Mühe und folgt den Königen auf ihren endlosen, beschwerlichen Wegen durchs deutsche Reich – denn darauf wollen wir uns hier beschränken –, so erfährt man Erstaunliches über ihre Politik, ihre persönlichen Vorlieben, ihre Strapazen, die Zufälle und Tragödien ihres Lebens, den Zustand ihres Reiches, ihre Macht und Ohnmacht als Regenten.

Herrscher aus fünf Jahrhunderten

Beispielhaft greifen wir vier Herrscher heraus: den Frankenkaiser Karl den Großen (768–814), den Ottonen Otto I. (936–973), den Salier Heinrich IV. (1056–1106) und den Staufer Friedrich II. (1212–1250).

Zwischen ihnen liegt jeweils ein gutes Jahrhundert und mehr. So sehen wir über knapp fünf Jahrhunderte den Wandel und das Beharrende in der Art und Weise, wie mittelalterliche Könige versucht haben, über ihr Reich zu herrschen.

Von Attigny nach Aachen

Karl der Große – der Vater einer neuen Zeit

Karl der Große war gerade 21 Jahre alt, als sein Vater Pippin im Jahr 768 starb und er gemeinsam mit seinem 17jährigen Bruder Karlmann die Regierung übernahm.

Die Karolinger waren zwar bereits seit langem die eigentlichen Drahtzieher im Merowingerreich gewesen, aber erst vor einer Generation zur Königswürde aufgestiegen. Zuvor hatte die Macht der Merowinger in einer langen Agonie gelegen: Die ruhmreichen Zeiten eines Merowingerkönigs Chlodwig (482–511), der das Reich der Franken zusammengeschweißt hatte, waren längst Vergangenheit. Es war kein Merowingerkönig, sondern der karolingische Hausmeier Karl Martell, der das Reich im Jahr 732 vor den einfallenden Arabern gerettet hatte und sich damit den Beinamen »der Hammer« verdiente! Der letzte Merowingerkönig – so erzählt eine Quelle süffisant – saß auf seinem Landgut und ließ sich im Wagen mit einem Ochsengespann umherziehen. Ein Landadeliger bestenfalls, aber kein Herrscher! Doch erst der Vater Karls des Großen, der Hausmeier Pippin, wagte den Staatsstreich, den Griff nach der Königswürde. Er verbündete sich in einer für das ganze Mittelalter folgenschweren Aktion mit dem Papst und ließ sich von diesem bescheinigen, daß es besser sei, wenn derjenige auch König heiße, der tatsächlich schon die Macht innehabe: Im Jahr 751 ließ sich Pippin vom fränkischen Adel zum König wählen und von dem Frankenapostel Bonifatius nach alttestamentarischem Vorbild zum König von Gottes Gnaden salben.

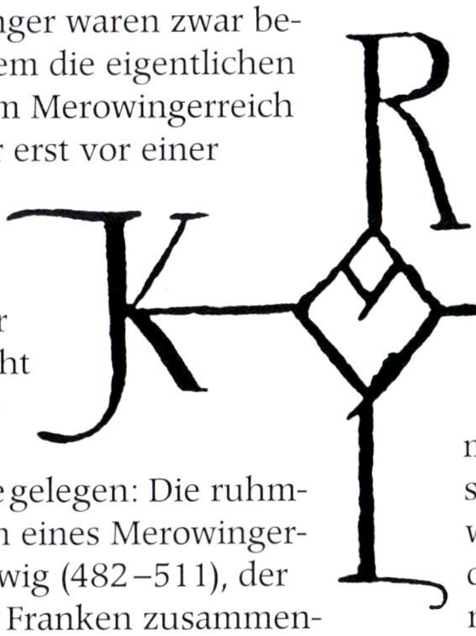

Monogramm Karls des Großen auf einer Urkunde von 781

Dem letzten Merowingerkönig Childerich III. schor man das lange Haar, das Zeichen des freien Franken und Symbol übernatürlicher Kraft. In Ermangelung von Gefängnissen steckte man den letzten Merowinger in ein Kloster, in welchem er im Jahr 755 starb.

Magische Geblütskräfte

Kurz vor seinem Tod im Jahr 768 bestimmte Pippin, daß das Frankenreich zwischen seinen beiden Söhnen Karl und Karlmann geteilt werden sollte. Man glaubte, daß das »Königsheil«, die magischen Geblütskräfte, die allen Mitgliedern der Königssippe innewohnten und die dem Volk Sieg und reiche Ernte sicherten, damit allen Reichsteilen besonders zugute kämen.

Die beiden Brüder vertrugen sich jedoch von Anfang an nicht. Bereits im ersten gemeinsamen Regierungsjahr kam es zum Zerwürfnis, die Mutter Bertrada versuchte vergebens zu vermitteln. Der Tod Karlmanns im Jahr 771 ersparte dem Frankenreich den Bruderkrieg. Für die nächsten 43 Jahre war Karl der Große damit Alleinherrscher im Frankenreich.

Das Herrschaftsgebiet Karls des Großen

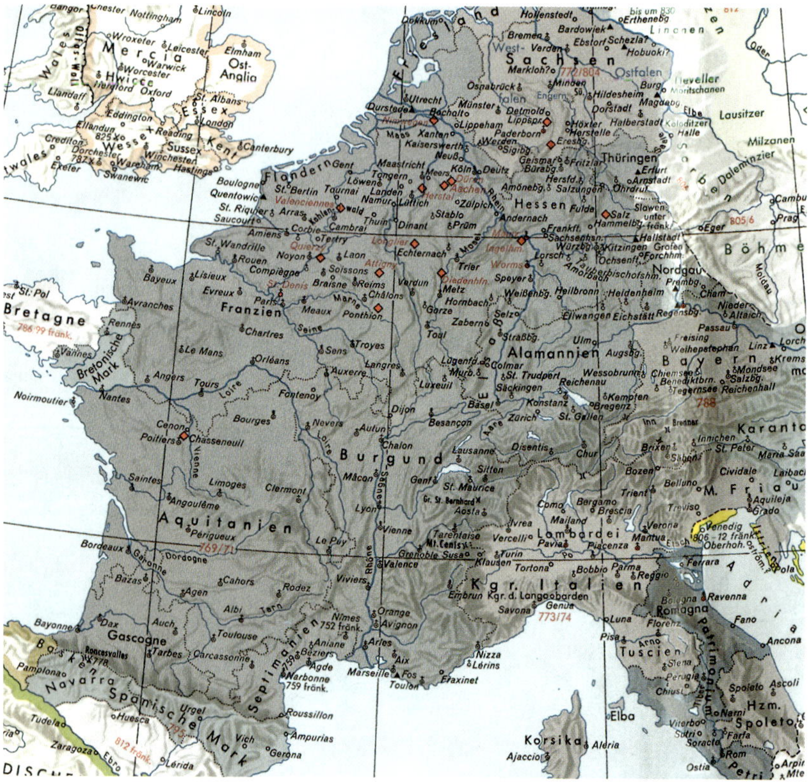

Die Landbevölkerung

Die meisten Bewohner im Reich Karls waren Bauern und lebten in den unterschiedlichsten Formen der Abhängigkeit im Rahmen einer Grundherrschaft. Dafür, daß der Grundherr ihnen ein Stück Land überließ und für Zeiten des Krieges und Hungers Schutz verhieß, waren sie ihm zu Abgaben sowie Dienstleistungen verpflichtet. Gebunden an die Scholle, konnten sie von ihrem Grundherrn mit dem Land, auf dem sie saßen, verschenkt, verkauft oder vertauscht werden. Der Grundherr übte gerichtliche und polizeiliche Befugnisse aus, und für die meisten Menschen der damaligen Zeit war er die einzige übergeordnete Instanz, mit der sie sich im Laufe ihres Lebens auseinandersetzen mußten.

Das Leben auf dem Land war mehr als kärglich, eine Gratwanderung am Rande des Existenzminimums, verschärft durch regelmäßig wiederkehrende Katastrophen und Hungersnöte. Allein zwischen 790 und 890 zählen wir im Frankenreich neun strenge Winter, vier Dürrejahre, 13 schwere Überschwemmungen, vier Viehseuchen und 13 Hungerkatastrophen. Im Schnitt war das Reich etwa alle drei Jahre zumindest regional von einem solchen Unglück betroffen. Im Jahr 793 war die Not derart groß, daß es sogar zu Fällen von Kannibalismus kam: »Menschen aßen Menschen, Brüder ihre Brüder, Mütter ihre Kinder.«

Der tägliche Überlebenskampf bestimmte den Horizont und das gesamte Dasein eines Großteils der Bevölkerung. Diese Menschen lebten weit entfernt von den Belangen einer Reichspolitik, die das Gesicht Europas verändern sollte.

Die Eliten

Die politisch bestimmenden Gruppen waren die Adeligen und – aufs engste mit diesen verschwistert – die hohe Geistlichkeit. Ihren Rat holte man auf den großen Reichsversammlungen ein. Auf ihr Heeresaufgebot aus schwer bewaffneten Reitern und Fußsoldaten war der Herrscher auf seinen Heerfahrten angewiesen.

Das Reichsgebiet

Karl der Große herrschte über ein Reich, das sich am Ende seiner Regierungszeit in der Ost-West-Achse über 1600 Kilometer und von Nord nach Süd über 1400 Kilometer erstreckte, ein gewaltiger Raum, in dem so unterschiedliche Völker wie Langobarden, Aquitanier, Bayern, Sachsen und Friesen lebten.

Neben stärker besiedelten Regionen, zum Beispiel im Pariser Becken, wo auf einem Quadratkilometer bereits 40 Menschen lebten, befanden sich auch riesige bewaldete Flächen im Herrschaftsgebiet, in denen menschliche Siedlungen wie einsame Inseln in der Wildnis lagen. So lebten im heutigen Deutschland wohl weniger als zwei Menschen auf einem Quadratkilometer.

Unterschiedlichste Kulturen

Zwischen Ebro und Nordsee, Abruzzen und Elbe, Bretagne und Plattensee waren die unterschiedlichsten Traditionen lebendig. Zum Reich gehörten sowohl Gebiete alter romanischer Kultur, geprägt durch Jahrhunderte römischer Zentralverwaltung, als auch ganz verschiedene germanische Stämme, denen diese Formen der Staatlichkeit fremd waren. Karl herrschte somit über eine Vielfalt von ethnisch, politisch, rechtlich, gesellschaftlich und kulturell ganz unterschiedlichen Gebieten, für die nun ein Ausgleichs- und Verschmelzungsprozeß gewaltigen Ausmaßes begann.

Eine beeindruckende Erscheinung

Dies in Gang zu setzen, bedurfte es einer besonderen Persönlichkeit. Karls Biograph Einhard beschrieb den Frankenherrscher folgendermaßen:

»Er war von breitem und kräftigem Körperbau, hervorragender Größe, die jedoch das richtige Maß nicht überschritt – denn seine Länge betrug, wie man weiß, sieben seiner Füße – das Oberteil seines Kopfes war rund, seine Augen sehr groß und lebhaft. Seine Gestalt bot im Stehen wie im Sitzen eine höchst würdige und stattliche Erscheinung. Er hatte einen festen Gang, eine durchaus männliche Haltung des Körpers und eine helle Stimme, die jedoch zu der ganzen Gestalt nicht recht passen wollte. Seine Gesundheit war immer ausgezeichnet, nur in den letzten vier Jahren seines Lebens litt er öfter an Fieberanfällen und hinkte schließlich sogar auf einem Fuß.«

Ein realitätsgetreues Bildnis Karls des Großen gibt es nicht. Auch diese lebensgroße Stuckfigur will mehr das Idealbild eines Kaisers darstellen. Die Krone, die Haartracht und der Bart sowie der kurze Reitermantel mit der Fibel weisen in die Karolingerzeit. Wahrscheinlich ist die Statue noch im 9. Jahrhundert entstanden

Statue, Detail (nach Abguß), am Choreingang St. Johann, Müstair

Bevor der Karlsschrein in Aachen Ende 1988 nach aufwendiger Restaurierung wieder geschlossen wurde, hat man die Gebeine Karls – nicht zum ersten Mal – vermessen und ist dabei auf eine Körpergröße von 1,82 Meter gekommen. Damit hat Karl sicher die meisten seiner Zeitgenossen überragt – schon rein äußerlich eine eindrucksvolle Gestalt.

Er war ein Mann, dem man viele Attribute zuschrieb, die in den Augen der Zeitgenossen die Tugenden eines

Diese Münze aus der Zeit nach 804 zeigt ein Portrait des Kaisers in der Gestalt eines römischen Imperators mit der Umschrift »KAROLVS IMP(erator) AVG(ustus)«, d. h. »Karl erhabener Kaiser«

Man weiß nicht genau, wen diese kleine Bronzestatuette darstellen soll, Karl den Großen oder Karl den Kahlen. Stil, Tracht und Herrscherattribute weisen den Reiter sicher als einen karolingischen Herrscher aus. Die hohe Qualität des Gusses legt es nahe, daß die kleine Statue in der Spätzeit Karls des Großen am Aachener Hof entstanden ist und tatsächlich in idealisierter Form Karl den Großen darstellen soll

Oben: Bibliothèque Nationale, Paris, Cabinet des Médailles
Unten: Louvre, Paris

wahren Herrschers ausmachten:

Freigebig und milde sei er gewesen, ein frommer Anhänger der christlichen Religion, ein begabter Redner und begierig lernender Schüler. Gerecht sei er gewesen, aber auch hart und furchterregend im Krieg. Ein hohes Maß an Grausamkeit war für die Zeit normal. Wichtig schien den Zeitgenossen jedoch, daß der Sieger am Ende den Unterlegenen gegenüber seine Rache- und Haßgefühle bändigte und sich bemühte, Frieden und Eintracht wiederherzustellen. Ohne außergewöhnliche Ausdauer und Hartnäckigkeit, ohne Realitätssinn und Tatkraft war es unmöglich, ein Reich von diesen Dimensionen zu regieren, ja zu vergrößern. Für seinen Biographen Einhard steht Karl mit seinen Fähigkeiten und Charaktereigenschaften über allen Zeitgenossen: »Der König, der alle Herrscher seiner Zeit an Weisheit und Seelengröße überragte, ließ sich durch keine Schwierigkeiten und Gefahren von seinen Unternehmungen abhalten oder abschrecken und führte alles zu Ende, was er einmal angefangen hatte. Er hatte sich daran gewöhnt, alles, wie es kam, zu ertragen und zu bestehen, im Unglück nicht nachzugeben und sich im Glück nicht auf das trügerische Schicksal zu verlassen.«

Selbst wenn Einhards Urteil verstellt sein mag von Formeln, die der Zeit geläufig waren, von literarischen Traditionen, von persönlichen Bindungen, von überhöhender Bewunderung, so scheint dahinter doch, wenn man Karls Biographie mit der anderer mittelalterlicher Herrscher vergleicht, eine außergewöhnliche Persönlichkeit auf.

Doch nicht zuletzt Karls robuste körperliche Konstitution, die Einhard hervorhebt, hat den Frankenherrscher in die Lage versetzt, eine physische Leistung zu erbringen, ohne die seine Regierungszeit nicht so erfolgreich hätte sein können. Sie war die Basis dafür, daß er sein Reich durch seine persönliche Präsenz zusammenzuhalten vermochte, daß er in seiner Person immer wieder zwischen Elbe und Atlantik das *Regnum* personifizieren konnte und daß er dabei in der Lage war, eine Gesamtstrecke zurückzulegen, die ihn zweimal um den ganzen Erdball geführt hätte.

Der Krieger und Sieger

Ein erster Blick auf die Karte, welche die Orte verzeichnet, von denen wir wissen, daß Karl der Große sie im Laufe seiner über 40jährigen Regierungszeit besucht hat, konfrontiert den Betrachter mit einer Vielzahl von Reisestationen. Mehrere Dutzend Orte sind zwischen Loire und Nordsee, Elbe, Donau und Alpen genannt, manche nur einmal, andere häufiger, einige wenige dagegen wieder und wieder.

Die Mehrzahl der Aufenthaltsorte gruppiert sich in einer halbwegs geschlossenen Gruppe zwischen Nimwegen im Norden, Mainz im Osten, Remiremont im Süden und Rouen im Westen. Alles dominierend liegt Aachen im Zentrum des Reisewegs.

Eine zweite große Gruppe von Orten ballt sich im Nordosten des Reiches, zwischen Rhein und Elbe, besonders im Großraum entlang der Weser.

Eine dritte Häufung von Aufenthalten, wenn auch weniger prägnant, finden wir im bayerischen Raum.

Spröde scheint eine solche Karte bei flüchtigem Betrachten zu sein, wenig ergiebig und schwer zu interpretieren, doch man kann sie in erstaunlicher Weise zum Sprechen bringen. Bei Karls Entscheidung, einen bestimmten Ort zu besuchen, spielten immer politische Erwägungen, wirtschaftliche Notwendigkeiten, persönliche Zuneigungen oder militärische Zwänge eine Rolle. Folgen wir also dem Kaiser auf seinem Ritt, erst entlang der Peripherie seines Reiches, dann im Zentrum.

Den Feinden ein Schrecken

An den Rändern seines großen Reiches war Karl bis zum Jahr 800 fast jedes Jahr auf Kriegszügen unterwegs: im Kampf gegen die Sachsen im Nordosten, gegen den Bayernherzog und gegen die mongolischen Awaren im Osten und Südosten, gegen den Langobardenkönig in Oberitalien,

Fränkischer Adeliger mit Schwert. Das Bild stammt aus der Kirche von Mals im Vintschgau und ist im 9. Jahrhundert entstanden. Der viereckige Nimbus um das Haupt des Adeligen bezeichnet, daß der Adelige zum Zeitpunkt der Darstellung noch lebte

Wandbild, 9. Jahrhundert;
St. Benedikt in Mals, Vintschgau

gegen die Araber in Südfrankreich und Spanien, gegen die Kelten in der Bretagne. So zahlreich waren die Heereszüge, daß manche Geschichtsschreiber es sogar als Besonderheit notierten, wenn Karl während eines Jahres einmal keinen Kriegszug unternahm. Die meisten seiner militärischen Unternehmen endeten für ihn letztlich erfolgreich.

Nördlich der Alpen beschäftigte Karl den Großen vor allem die Auseinandersetzung mit dem Bayernherzog Tassilo, weit stärker aber noch der Konflikt mit den heidnischen Sachsen. Häufig war sein Reiseweg daher ein Kriegsweg. Diesem kriegerischen Teil des Itinerars wenden wir uns nun zuerst zu.

Helm aus dem Grab eines fränkischen Herrn. Solche innen gefütterten Spangenhelme wurden im Mittelmeerraum gefertigt und von dort ins Frankenreich exportiert. Sie sind aus mehreren Teilen zusammengenietet. Ein solcher Helm kostete um das Jahr 800 sechs solidi, den Gegenwert von etwa drei Kühen

Spangenhelm, Anfang 6. Jahrhundert; Landschaftsmuseum des Niederrheins, Krefeld-Gellep

Aufruf zur Heerfahrt

Voraussetzung für jeden Kriegszug war das Aufgebot zur Heerfahrt, das der König schriftlich erließ, denn es gab ja kein stehendes Heer.

Im allgemeinen rief der Herrscher im Frühjahr zur Heerfahrt. Grundsätzlich war jeder freie Franke zum Kriegsdienst verpflichtet, also auch die freien Bauern, von denen es in der Karolingerzeit noch eine größere Anzahl gab. Für sie vor allem war der jährliche Kriegszug eine kaum erträgliche Belastung, schließlich gab es im Frühjahr und Sommer die meiste Arbeit auf den Feldern. Um die Bauern zu entlasten, staffelte Karl den Kriegsdienst nach der Größe des Grundbesitzes. Wer vier Hufen besaß, mußte selbst erscheinen, wer nur eine besaß, konnte sich mit drei anderen Bauern zusammenschließen. Einer zog mit dem Heer, die anderen drei kümmerten sich um die Äcker.

Das Herzstück von Karls Heer war freilich längst nicht mehr das Aufgebot der bäuerlichen Fußsoldaten, sondern die schwere Reiterei. Bewaffnung und Ausrüstung eines Reiters waren teuer, sie kosteten so viel wie 20 Kühe: der lederne Panzer mit dem Bruststück aus Eisenschuppen, Helm und Schild, auch sie mit Eisen verstärkt, dazu Lanze, Schwert, Langdolch und Bogen. Des weiteren benötigte man mindestens ein Reit- und ein Lastpferd. Diese waren Luxusgegenstände, aufwendig und schwierig in der Haltung und für die Arbeit auf dem Feld aufgrund unzureichender Anspanntechniken ungeeignet. Dies alles konnten sich nur Wohlhabende leisten. Vor allem waren es daher die mächtigen Vasallen des Reiches, die weltlichen Großen, aber auch die Bischöfe und Äbte mit ihren Gefolgschaften, an die sich das königliche Aufgebot wandte.

So befahl Karl den Abt Fulrad von Saint-Quentin mit folgendem Schreiben zu einer Reichsversammlung mit anschließendem Heereszug nach Sachsen:

»Wir teilen dir mit, daß wir in diesem Jahr den großen Reichstag in das östliche Sachsen einberufen haben. Daher befehlen wir dir, daß du mit deinen Leuten an den 15. Kalenden des Juli dorthin kommst. Deine Gefolgschaft muß vollständig ausgerüstet sein, mit Waffen, sonstigem Kriegsgerät, mit Proviant und Kleidung. Jeder Reiter muß einen Schild, eine Lanze, ein langes und ein kurzes Schwert, einen Bogen und einen pfeilgefüllten Köcher haben. In den Troßwagen müßt ihr Kriegswerkzeug aller Art mitführen, Spitzhacken und Äxte, Bohrer, Beile, Spaten, eiserne Grabscheite und alle anderen Werkzeuge, die man bei einem Feldzug braucht. Vom Datum der Versammlung an muß der Proviant für drei Monate reichen, Waffen und Kleider sind für ein halbes Jahr mitzuführen. Auf dem Weg zum Versammlungsort darf nichts beansprucht werden außer Futter, Brennholz und Wasser.«

Der Krieger war also nicht nur für seine Ausrüstung und die seiner Leute zuständig, er mußte auch Waffen, Kleidung und Lebensmittel für die Dauer des Kriegszuges bevorraten.

Natürlich traf man diese aufwendigen und teuren Vorbereitungen auch in der Hoffnung auf reiche Beute, auf Eroberung und Landgewinn. Große Feldschlachten waren eher selten. Ein Gutteil des Kriegsalltages bestand aus Raub und Plünderung. Der Zeitgenosse Ermold Nigellus berichtet:

»Wie die Drosseln in dichten Schwärmen durch die Weinberge fliegen und Trauben stehlen: gerade so griffen die Franken zu Beginn der Erntezeit an und raubten den Ertrag des Landes. Knechte wurden geraubt, Schafe und Kälber; nichts blieb unentdeckt, auch nicht, was mit List versteckt worden war. Die Kirchen verschonten sie; die übrigen Dächer wurden ein Raub der Flammen.«

Karls »eiserne Männer«

Kam es zur offenen Schlacht, so erwies sich die schwere Reiterei, die von mehreren Seiten angriff, als überlegen. In einer Zeit, deren wichtigster Werkstoff das Holz war, verbreiteten die »eisernen Männer« mit Karl an der Spitze Furcht und Schrecken.

Ein zeitgenössischer Bericht schildert das furchterregende Herannahen von Karls Heer:

»Es zeigte sich im Westen, Nordwesten und Norden etwas wie eine dunkle Wolke, die den hellsten Tag in schreckliche Schatten verwandelte. Und dann sah man auch den eisernen Karl, einen eisernen Helm auf dem Kopf, mit eisernen Armschienen, die eiserne Brust und die breiten Schultern mit einem Eisenpanzer bedeckt, die hochgereckte Eisenlanze in der Linken. Diese Rüstung trugen alle, die ihm voranzogen, alle die ihn auf beiden Seiten begleiteten, und alle, die ihm folgten. Eisen erfüllte die Felder und Plätze. Des Eisens Härte warf die Strahlen der Sonne zurück, vor dem Eisen verblaßten die Schrecken der Unterwelt. O Eisen, o Eisen! tönte das wirre Geschrei.«

Krieg war eine Notwendigkeit, aber zugleich auch Selbsterfüllung, Gelegenheit zu Ehre, Ruhm und Reichtum. Krieg war darüber hinaus ein gottgefälliges Werk, wenn er gegen die Ungläubigen geführt wurde – Karls militärische Züge richteten sich tatsächlich zum Gutteil gegen die heidnischen Sachsen.

Dargestellt sind zwei Reitertrupps in fränkischer Kleidung mit fränkischen Waffen. Ihr Anführer trägt einen Fisch oder Drachen als Feldzeichen voran. Der Drache war ein altes heidnisches Feldzeichen, welches die Sachsen benutzten

Illumination aus dem St. Galler Psalter, um 890–920; Stiftsbibliothek, St. Gallen, Ms. 22, o. 140

Das Reich Karls des Großen reichte von den Pyrenäen bis ins heutige Ungarn, von der Nordsee bis nach Mittelitalien. Man hat errechnet, daß Karl der Große in seiner über 40jährigen Regierungszeit zu Pferde eine Strecke zurückgelegt hat, die ihn zweimal rund um den Erdball geführt hätte. Die Karte zeigt Karls Reisestationen im Nordteil seines Reiches, soweit sie sicher bezeugt sind. Es verging kaum ein Regierungsjahr Karls des Großen ohne Kriegszüge. Vor allem die immer wieder auflodernden Sachsenkriege beschäftigten ihn über dreißig Jahre lang (772-805) und erklären die vielen Aufenthalte Karls im Nordosten seines Reiches. Der Schwerpunkt der Aufenthalte lag jedoch im Raum zwischen Seine und Rhein. Karl bezog damit die bevorzugten Regionen seiner merowingischen Vorgänger mit in seinen Reiseweg ein, indem er Orte wie Attigny und Quierzy besuchte. Die wichtigsten Orte jedoch lagen weiter östlich, zwischen Maas und Rhein. An der Spitze stand zunächst Worms als politisches Zentrum des Karolingerreiches. Nachdem die Wormser Pfalz im Winter 790/91 einem Brand zum Opfer gefallen war, wurde Aachen seit 794 zum neuen Mittelpunkt. Aachen mit seiner großartigen Pfalzanlage entwickelte sich bis zu Karls Tod 814 sogar fast zu einer Art ständigen Hauptstadt, wie es sie in den folgenden Jahrhunderten nicht mehr geben sollte

Itinerar Karls des Großen
nördlich der Alpen

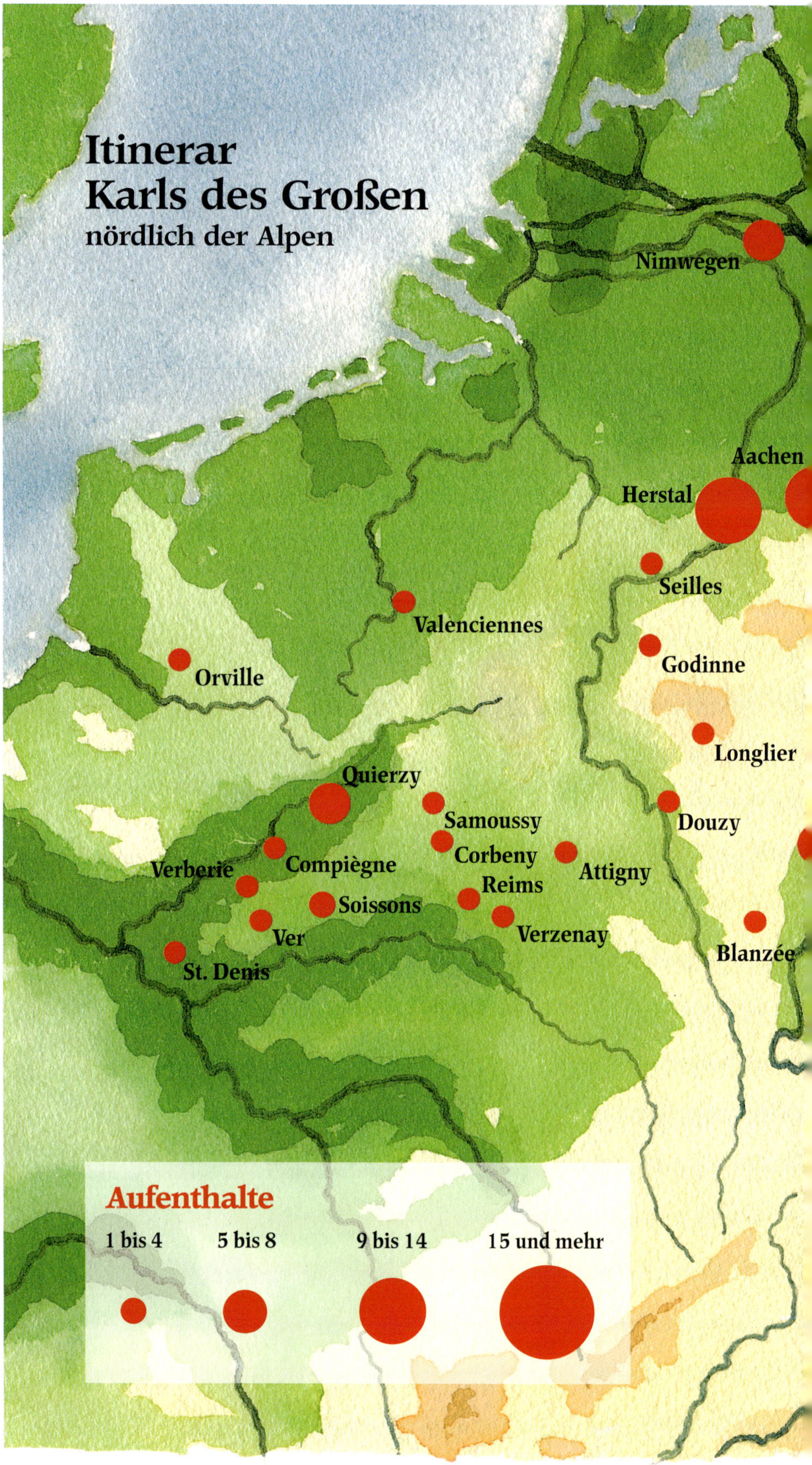

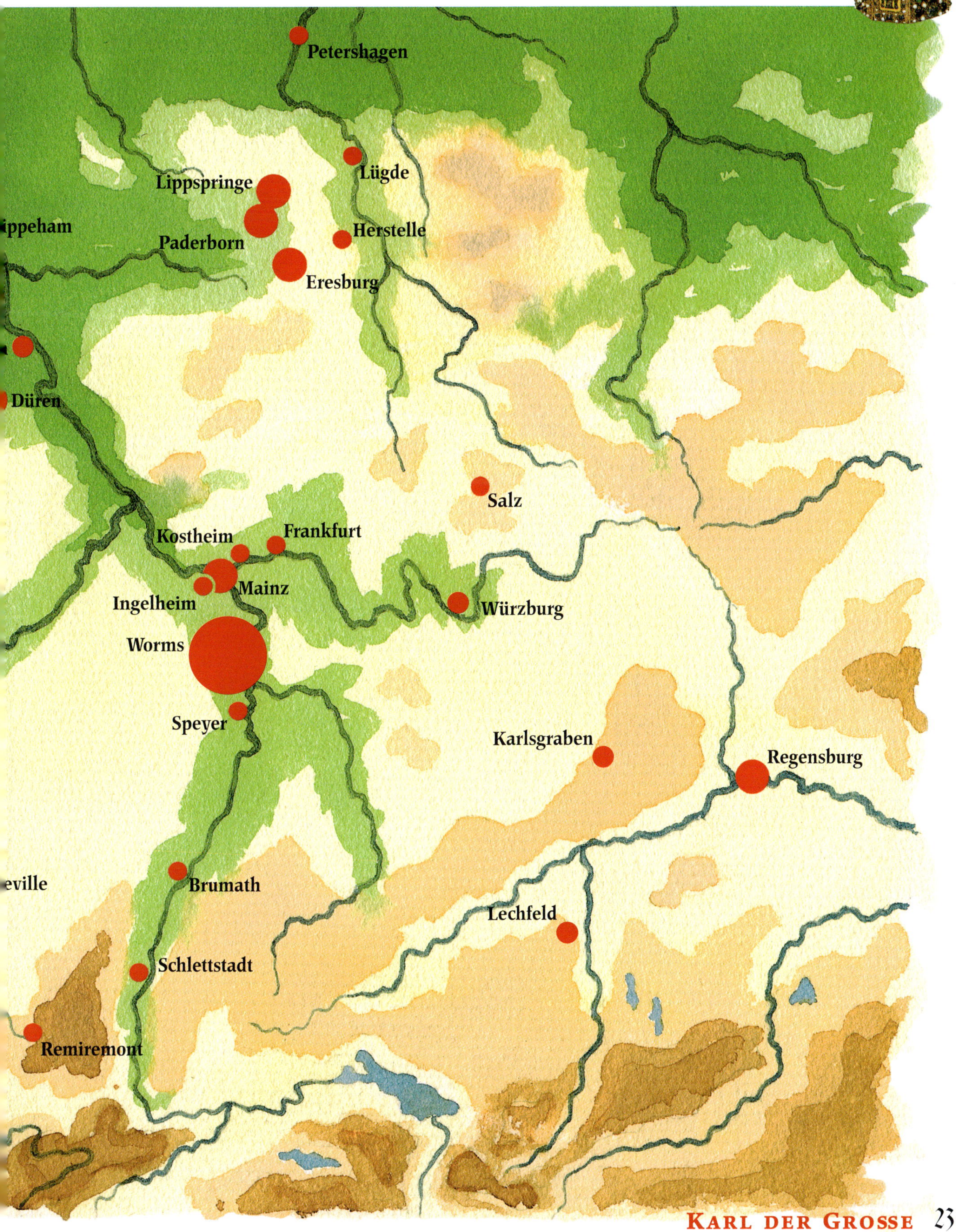
Petershagen
Lippspringe
Lügde
ppeham
Paderborn
Herstelle
Eresburg
Düren
Salz
Kostheim
Frankfurt
Mainz
Ingelheim
Würzburg
Worms
Speyer
Karlsgraben
Regensburg
eville
Brumath
Lechfeld
Schlettstadt
Remiremont

Gegen das wilde Volk der Sachsen

Kein anderer Krieg ist von den Franken mit ähnlicher Ausdauer, Erbitterung und Mühe geführt worden wie der Sachsenkrieg. Denn die Sachsen waren, wie fast alle germanischen Stämme, ein wildes Volk, das Götzen anbetete und dem Christentum feindlich gesinnt war; auch empfanden sie es nicht als ehrlos, alle göttlichen und menschlichen Gesetze zu verletzen und zu übertreten. Der Krieg wurde dreiunddreißig Jahre lang mit großer Erbitterung auf beiden Seiten geführt: aber die Sachsen erlitten im Laufe dieser Zeit viel größere Verluste als die Franken. Er hätte zweifellos früher beigelegt werden können, wenn dies bei der Treulosigkeit der Sachsen möglich gewesen wäre. Es läßt sich kaum beschreiben, wie oft sie besiegt wurden und sich flehentlich dem König unterwarfen, wie oft sie Gehorsam versprachen. Doch obwohl sie mehrmals bereit gewesen waren, alle gestellten Bedingungen zu erfüllen, hatten sie es meist auch ebenso eilig, das Versprochene nicht zu halten. Von Anfang an verging kaum ein Kriegsjahr, in dem sie nicht ihren Wankelmut bewiesen.«

Die Erbitterung des Siegers spricht aus diesen Worten Einhards, auch wenn die Sachsenkriege schon 30 Jahre zurücklagen, als er zur Feder griff. Doch die Spuren einer jahrzehntelangen, blutigen Auseinandersetzung hatten sich tief in das Bewußtsein der Zeitgenossen gegraben.

Jahrelang führten Karls kriegerische Wege Richtung Sachsen. Diese waren immer unbequeme Nachbarn gewesen. Sie lebten in einem Raum, der nichts mit dem heutigen Bundesland Sachsen zu tun hat, sondern in etwa mit dem heutigen Niedersachsen identisch ist, im Gebiet zwischen Ems, Elbe und Saale, zwischen Nordsee und Harz. Immer wieder kam es im Grenzsaum zwischen Franken und Sachsen zu Zusammenstößen. Die Sachsen waren der einzige germanische Stamm, der noch heidnisch war. Ihre verschiedenen Stammesgruppen hatten kein gemeinsames Oberhaupt und agierten weitgehend unabhängig voneinander. Karl mögen die Sachsen schon bald wie eine vielköpfige Hydra erschienen sein.

Bereits Karls Großvater wie auch sein Vater hatten Feldzüge gegen die Sachsen unternommen und versucht, ihre Grenzgebiete tributpflichtig zu machen, jedoch stets mit nur vorübergehendem Erfolg.

Zerstörtes heidnisches Heiligtum

Soeben zur Alleinherrschaft gelangt, unternahm Karl im Jahr 772 seinen ersten Feldzug gegen die Sachsen. Offensichtlich zur Härte entschlossen, zog er mit seinem Heer von Worms geradewegs zur wichtigsten sächsischen Burg, der Eresburg. Karls Heer nahm diese ein und machte sie zu einem fränkischen Stützpunkt. Damit war absehbar, daß Karl es nicht bei Tributzahlungen belassen wollte, sondern daß es ihm um die Herrschaft in Sachsen ging. Der Weg führte weiter zu dem sächsischen Heiligtum der Irminsul, einer Holzsäule, welche die Weltenesche symbolisierte und von der die Sachsen glaubten, daß sie das Himmelsgewölbe trage. Ihre Zerstörung durch die Franken war ein erstes Signal: Der Kampf gegen die Sachsen war nicht nur der Kampf um ein Territorium, sondern auch der Kampf um den rechten Glauben. Dieser Krieg war für die Franken ein gerechter Krieg, denn es war ein Krieg gegen die Ungläubigen. Die fränkischen Reichsannalen berichten darüber:

»Karl gelangte bis zur Irminsul, zerstörte dies Heiligtum und brachte das Gold und Silber, das er dort fand, mit. Und es gab eine große Trockenheit, so daß es dort, wo die Irminsul stand, an Wasser fehlte. Während der vorgenannte ruhmreiche König dort zwei oder drei Tage bleiben wollte, um dies Heiligtum gänzlich zu zerstören, und sie kein Wasser hatten, da stürzten plötzlich durch Gottes Gnade um Mittag, als das ganze Heer an einem Bachlauf ruhte, Wasser in einer solchen Fülle herab, daß das ganze Heer genug davon hatte.«

War dieser plötzliche Regen nicht ein Zeichen des Himmels, daß Karls gewaltsamer Weg ein gottgewollter, ein gerechter war?

Rache für die Irminsul

Die Sachsen waren jedoch zu zäher Gegenwehr entschlossen. Kaum war Karl mit seinen Truppen abgezogen und auf dem Weg nach Italien, zerstörten sie die besetzte Eresburg und fielen in Hessen ein. Die Rache für die niedergerissene Irminsul sollte nun auch die Franken ins Mark ihrer religiösen Empfindungen treffen: In der Kirche, die der Frankenmissionar Bonifaz bei Fritzlar geweiht hatte, banden die Sachsen ihre Pferde fest.

Ein Kreislauf der Rache

Kaum aus Italien zurück, rüstete Karl daher 775 einen neuen Feldzug. Diesmal sehen wir ihn bei Düren sein Heer sammeln. Nicht von Süden, sondern von Westen griff er nun an. Er rückte von Köln über die Ruhr zur Weser vor, eroberte die sächsischen Burgen Syburg sowie Brunsburg und ließ sich huldigen. Kaum hatte er Sachsen verlassen, wiederholte sich das alte Spiel: ein neuer Aufstand der Sachsen und daraufhin im Folgejahr ein neuer Rachezug Karls. Er ließ die zerstörte Eresburg als Stützpunkt fränkischer Herrschaft wieder aufrichten, sein Heer verbreitete Furcht und Schrecken, erstmals hören wir von Massentaufen. Die Würfel schienen gefallen: Karl wollte die Sachsen nicht nur tributpflichtig machen, sondern missionieren und in sein Reich eingliedern.

So zog er auch im Folgejahr wieder nach Sachsen, diesmal von Nimwegen aus. Sein Ziel war Paderborn, an einer uralten Handelsstraße, dem Hellweg gelegen. Hier, im Quellgebiet der Lippe, öffnete sich zwischen den Bergsperren von Teutoburger Wald und Eggegebirge ein strategisch wichtiger Zugang zur Weser. Karl erkannte, daß dies ein Ansatzpunkt zur Erfassung des Landes war. So berief er hierher die erste Reichsversammlung auf sächsischem Boden, um damit unmißverständlich deutlich zu machen: Sachsen ist Teil des Frankenreiches! In Windeseile wurde in Paderborn eine Pfalz errichtet, um der Versammlung einen repräsentativen Rahmen zu geben. Kurz vor Beginn des Hoftages konnte auch die Kirche fertiggestellt werden, die man dem Erlöser weihte. Im Sommer 777 zog Karl dann nach Paderborn. Viele sächsische Adelige leisteten ihm auf dem Hoftag den Treueeid, in der Kirche fanden Massentaufen statt, das Land wurde in Missionssprengel eingeteilt und der Abt von Fulda mit der Sachsenmission beauftragt – schließlich war es für einen christlichen König ausgeschlossen, über Heiden zu herrschen.

Treu zu König und Christus

Karl glaubte, endlich aufatmen zu können. Der Widerstand schien gebrochen, nachdem er in den letzten fünf Jahren viermal, nämlich 772 und jeweils in den Jahren 775 bis 777, gegen Sachsen gezogen war. So machte er sich von Paderborn auf den Rückweg nach Aachen.

Einer war jedoch nicht nach Paderborn gekommen: Widukind, ein westfälischer Anführer, hatte bei den Dänen Zuflucht gesucht. Sobald Karl im Folgejahr 778 nach Spanien zog, erneuerte er den Aufstand und blieb während der nächsten sieben Jahre das Haupt eines zermürbenden Kleinkrieges, der immer dann wieder aufloderte, wenn das fränkische Heer gerade abgezogen war. Während große Teile des sächsischen Adels inzwischen für die Franken Partei er-

Kostbares Reliquienbehältnis in Form einer Burse, das mit Edelsteinen und antiken Gemmen verziert ist. Der Legende nach war die Burse das Patengeschenk Karls des Großen an Widukind anläßlich dessen Taufe in Attigny. Mit Sicherheit ist das Reliquiar gegen Ende des 8. Jahrhunderts entstanden

griffen, Ehebündnisse eingingen und Ämter übernahmen, war es vor allem eine breite Schicht von wohlhabenden freien und halbfreien Bauern, die am Widerstand gegen die fremde Herrschaft und den fremden Glauben festhielten.

782 finden wir Karl wieder in Sachsen, er hielt einen Hoftag in Lippspringe ab und drohte allen Ungläubigen in Sachsen in der *Capitulatio de partibus Saxoniae* mit drakonischen Strafen: »Wer während der Fastenzeit Fleisch ißt, wird mit dem Tode bestraft. Wer einen Toten nach heidnischem Ritus verbrennt, wird mit dem Tode bestraft. Wer die Taufe verweigert, wird mit dem Tode bestraft. Wer dem König die Treue verweigert, wird mit dem Tode bestraft.« Treue zum Herrscher und Treue zu Christus gingen für Karl Hand in Hand.

Bursenreliquiar aus Enger, drittes Viertel 8. Jahrhundert; Kunstgewerbemuseum, Berlin

Massenhinrichtung

Die Folge war, daß die Situation weiter eskalierte und der Widerstand nun mit aller Macht um sich griff. An der Nordseite des Süntel, zwischen Hameln und Minden, schlugen die Sachsen eine fränkische Heeresabteilung vernichtend. Die Nachricht erreichte Karl in einer seiner westlichen Pfalzen. Sofort sammelte er ein Heer und zog nach Verden an der Aller, um Rache zu üben. Auf seinen Befehl sollten hier die Sachsen zusammenkommen, sich dem König abermals unterwerfen und die Rebellen ausliefern, deren Führer Widukind sich erneut zu den Dänen retten konnte. Nach dem Bericht der Fränkischen Reichsannalen ließ Karl 4500 Sachsen festnehmen und allesamt an Ort und Stelle enthaupten.

Immer wieder hat die Geschichtsforschung versucht, diese Nachricht umzudeuten: Die Rebellen seien nicht hingerichtet, sondern nur umgesiedelt worden (*decollare* = enthaupten als Schreibfehler für *delocare* = deportieren), oder die Zahl sei weit übertrieben. Mag die Zahlenangabe, wie oft in den mittelalterlichen Quellen, auch übertrieben sein, die Tatsache der Massenhinrichtung ist mittlerweile unbestritten.

Für viele ist das ein dunkler Fleck auf dem strahlenden Bild vom »großen Karl«, den man gerne wegwischen würde. Doch es läßt sich nicht leugnen, daß Karl in seiner Politik, wie viele mittelalterliche Herrscher, auch zu ungeheurer Härte, ja archaischer Grausamkeit fähig war. Klug war seine Entscheidung in keinem Falle. Das Blutbad stachelte den Widerstand unter Führung Widukinds nur noch weiter an. Schließlich sah sich Karl gezwungen, nicht nur einzelne Sommerfeldzüge nach Sachsen durchzuführen, sondern den ganzen Winter 784/85 hier zu verbringen. Er nahm auf der Eresburg Quartier, ließ Frau und Kinder nachkommen, feierte Weihnachten und Ostern im umkämpften Gebiet und durchzog mit seinen Truppen verwüstend das Land.

Widukind schwört ab

Nun erst brach der Widerstand zusammen. Widukind schien zu erkennen, daß seine alten Götter ihm kein Schlachtenglück mehr gewährten, daß sie ihre alte Macht verloren hatten und der Christengott ihnen überlegen war. Er erklärte sich bereit, »dem Teufel zu entsagen, allem Teufelswerk, Donar, Wotan und Sachsnot und all den Unholden, die ihre Genossen sind«, wie es in einem sächsischen Taufgelöbnis hieß, und sich taufen zu lassen. Karl selbst, der Widukind in seiner Pfalz Attigny erwartete, hob seinen erbitterten Widersacher aus der Taufe und beschenkte ihn reichlich – wohl ein Stück Wiedergutmachung. Anschließend schickte er den Abt von Luxeuil mit der frohen Botschaft nach Rom und ließ den Papst bitten, für die ganze Christenheit ein Freudenfest anzuordnen. Auch dies schien ein Wesenszug Karls zu sein: den Weg aus dem grausamen Konflikt zur Versöhnung zu finden. Dies machte ihn nun wiederum zum großen Politiker.

Freilich war das dreitägige Dankesfest, das man in Franken feierte, immer noch verfrüht. Das Jahr 793 brachte einen neuen Aufstand, diesmal ohne Beteiligung Widukinds.

»Wie der Hund, der zu seinem Gespei zurückkehrt, so kehrten die Sachsen zum Heidentum zurück. Alle Kirchen in ihrem Land rissen sie nieder, sie verjagten die eingesetzten Bischöfe und Priester, einige von ihnen ergriffen sie, manche töteten sie und kehrten vollständig zum Götzendienst zurück.«

Friede nach Deportation

Fünf weitere Jahre der Verwüstung und Gewalt folgten. Alljährlich zog Karl erneut nach Sachsen, um endlich die Unterwerfung und Bekehrung zu erzwingen. Wie schon 13 Jahre zuvor entschloß er sich, noch einmal einen Winter in Sachsen zu verbringen. Er schlug sein Lager an der Weser auf und nannte es – in Gedanken an eine seiner Lieblingspfalzen – Herstelle. Er empfing hier Gesandte, ging auf die Jagd und bereitete neue Angriffe vor.

Gleichzeitig versuchte er jedoch, neben Härte auch Entgegenkommen zu zeigen und im Krieg den künftigen Frieden nicht aus den Augen zu verlieren. Die drakonischen Strafen der *Capitulatio* wurden abgemildert (797: *Capitulare Saxonicum*), und das Stammesrecht der Sachsen kodifiziert. Es behielt seine Geltung. Dennoch: Frieden gab es erst, als Karl im Jahr 805 die gesamte Bevölkerung zwischen Weser- und Elbemündung – nach Einhard 10000 Männer, Frauen und Kinder – deportieren ließ. Ortsnamen überall in Deutschland zeugen noch heute von diesem Akt der Unmenschlichkeit: Sachsenhausen in Hessen, Hohensachsen an der Bergstraße, Großsachsenheim in Württemberg, Sachsenried im Allgäu, Sachsen bei Ansbach.

Fazit der Gewalt

Was war das Ergebnis dieser schier endlosen Rache und Gegenrache, der zahllosen Feldzüge, die die Itinerarkarte für Sachsen widerspiegelt? Mit Zähigkeit und Gewalt hatte Karl in einem über 30jährigen Krieg die Sachsen endgültig niedergerungen, christianisiert und in das Frankenreich integriert. Seine Aufenthalte in Sachsen, die die Karte verzeichnet, sind Zeugnis dieses erbitterten Ringens:

⚔ Die Eresburg: die wichtigste sächsische Burg, immer wieder zerstört und erobert, Winterquartier im Sachsenkrieg und neben Paderborn und Lippspringe durch die strategische Lage mehrmals Ausgangspunkt der Feldzüge.

Talisman Karls des Großen. Der Überlieferung nach trug Karl der Große diesen Talisman um den Hals, als Otto III. im Jahr 1000 das Grab Karls öffnen ließ. Das Reliquiar hat die Form eines damals gebräuchlichen Pilgerfläschchens und besteht aus zwei großen gegeneinander gesetzten Steinen in einer kapselartigen, reich verzierten Goldfassung. Im Inneren sollen sich Haare der heiligen Maria befunden haben

Aachen, Anfang 9. Jahrhundert; Kathedrale, Reims

Paderborn: erster Repräsentationsort im eroberten Land, zugleich mit Minden, Münster, Osnabrück, Bremen und vielleicht schon Verden zum Bischofssitz und Vorposten der Sachsenmission bestimmt sowie einzige komfortable Pfalz im Land.

Verden: Stätte des blutigen Massakers.

Mit dem Begriff »Reiseweg« ist dieser Teil von Karls Itinerar sicher völlig unzutreffend beschrieben, denn es ist ein einziger Kriegsmarsch, eine Spur von Gewalt und Krieg, von Tod und Tränen, von Widerstand und Unterwerfung.

Wie oft bei großen historischen Gestalten scheint Karls Handeln ambivalent: An seinen Händen klebt Blut, und dennoch hat er mit den Sachsenfeldzügen die Weichen für die Zukunft gestellt. Denn langfristig gab es auch positive Aspekte dieses gewalttätigen Marsches. Karls Wille, »daß die Sachsen mit den Franken zusammen ein Volk bilden sollen«, erfüllte sich, die Grenze des Reiches schob sich bis zur Saale und Elbe vor. Ja, Karl schuf damit die Grundvoraussetzung für die Entstehung des späteren Deutschen Reiches. Die Integration des widerspenstigen Stammes verlief so erfolgreich, daß ein Jahrhundert später, im Jahr 919, ein Sachse, Heinrich I., König des jungen Deutschen Reiches wurde. Und seine Ehefrau Mathilde war keine andere als die Nachfahrin jenes berühmten Anführers im Sachsenkrieg, des Widukind.

Tassilo der starke Herzog

Noch ein anderer Teil von Karls Itinerar nördlich der Alpen stand im Zeichen der Eroberung. Wir sehen auf der Karte, daß er einmal auf dem Lechfeld und insgesamt sechsmal in Regensburg nachweisbar ist.

Regensburg war zu Zeiten Karls der Hauptort des bayerischen Herzogtums. Im Gegensatz zum heutigen Freistaat Bayern reichte das alte bayerische Stammesherzogtum im Westen nur bis zum Lech, im Norden kaum bis zur Mainlinie, dafür im Osten bis auf die Höhe von Linz und im Süden über den Alpenhauptkamm hinaus bis ins Pustertal und Etschtal.

Das bayerische Herzogtum gehörte zwar seit der Merowingerzeit zum Frankenreich, aber der bayerische Herzog Tassilo III. aus dem Geschlecht der Agilolfinger war offensichtlich entschlossen, sich dem mächtigen Zugriff Karls zu entziehen. Er betrieb eine eigene Expansionspolitik nach Südosten, schickte Missionare in die slawischen Gebiete, die an sein Herzogtum angrenzten und machte seinen Regensburger Hof zu einem kulturellen Zentrum von Rang. Symbol dieser kulturellen Blüte ist der »Tassilo-Kelch«, ein vergoldeter Abendmahlskelch, der beim Gottesdienst am Regensburger Hof verwendet wurde:

Christus und die vier Evangelistensymbole schmücken auf vergoldetem Grund den Kelch, Heilige zieren den Fuß. Ganz unten jedoch sehen wir, wie sich für den Herzog Irdisches und Himmlisches, Glaube und Macht verknüpften. Mit großem Selbstbewußtsein nannte sich der Stifter des Kelches auf seinem Geschenk selbst und demonstrierte damit für jeden, der diesen Kelch sah oder benutzen durfte, sein Machtbewußtsein: Wir lesen die Worte *Tassilo dux fortis* – Tassilo der starke Herzog.

Dies aber war eine Selbstdarstellung, die Karl dem Bayern nicht zubilligen wollte. Sicher verfolgte Karl mit größtem Mißtrauen, wie Tassilo seinen kleinen Sohn als erstes nichtkönigliches Kind in Rom vom Papst persönlich taufen und salben ließ, wie er sich nach einem Sieg über die heidnischen Slawen als neuer Konstantin preisen ließ, wie er tatenlos zusah, als Karl zum Eroberungskrieg gegen den Langobardenkönig rüstete, wie Tassilo seine Urkunden ohne Erwähnung des königlichen Regierungsjahres nur nach dem eigenen Herrschaftsantritt datierte.

Tassilos symbolische Unterwerfung

Schließlich bestellte Karl Tassilo nach Worms und als dieser nicht erschien, rüstete Karl zum Krieg und machte sich auf den Weg nach Bayern. Drei fränkische Heere rückten im Herbst 787 gegen den Bayernherzog vor. Als Karl das Lechfeld erreicht hatte, erschien Tassilo vor dem König und lieferte diesem sein Land aus.

Er tat dies in der Sprache der Zeit, mittels eines Symbols. Die Quellen berichten, er habe Karl einen Stab übergeben, der am oberen Ende eine menschliche Gestalt abbildete. Diese sollte vermutlich den Urahn der Herzogssippe der Agilolfinger darstellen. Indem Tassilo dem König dieses Heiligtum seiner eigenen Familie auslieferte, erklärte er seine totale Unterwerfung.

Er wolle lieber zehn Söhne verlieren

Karl war zu diesem Zeitpunkt noch zu einer Übereinkunft mit dem Herzog bereit und gab ihm sein Land als Lehen wieder zurück. Tassilo erkannte damit Karl als seinen obersten Herrn an und schwor ihm Treue. Doch, so heißt es, diese Abhängigkeit machte Tassilo das Leben unerträglich. Kaum war er nach Regensburg zurückgekehrt, nahm er seine unruhige Politik wieder auf, ja schloß ein Bündnis mit den Reichsfeinden, den Awaren. Das sollte sein politisches Ende werden. Karl zitierte ihn im Jahr 788 auf seine Pfalz nach Ingelheim und warf ihm folgendes vor: Einerseits das Bündnis mit den Awaren, und andererseits, daß er viele Jahre zuvor, 763, den Vater Karls, Pippin, während eines Aquitanienfeldzuges verlassen hatte. Das war ein mehr als fadenscheiniger Grund. Offenkundig handelte es sich hier um einen politischen Prozeß, in dem Karl nach Gründen suchte, den unbequemen Herzog endlich loszuwerden. Und dieser war zu halsstarrig, um nachzugeben. Er erklärte, er wolle lieber zehn Söhne verlieren, als sich an die Abmachungen mit Karl zu halten und lieber sterben, als so zu leben. So nahmen die Dinge ihren Lauf. Karls Biograph Einhard urteilte Jahre später, Tassilo habe sein Ende durch seinen Übermut und seine eigene Dummheit selbst verschuldet. Man verurteilte den Bayernherzog zum Tode. Da Karl aber weitläufig mit Tassilo verwandt war, und man einen Verwandten des Königs nicht hinrichten wollte, begnadigte Karl den Bayern zu lebenslanger Klosterhaft. Auch seine Frau und die Kinder ver-

Der Tassilo-Kelch zeigt auf der Kelchschale in der Mitte Christus im Kreuzesstrahlenkranz und die vier Evangelistensymbole, am Kelchfuß Heilige als Patrone des Herrscherhauses. Ganz unten verläuft ein Inschriftenband, auf dem sich Tassilo selbst als »dux fortis« bezeichnet. Der Abendmahlskelch wurde möglicherweise auch bei der Hochzeit Tassilos verwendet

Tassilo-Kelch, 8. Jahrhundert; Kloster Kremsmünster

schwanden in Klöstern. Damit war die gesamte bayerische Herzogsfamilie ausgeschaltet. Das Herzogsamt wurde abgeschafft, das Land der Verwaltung durch Grafen unterstellt.

Ein »gefährlicher« Stab wird zur Altarleuchte

Auch bei Tassilos Absetzung spielten wieder Symbole eine wichtige Rolle. Karl ließ sich die »gefährlichen« Gegenstände der Agilolfinger, den Tassilo-Kelch und vor allem den Herzogstab nach Kremsmünster ausliefern und befahl, aus dem Symbol des Herzogtums, dem Stab, Altarleuchter machen zu lassen. Damit schien die magische Kraft des Stabes für immer gebrochen.

Karl konnte zufrieden sein: Der widerspenstige Herzog war eliminiert und Bayern dem Frankenreich fest eingegliedert. Karl beherrschte damit auch das Donautal und die Zugänge zu den bayerischen Alpenpässen. Regensburg avancierte demonstrativ zu einem der karolingischen Hauptorte.

Nun wird klar, warum Karl immer wieder – so in den Jahren 788, 791 bis 793 und 803 – nach Regensburg kam: Er bereitete von dort nicht nur seine Feldzüge gegen die Awaren vor, sondern wollte vor allem unmißverständlich deutlich machen, daß das Herzogtum nun unlösbar zum fränkischen Reich gehörte.

Eroberung und Herrschaftssicherung prägten also auch im bayerischen Raum die Motive für Karls Reisen. Und wie im Falle Sachsens hatte Karl mit der nötigen Unerbittlichkeit schließlich sein Ziel erreicht.

Am Karlsgraben

Militärische Gründe mögen zunächst auch den Ausschlag gegeben haben für einen Aufenthalt, der aus dem Rahmen des Üblichen fiel.

Vom Sommer 792 bis ins Jahr 793 hielt sich Karl wieder in Regensburg auf. Er demonstrierte seine Macht im Herzogtum und bereitete von dort einen Feldzug gegen die Awaren vor. Da erreichten ihn Hiobsbotschaften aus Sachsen. Einer seiner Grafen hatte eine schwere Niederlage an der Wesermündung erlitten.

Mit seinem ganzen Stab und sicherlich mit dem Großteil des Heeres, das er eigentlich gegen die Awaren hatte einsetzen wollen, verließ Karl daraufhin Regensburg und machte sich im Frühherbst 793 auf den Weg. Er reiste mit dem Schiff die Donau, dann die Altmühl aufwärts, dies war der schnellste und bequemste Reiseweg.

Welch eine Erleichterung wäre es gewesen, hätte es eine Verbindung der Stromsysteme von Rhein und Donau über ihre Nebenflüsse gegeben! Doch zwischen der Altmühl, die in die Donau mündete und der Rezat, die über die Regnitz und den Main zum Rhein führte, klaffte eine Lücke. Der Gedanke schien verlockend, diese räumlich nicht allzu große Lücke durch einen Kanal zu schließen. Vermutlich ging es Karl in der drängenden Situation des Jahres 793 vor allem darum, seine Truppen mit ihrem gewaltigen Troß auf dem Wasserweg möglichst schnell nach Sachsen zu verlagern.

Schnelles Reisen zu Wasser

Man würde aber den Weitblick des Karolingers verkennen, wenn man nicht annähme, daß er mit diesem Kanalbau größere Ziele verfolgte: Eine gewaltige Erleichterung des Schiffsverkehrs und des Gütertransportes quer durch das Reich von der Donau bis zur Mündung des Rheins schien greifbar. Gerade zu dieser Zeit wütete im Westen wieder eine Hungerkatastrophe und rasche Getreidetransporte aus Bayern waren heiß ersehnt! Getreide, Waren aller Art und Truppen – alles würde sich in Zukunft um vieles leichter und schneller transportieren lassen!

So ließ Karl sein Lager nahe der Stelle aufschlagen, an der sich die Flüsse Altmühl und Rezat auf knapp zwei Kilometer annäherten und befahl, mit den Arbeiten an der *Fossa Carolina*, dem Karlsgraben, zu beginnen.

Man schätzt, daß allein für die Erdbewegungen mehr als 6000 Schanzarbeiter eingesetzt wurden. Sicher waren Karls Truppen an dem Bau beteiligt, aber auch die Bevölkerung des Umkreises. Man mußte roden, Pfähle zurichten, Bohlen und Materialwege legen, Unterkünfte errichten und schließlich vor allem den Kanal ausheben. Mit allen Zulieferarbeitern wie Schmieden, Wagnern, Metzgern, Bäckern und Köchen waren wohl an die 8000 Mann mit dem Projekt beschäftigt. Das hieß, man brauchte alleine an einem Tag wohl an die 14000 Pfund Brot. Das wiederum bedeutete bei dem geringen Ausmahlungsgrad des Getreides täglich einen Bedarf von etwa achteinhalb Tonnen Getreide, dazu Fleisch, Bier und Tierfutter. Da die dünn besiedelte unmittelbare Umgebung das gar nicht leisten konnte, mußte der Nachschub über Entfernungen von bis zu 200 Kilometern organisiert werden.

Ein phantastischer Plan schlägt fehl

Doch das mit so viel Anstrengung betriebene Projekt war zum Scheitern verurteilt. Feinkörniger Sand erleichterte zwar das Graben, aber der Grundwasserspiegel wollte nicht sinken, die Grabensohle versandete immer wieder, die Böschungen rutschten ab – eine Sisyphus-Arbeit. Dazu kam das schlechte Herbstwetter. Es regnete ohne Unterlaß, aus Sachsen kamen zudem immer neue Katastrophenmeldungen. Man kann sich denken, daß Karl, wenn er von seinem Quartier zu der großen Baustelle ritt, schweren Herzens erkannte, daß sein ehrgeiziges Projekt nicht vorankam,

Der Karlsgraben an der europäischen Wasserscheide zwischen Rhein und Donau nahe Treuchtlingen. Auf einer Länge von 500 Meter ist heute noch ein wassergefüllter Graben sichtbar – Erinnerung an das Jahr 793 und zugleich eines der wichtigsten technischen Kulturdenkmäler des frühen Mittelalters

Karlsgraben bei Treuchtlingen

daß es buchstäblich versandete. Nach zehn Wochen befahl er schließlich, die Arbeiten einzustellen, brach das Lager ab und zog mit seinem Gefolge und den Truppen nach Würzburg, dann weiter nach Frankfurt und wieder einmal gegen die Sachsen. Der einzige Versuch im Frühmittelalter, eine künstliche Wasserstraße anzulegen, war gescheitert.

Von der *Fossa Carolina* haben sich über die Wirren von zwölf Jahrhunderten Reste erhalten. Nahe dem Ort Graben bei Treuchtlingen steht im alten Karlsgraben auf etwa 500 Meter Länge heute noch tiefes Wasser und erinnert an Karls Anwesenheit im Herbst 793 und sein ehrgeiziges Projekt.

Kriegerische und friedliche Reiseabsichten zugleich

Mit Karls mehrwöchigem Aufenthalt am Karlsgraben zwischen Rezat und Altmühl verbanden sich kriegerische und friedliche Absichten. Das Schliessen der Lücke zwischen den Flußsystemen von Rhein und Donau hätte sowohl der raschen Verlagerung von Truppen als auch der Förderung von Verkehr und Handel gedient.

Die *Fossa Carolina* ist für uns daher gleichsam der Markstein, der uns vom kriegerischen zum friedlichen Teil des Itinerars führt. Von den unruhigen Randzonen, wo Reisen fast immer auch Kämpfen, Erobern und Sichbehaupten hieß, begleiten wir den Frankenkönig nun in den inneren, den gefestigten Bezirk seiner Macht, in den Raum, der für den reitenden Herrscher jahrzehntelang im Alltag der Regierungsführung die wichtigste Rolle spielte.

Das weiträumige Gesamtitinerar umschließt also gleichsam ein engeres Itinerar, in welchem nicht mehr die unmittelbaren militärischen Zwänge den Reiseweg bestimmten und in dem der König seinen Reiseweg zugleich auch ein Stück weit freier planen konnte.

Im Zentrum der Macht

Reisen im Mittelalter – das war kein Vergnügen. Man reiste, weil man reisen mußte, als Pilger, als Bote, als Bettler, als Kaufmann, als König. Reisen, das bedeutete Beschwernis und Gefahr. Das englische Wort *travel,* das mit dem französischen Wort *travail* (Arbeit, Mühe) verwandt ist, legt Zeugnis davon ab, daß Reisen nichts mit Vergnügen und Urlaubmachen zu tun hatte.

Beschwernisse des Reisens

Die Reisenden sahen nicht die Schönheiten der Natur, sondern vor allem die Widrigkeiten und Gefahren: Dickicht und wilde Tiere, schmale, oft verschüttete Wege, über die Ufer getretene Bäche, Geröll und umgestürzte Bäume, Unwetter und Räuber.

Da war kein Platz für romantische Landschaftsbetrachtungen – heil ankommen, ein Bett für die Nacht finden, eine warme Mahlzeit, das zählte. Kein Wunder, daß selbst unsere alten Volkslieder noch vom Schmerz des Abschiednehmens und der Ungewißheit des Wiedersehens reden und daß man sich für den beschwerlichen Weg Siebenmeilenstiefel wünschte.

Gasthäuser gab es bis ins Spätmittelalter hinein noch nicht. Wer unterwegs war, mußte zusehen, daß er in einem Kloster, Hospiz oder Spital für die Nacht unterkam. Der heilige Benedikt hatte den Mönchen aufgetragen: »Alle Gäste, die kommen, sollen wie Christus aufgenommen werden; denn er wird dermaleinst sagen: Ich war fremd, und ihr habt mich aufgenommen.«

So gewährten die Klöster den Reisenden kostenlos Unterkunft, Verpflegung und Betreuung – natürlich wohl abgestaffelt nach dem Rang der Herbergsuchenden.

Unmännliche Reisen im Wagen

Die Masse der Reisenden war zu Fuß unterwegs. Mit dem Wagen zu reisen galt als unmännlich. Nur Frauen, Kranke und Alte benutzten einen ungefederten Wagen oder eine Sänfte. Deren Gebrauch war so ungewöhnlich, daß die Chronisten dies eigens erwähnen. So heißt es über einen Trierer Erzbischof: »Er saß in einer ledernen, innen mit feinem Linnen ausgeschlagenen und von zwei Pferden getragenen Sänfte, was allgemein Aufsehen erregte. Das Alter machte ihm nämlich schon zu schaffen, und die langdauernden Mühen hatten seine Kraft gebrochen.«

Wer es sich leisten konnte, reiste hoch zu Roß. Er mußte aber damit rechnen, daß die Kosten für das Pferd, für Hafer, Stallbenutzung und Brükkengelder mindestens so hoch waren wie diejenigen der eigenen Verpflegung und Unterbringung.

Zu Pferd bei jedem Wetter

Auch die Großen des Reiches waren auf ihren Reisen den Widrigkeiten der Natur ausgeliefert. So berichtet ein Autor über die Unbilden von Wetter und Wegen, als der Merowingerkönig Childebert zu einer Reichsversammlung nach Verdun rief: »Es regnete sehr stark, das Wasser war sehr groß, die Kälte unerträglich und die Wege in Schmutz aufgelöst, die Flüsse über die Ufer getreten.« Wer mochte da schon zu Pferd unterwegs sein?

Wege in marodem Zustand

Der Zustand der großen Verbindungsstraßen genügte nur bescheidenen Ansprüchen. Karl der Große herrschte ja über ein Reich mit zwei Gesichtern. Der eine Teil im Westen und Süden war durch eine jahrhundertealte antike Kultur geprägt, zu der auch ein effizientes Straßennetz gehört hatte. Der andere, nördliche und östliche Teil hatte auf einem bescheidenen Niveau abseits der römischen Zivilisation gelebt. Diese zwei Gesichter zeigte auch das Straßennetz: Im Osten endlose unbefestigte Pisten, nur an unwegsamen Stellen und in Siedlungsnähe präpariert. Im Westen die Reste des gewaltigen römischen Straßennetzes, verfallen zwar vielerorten, mit brüchiger Pflasterung, umgestürzten Meilensteinen und eingebrochenen Brücken, aber zumindest teilweise noch vorhanden. Dieses alte römische Straßennetz wurde, wo es existierte, von den Karolingern weiter benutzt. Reparatur und Instandhaltung waren aufwendig, die Techniken dafür in Vergessenheit geraten und die lokalen Machthaber kaum zur Instandhaltung der Straßen zu bewegen. So reiste man auf mühsam reparierten Wegen und nicht mehr auf den endlosen steinernen Bändern, die in der Römerzeit die Landschaft durchschnitten hatten.

Bevor der König durch ein Gebiet zog, mußten oftmals zunächst die Wege präpariert werden. So wissen wir vom Feldzug Karls gegen die Sachsen, daß er im Jahr 785 »die Wege reinigen« und dem Heer » die Wege bereiten ließ«. Dazu gehörte bei einem größeren Troß sicher auch, daß eine Vorhut mit Äxten und Hacken den Weg verbreiterte und Hindernisse wie heruntergefallene Äste und umgestürzte Bäume aus dem Weg räumte. Schlamm und Schlaglöcher machten das Vorwärtskommen mühsam. So wird uns von Karl auch berichtet, er habe die Wege planieren und auffüllen lassen. An das Pflastern von Straßen war noch nicht zu denken, damit begannen ab dem ausgehenden 12. Jahrhundert zuerst die Städte. Zuvor reparierte man die Straßen lediglich, indem man eine frische Schicht Kies oder Sand auf den Weg schüttete und manche Stellen auch mit Bohlen oder Knüppeldämmen befestigte.

Die Wege, auf denen der König und all die anderen Reisenden durch das Land zogen, führten im allgemeinen nicht durch die versumpften, von Flußschlingen durchzogenen Niederungen, sondern zogen sich oberhalb der Talsohle entlang. So verlief der uralte, schon von Karl dem Großen genutzte Hell-oder Salzweg, die spätere Bundesstraße 1 von Paderborn über Erwitte nach Soest, weit oberhalb des versumpften Lippetals.

Möglichst zu Wasser

Wo immer es möglich war, benutzte der Herrscher die Wasserstraßen. Das Reisen war hier komfortabler und vor allem um das Drei- bis Vierfache schneller. Besonders häufig hat Karl Rhein und Main als Verkehrswege genutzt, so auf den Strecken Ingelheim – Worms, Ingelheim – Frankfurt und Worms – Frankfurt.

Die Straßen zu Lande und zu Wasser teilte sich der reisende Herrscher mit allen anderen Reisenden. Wie aber sah es mit seiner Herberge aus? Wo machte der Herrscher Rast? Wo verweilte er länger?

Königliche Unterkünfte

Normalerweise zog der König möglichst von einer Pfalz zu anderen. Nur auf Feldzügen und bei Belagerungen mußte er sich gelegentlich mit einem Zeltquartier begnügen. Entlang der Königstraßen, der *viae regiae,* gab es ein festes Versorgungs- und Beherbergungssystem. Wenn schon keine Pfalz, so mußte doch wenigstens ein Königshof zur Verfügung stehen, in welchem der Herrscher übernachten konnte. Das Gefolge mochte notfalls in Zelten schlafen.

In den neu eroberten Gebieten war es daher wichtig, für den Herrscher und seine Beauftragten möglichst rasch ein umfassendes Etappensystem aufzubauen. So ließ Karl entlang des Hellweges von Duisburg über Dortmund bis Paderborn ein Etappensystem ausbauen, an dem sich die Orte wie Perlen an einer Schnur im Abstand von höchstens einer Tagesreise reihten. So konnte der Reisende sicher sein, in Steele, Bochum, Dortmund, Wickede, Werl, Soest, Erwitte und so weiter Unterkunft, Werkzeuge, Nahrung und Wasser zu finden.

Aber natürlich gab es Unterschiede zwischen Unterkünften, in denen der Herrscher notgedrungen auf dem Durchzug für die Dauer nur einer Nacht blieb, und Orten, die er immer wieder besuchte, an denen er sich längere Zeit aufhielt, die Großen des Reiches zu sich berief, die hohen Kirchenfeste feierte oder einen ganzen Winter verbrachte. Hierzu benötigte man leistungsstarke und repräsentative Pfalzen. Ein Blick auf die Karte zeigt uns, daß dafür nur eine beschränkte Anzahl von Orten in Frage kam.

Von Pfalz zu Pfalz

Zwischen Rhein und Seine drängen sich die Orte, die Karl immer wieder besucht hat, in einer relativ geschlossenen Gruppe, von Nimwegen bis Mainz, von Remiremont bis St. Denis. Einige von ihnen ragen besonders hervor, weil sich der Herrscher dort ungewöhnlich oft mit seinem Gefolge aufgehalten hat:

Dreimal ist Karl in Ingelheim, viermal in Mainz, sechsmal in Quierzy und Düren, siebenmal in Diedenhofen, zwölfmal in Herstal, 16mal in Worms und sogar 27mal in Aachen nachweisbar. Es fällt auf, daß alle Orte, mit Ausnahme von Quierzy, sich in dem Raum zwischen Maas und Rhein zusammenballen. Heute spielen längst nicht mehr alle diese Orte eine herausragende Rolle.

Sehen wir uns die am häufigsten besuchten Orte genauer an:

Lange, wichtige Aufenthalte in Ingelheim

Einhard bezeichnet in seiner Biographie Karls des Großen die neu erbaute Pfalz Ingelheim zusammen mit der Pfalzkapelle in Aachen und der 500 Schritt langen Rheinbrücke bei Mainz als eine der wichtigsten Bauleistungen des Königs. Die Pfalz lag 15 Kilometer westlich der Bischofsstadt Mainz hoch oben, mit weitem Blick über die Rheinebene, mitten im Wormsgau, einem Kerngebiet fränkischer Herrschaft. Karl kam erstmals im Jahre 774 hierher, um Truppen gegen die Sachsen zu sammeln. Gegen Ende des Jahres 787, zurück vom Lechfeld, wo sich der Bayernherzog Tassilo zunächst unterworfen hatte, nahm er wieder Quartier in seiner neuen Pfalz, feierte hier das Weihnachtsfest und blieb bis Ostern 788. Während dieser Zeit war die Pfalz Schauplatz einer großen Reichsversammlung, auf der Tassilo sein Herzogtum endgültig verlor, wegen Hochverrats zum Tode verurteilt und von Karl zu lebenslanger Klosterhaft begnadigt wurde. Ein weiteres Mal versammelte der alternde Karl im August 807 die Großen des Reiches hier zu einem Hoftag und sandte von Ingelheim Königsboten zur Rechtsprechung in alle Reichsteile. Wie oft er dazwischen die komfortable Pfalz für eine kurze Rast benutzt hat, wenn er den Rhein per Schiff hinabfuhr, wissen wir nicht.

Schon dieses erste Beispiel zeigt, daß die Anzahl der Aufenthalte allein nicht unbedingt etwas über deren Bedeutung aussagt. Denn natürlich ist es ein Unterschied, ob ein Ort nur als notwendiges Etappenziel für ein oder zwei Nächte auf der Durchreise dient, oder ob er durch einen ungewöhnlich langen Aufenthalt und wichtige Ereignisse besonders ausgezeichnet wird. In Ingelheim hat Karl einen ganzen Winter verbracht hat, zwei hohe Kirchenfeste gefeiert und zwei wichtige Reichsversammlungen abgehalten. Das unterstreicht die Bedeutung dieser neuen Pfalz.

Das strategisch wichtige Düren

Auch in der Pfalz Düren verbrachte Karl zu Beginn seiner Herrschaft einen ganzen Winter (769) und rief in den Jahren 775 und 779 die Großen des Reiches zu zwei Reichsversammlungen hierher. Düren war jedoch durch seine Lage am Ostrand der eigentlichen karolingischen Kernland-

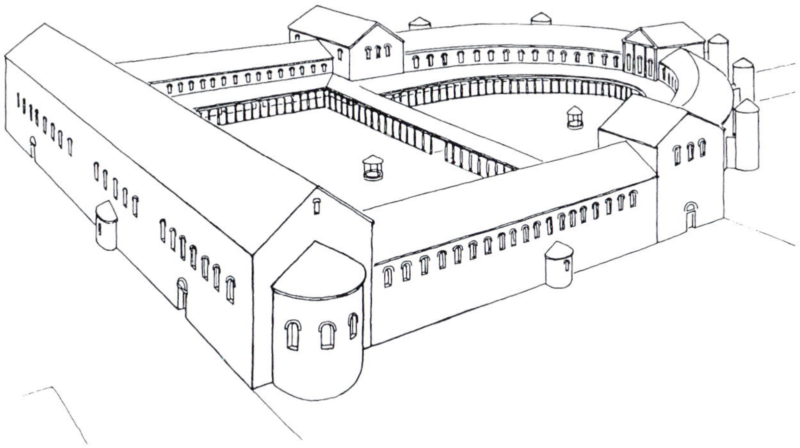

Rekonstruktion der Pfalz Ingelheim. Auf einer Fläche von 142 mal 115 Meter erhob sich die Pfalz von Ingelheim, ein ungewöhnlicher, sehr repräsentativer Baukomplex. Eine Mauer oder Säulenhalle trennte einen rechteckigen und einen halbkreisförmigen, säulenumstandenen Hof mit je einem Brunnen voneinander. Rechts führte ein von Türmen flankierter Torbau in eine 10 Meter breite Eingangshalle und von dort weiter in die Räume der Pfalz. Links erhob sich die Königshalle. Beim Bau hat man sich stark an römischen Vorbildern orientiert

Ingelheim, Isometrie der Gesamtanlage

schaften vor allem immer wieder Ausgangspunkt für die Heereszüge gegen Sachsen.

Päpstlicher Besuch in Quierzy

In den Jahren 774, 781 und 804 verbrachte Karl die Winter und Weihnachtsfeste in seiner Pfalz in Quierzy, 775 und 782 feierte er hier zudem die Osterfeste. Selbst den Papst empfing Karl während eines Weihnachtfestes in Quierzy. Ebenso wie die Merowingerkönige war bereits Karls Vater Pippin oft hier gewesen.

Aus dem engen Kreis der von Karl immer wieder besuchten Orte zwischen Maas und Rhein fällt Quierzy deutlich sichtbar heraus, denn es liegt weit östlich, mitten im alten merowingischen Kernraum zwischen Aisne und Oise. Inzwischen hatte sich, vor allem durch die Eroberungszüge gegen Sachsen, der Schwerpunkt des Reiches nach Osten verlagert. Karl war offensichtlich dennoch bemüht, durch seine häufige Anwesenheit in den alten merowingischen Stammlanden deutlich zu machen, daß er durchaus gewillt war, die Kontinuität der fränkischen Herrschaft auch hier zu wahren.

Wenige, aber bedeutungsvolle Aufenthalte in Attigny

Auch die Aufenthalte an einem anderen Ort, nicht weit von Quierzy unterstreichen dies. Zweimal ist Karl in Attigny nachweisbar. Die geringe Zahl der überlieferten Aufenthalte darf uns dabei nicht über deren Bedeutung hinwegtäuschen. Attigny spielte ebenfalls schon unter den Merowingern eine durchaus wichtige Rolle und gehörte zu den Lieblingsaufenthaltsorten Pippins. Karl feierte hier das Weihnachtsfest 771, und während seines Aufenthaltes vom Herbst 785 bis Ostern 786 fand an diesem Ort die Taufe des Sachsen Widukind statt – wahrlich ein denkwürdiges Datum in Karls Herrschaftszeit!

Das komfortable Diedenhofen

Zu den neuen und sicher entsprechend komfortablen Pfalzen gehörte auch Diedenhofen an der Mosel, wo Karl den Winter 782/83 verbrachte. Hier bestimmte er während eines zweiten Winteraufenthaltes im Jahr 805/06 bei einer Versammlung mit den Großen des Reiches, daß nach seinem Tod das Frankenreich wie seit Generationen zwischen den Söhnen geteilt werden sollte.

Die Lieblingspfalz Herstal

Zu Karls unbestrittenen Lieblingspfalzen gehörte Herstal an der Maas, nordöstlich von Lüttich. Fünf Winter hat er hier verbracht und sechsmal das Osterfest gefeiert. Vor allem zu Beginn seiner Regierungszeit finden wir ihn immer wieder hier. Später sollte das nahegelegene Aachen Herstal den Rang ablaufen. Herstal war wie Düren ein günstiger Ausgangspunkt für die fast jährlich stattfindenden Sachsenzüge. Von hier aus waren der Rheinübergang bei Köln und die Flußverbindung rheinabwärts und lippeaufwärts nach Sachsen gut erreichbar. Es war ein ostentatives Zeichen der Sympathie für die Pfalz Herstal, daß Karl 797 ein neu eingerichtetes Lager an der Weser nach seiner Pfalz Herstal benannte. So oft Karl auch in Herstal war, so viele Winter er hier verbrachte, fällt es jedoch auf, daß in Herstal nicht eine einzige Reichsversammlung stattfand.

Versammlungsorte der Großen des Reiches

Die großen politischen Zusammenkünfte fanden in Karls Regierungszeit vorwiegend im mittelrheinischen Raum statt.

Zwei Generationen nach Karl schrieb Bischof Hinkmar von Reims über eine solche Zusammenkunft:

»Zu dieser Versammlung kamen alle Großen, geistliche wie weltliche: die höheren, um Beschlüsse zu fassen, die niederen, um diese Beschlüsse entgegenzunehmen und mitunter ebenfalls zu beraten und dann zu bestätigen, nicht unter Zwang, sondern aus eigener Einsicht und Entscheidung.«

Der König entschied ja nicht allein über das Schicksal des Reiches. Er war kein absoluter Herrscher. Zwar gab es keine geschriebene Verfassung und kein Gesetz, in welchem die Rechte von König und Fürsten gegeneinander aufgelistet waren, aber sowohl das Herkommen als auch die tatsächliche Machtverteilung im Reich geboten es, daß jeder König sich vor wichtigen Entscheidungen mit den Großen des Reiches beriet und auf ihren Rat hörte. Gegen den geschlossenen Widerstand der Mächtigen konnte er keine Politik machen. Er brauchte sie – denken wir alleine daran, daß die Großen des Reiches für die Feldzüge ihre eigenen Truppen aufboten. Mehrere große politische Zusammenkünfte im Jahr waren daher normal. Es konnte dabei durchaus vorkommen, daß man dafür einen ungewöhnlichen und eher entlegenen Ort wählte. So haben wir von einem Hoftag in Paderborn gehört und einem anderen in Lippspringe in Sachsen. Aber das waren bewußt geplante Demonstrationen der Macht in neu erobertem Land. Normalerweise fanden die Zusammenkünfte zwischen dem König und den Mächtigen des Reiches an zentralen, gut erreichbaren Punkten statt. Ganz an der Spitze stand dabei in der Regierungszeit Karls des Großen Worms.

Worms – das politische Zentrum

Sieben große Versammlungen können wir in der Regierungszeit Karls zählen – damit konnte selbst Aachen nicht konkurrieren. Worms war eines der wichtigsten politischen Zentren im Frankenreich. Karl besaß in der Stadt eine eigene Pfalz und mußte nicht beim Wormser Bischof wohnen. Hier heiratete er seine dritte Frau Fastrada und verbrachte drei Winter. Doch mit dem Winter 790/91 brachen Karls Aufenthalte in Worms unvermittelt ab. Der Grund dafür war ein Unglücksfall: Karl war selbst in seiner Wormser Pfalz gewesen, als dort mitten in der Nacht ein Feuer ausbrach und einen großen Teil des Gebäudes in Schutt und Asche legte. Die Schäden waren so groß, daß es offensichtlich viele Jahre dauerte, diese zu beheben. Erst mehr als 20 Jahre später tauchte Worms wieder in den Herrscheritineraren auf.

Machtverlagerung nach Osten

Halten wir an dieser Stelle inne und blicken noch einmal über die Runde der Orte, die Karl wieder und wieder besucht hat, so fallen mehrere Dinge auf:

Seit den Zeiten der Merowinger hatte sich der Schwerpunkt des Reiches durch die Eroberungszüge gegen Sachsen und die Eingliederung Bayerns nach Osten verlagert. Zugleich verschob sich auch das Machtzentrum des Reiches vom Raum um Paris in die Gegenden zwischen Maas und Rhein. Zwar bemühte sich Karl, auch in den alten merowingischen Stammlanden weiterhin Flagge zu zeigen, indem er sich zu Pferde nach Quierzy, Attigny und zur Grablege der merowingischen Könige nach St. Denis begab. Aber das Herz des Frankenreiches schlug nicht mehr hier, sondern im Stromgebiet von Maas und Rhein.

Der Bau neuer Pfalzen

Auch in einem zweiten Punkt unterschied sich der Reiseweg der karolingischen Herrscher von dem ihrer Vorgänger. Die Merowinger waren keine großen Bauherren gewesen. Sie übernahmen einfach die Palastbauten der römischen Statthalter in den Städten, reparierten bestenfalls die Gebäude, bauten ein wenig um und lebten weiter in den Residenzen der ehemaligen Römerstädte.

Mit den Karolingern änderte sich dies und die Städte traten in den Hintergrund. Die Herrscher bevorzugten jetzt den Aufenthalt auf dem Land und bauten sich dort neue Pfalzen, so etwa in Herstal, Ingelheim, Nimwegen, Diedenhofen oder Sinzig.

Den Namen *palatium* (Pfalz) hatten die Franken von den Römern übernommen. Seit Augustus residierten die römischen Kaiser auf einem der sieben Hügel Roms, dem Palatin. Nach diesem Hügel nannte man in Rom die Residenz des Kaisers *palatium.* Bald übertrugen die Römer die Bezeichnung auf andere Herrschaftszentren im Reich. Die Merowinger übernahmen die antike Gebäudebezeichnung für den Hof ihres Herrschers, und die Bezeichnung lebte auch unter den Karolingern weiter. Doch nicht jeder Aufenthaltsort des reisenden Hofes war eine Pfalz.

Macht und Repräsentation

Zu jeder Pfalz gehörten Wirtschaftsgebäude, um den König mit seinem Gefolge auch bei einem längeren Aufenthalt versorgen zu können. Neben den Wohnbauten für die Verwalter und Arbeiter zählten dazu Webhütten für die Frauen, Koch-, Back- und Badehäuser, Ställe für das Groß- und Kleinvieh, Kornspeicher und Scheunen, Bienenhäuser, Fischteiche, Weinkeller und möglichst eine Mühle. Die meisten Gebäude errichtete man aus Holz oder Fachwerk. Die Pfalz war also zunächst einmal ein riesiger Gutshof.

Aber erst ein zusätzliches Element hob sie aus der großen Zahl von Wirtschaftshöfen hervor: die steinernen Repräsentationsgebäude für den König und seine Begleiter. Ein ein- oder mehrgeschossiger Saalbau, die *aula regia,* war das öffentliche Zentrum der Pfalz, die Mitte der Gesamtanlage. Hier fanden die Hoftage und Gerichtssitzungen statt. Hier empfing der Herrscher geistliche und weltliche Würdenträger sowie Gesandte aus fernen Ländern. So waren die *aulae regiae* der großen Pfalzen im Land die eigentlichen Macht- und Repräsentationszentren des Hofes und des Frankenreiches. Räumlich getrennt davon waren die Königswohnung und die Häuser der Hofangehörigen.

Das zweite Zentrum jeder Pfalzanlage war die Kirche. Die Pfalzkapelle beherbergte den königlichen Reliquienschatz. Hier betete der Herrscher mit seiner Familie in einem repräsentativen Rahmen, der den großen Kirchenfesten angemessen schien. Wir wissen nicht genau, ob die Pfalzen zur Zeit Karls des Großen schon von Befestigungen umgeben waren. Manche wiesen vielleicht wie die großen Gutshöfe eine Umgrenzung aus Erdwällen, Dornensträuchern oder Flechtwerkzäunen auf. Verteidigungsfähige Mauern hielt man aber offenbar nur im »Feindesland« für nötig. So erhielt die neue Pfalz in Paderborn aus gutem Grund eine steinerne Verteidigungsmauer gegen die widerspenstigen Sachsen.

Von den Pfalzen der Karolinger ist über die Zeiten wenig übriggeblieben. Nur in Aachen stehen noch die eindrucksvollen Denkmäler der karolingischen Pfalzanlage. Daneben hat man zum Beispiel in Ingelheim, Frankfurt und Paderborn Reste der Pfalzanlagen ausgegraben.

Atempause im Winter

Noch ein dritter Punkt ist auffällig, wenn man Karls Reiseweg kreuz und quer durch sein großes Reich verfolgt. Überaus anstrengend waren die ständigen Reisen zu Pferde, die Kriegszüge, zu denen Karl fast jedes Jahr rüsten mußte. In all der Rastlosigkeit, der körperlichen Anstrengung und Unbequemlichkeit suchte der König, wenigstens im Winter zur Ruhe zu kommen und die Monate vom Einbruch des Winters bis Ostern an ein und demselben Ort zu verbringen. Am liebsten tat er das im Zentrum seines Reiches, in der neuen Pfalz von Herstal, in Worms und später in seiner Lieblingspfalz Aachen. Es scheint, als habe es ihn große Überwindung gekostet, auch im Winter noch fern der Stammlande zu sein, denn wenn das geschah, dann hatte es immer eine besondere Bedeutung: Kurz nach dem Sturz Tassilos verbrachte Karl zwei Winter in Regensburg. Zweimal schlug er sein Winterlager in Sachsen auf. Zum einen war dies eine militärische Maßnahme, zum anderen ein überdeutliches Signal an die Unterworfenen: Wir lassen uns von hier nicht mehr vertreiben, wir haben von diesem Land Besitz ergriffen, wir sind die Herren dieses Landes, im Sommer wie im Winter.

In den übrigen langen Jahren seiner Regierung aber schlug Karl seine Winterresidenzen im Zentrum des Reiches auf. Im Grunde war diese Atempause schon ein Privileg, denn wir werden sehen, daß seine Nachfolger im Deutschen Reich selbst im Winter gezwungen waren, umherzureisen.

Die Versorgung des Hofes

Die meisten der großen Pfalzen waren auch wirtschaftliche Zentren mit Wäldern und Äckern in der Größenordnung von etwa 500 bis 1000 Hektar. Schließlich mußte der König mit seinem Gefolge mit Fleisch, Getreide, Wein, Bier und vielen anderen Dingen versorgt werden. Doch die Erträge pro Hektar waren gering. Sie lagen bei dem Eineinhalbfachen, teils auch beim Dreifachen der Aussaatmenge; heute erzielt man das 25fache. Der Schlachtertrag eines Schweines lag nur bei etwa zehn Kilogramm. Man hat errechnet, daß die Vorräte etwa der Pfalz Ingelheim nach zehn Tagen aufgebraucht waren. Dennoch wissen wir, daß sich Karl oft erheblich länger – wochen- oder gar monatelang – in manchen Pfalzen aufgehalten hat.

Versorgung durch »Tafelgüter«

Zur Versorgung stand ihm hierfür ein umfangreiches System von »Tafelgütern« zur Verfügung. Diese Tafelgüter bildeten gerade in den Gegenden ein äußerst enges Netz, in denen sich der König besonders häufig aufhielt. Die Karolinger besaßen etwa 600 solcher großer Güter zwischen Rhein und Loire, erworben durch Erbe oder Eroberung. Ein Inventar aus dem 9. Jahrhundert beschreibt, wie das Zentrum eines dieser landwirtschaftlichen Großbetriebe aussah:

»Im Fiskus Annapes (in der Nähe von Lille) haben wir eine »sala regis« vorgefunden, sehr schön aus Stein errichtet, mit drei Hallen, elf Frauengemächern und ganz von einer Galerie umgeben. Ferner fanden wir einen Keller, zwei Portiken, im Inneren des Hofes siebzehn weitere Holzhäuser mit ebensoviel Gemächern. Alle übrigen Nebengebäude waren in gutem Zustand: ein Stall, eine Küche, eine Bäckerei, zwei Getreidespeicher, drei Scheunen; ein Hof mit festem Zaun, einem steineren Tor und darüber eine Galerie, ordentlich angelegt und mit verschiedenen Baumsorten bepflanzt«.

Viele große Höfe wie Annapes besaßen auch eine »Königshalle« zur Aufnahme des Königs oder seiner Abgesandten. Der Herrscher konnte diese Höfe bei Bedarf als Etappenstation nutzen, dennoch kann man sie noch nicht als eigentliche repräsentative Pfalzen bezeichnen. Oftmals sind die Übergänge zwischen Hof und Pfalz in der Sprache der Quellen fließend.

Die »Königsgastung«

Die wichtigste Aufgabe der Tafelgüter mit ihren Wirtschaftshöfen, mit ihren Feldern, Wäldern und Gewässern war

jedoch nicht die Beherbergung des Königs, sondern die Produktion und das Sammeln von allem, was der König mit seinem Gefolge auf seinem ständigen Zug durch das Reich für das tägliche Leben brauchte. Sobald ein königlicher Bote den bevorstehenden Aufenthalt des Herrschers auf einer der Pfalzen im weiteren Umkreis ankündigte, waren die Tafelgüter verpflichtet, alles für die *Königsgastung* Notwendige an die Pfalz zu liefern.

Feste Richtzahlen für die Lieferungen gab es nicht, da sie sich nach dem Bedarf richteten. Allerdings achteten die karolingischen Herrscher sorgfältig darauf, die Leistungsfähigkeit ihrer Tafelgüter nicht über Gebühr zu strapazieren. Deshalb planten sie ihren Reiseweg so, daß die Winterpfalzen, die den Herrscher für Monate beherbergten, möglichst nicht auch noch allzuoft für Hoftage und Heeresversammlungen herangezogen wurden. Dadurch sollten die Versorgungslasten gleichmäßiger verteilt werden.

Die Lieferungen der Tafelgüter konnten durchaus auch über weitere Entfernungen erfolgen, wenn der König zum Beispiel in Sachsen weilte, wo kein Netz von Tafelgütern existierte. Erzielte das Krongut in einem Jahr Überschüsse, weil es seltener zur Königsgastung herangezogen wurde, so legte man Vorräte an und verkaufte die verderbliche Ware. Das Bargeld mußte dann spätestens bis zum Palmsonntag an den Hof abgeführt werden.

In der Karolingerzeit war es üblich, daß der König im wesentlichen von den Erträgen seiner eigenen Besitzungen lebte. Nur zu einem geringen Teil waren weltliche Große, Bischöfe und Äbte verpflichtet, sich am Unterhalt des Königshofes zu beteiligen. Wir werden sehen, daß sich dies in der Folgezeit grundlegend ändern sollte.

Noch aber waren die Tafelgüter das wirtschaftliche Rückgrat der Versorgung. Ihr Funktionieren war für den Hof lebenswichtig. Und so hat sich auch Karl der Große intensiv und bis ins Detail mit der Ausstattung, der Arbeitsweise und der Verwaltung seiner Güter beschäftigt.

Königliche Wirtschaftsorganisation

Kurz vor 800 erließ er eine Landgüterverordnung, das *capitulare de villis*, das sich mit Fragen der Wirtschaftsorganisation seiner Güter beschäftigt und uns glücklicherweise erhalten ist.

Alles wurde darin bedacht und detailliert beschrieben: der Unterhalt der Gebäude, die Einrichtung der Wohnräume, die Bewirtschaftung der Forste, das Einpökeln von Fleisch und die Verwendung von Überschüssen der Ernte.

Karl legte fest, daß auf jedem der Krongüter eine möglichst große Zahl von Kühen, Schweinen, Schafen, Ziegen und Böcken gehalten werden sollte, dazu Hühner und Gänse. Er legte Wert darauf, daß zur Zierde Pfauen, Fasane, Enten, Tauben, Rebhühner und Turteltauben gezüchtet wurden. Seine detaillierten Anweisungen legten fest, welche Pflanzen auf seinen Gütern angebaut werden sollten. Die Liste reichte von Lilien, Rosen, Frauenminze über Gurken, Melonen, Flaschenkürbisse, Kresse und verschiedene Minzsorten bis zu Karotten, Pastinaken, Porree, Knoblauch, Pferdebohnen und Erbsen.

Auch für den Obstbau ergingen Anweisungen. Karl wollte, daß Apfel-, Birn-, Pflaumen-, Nuß- und Kirschbäume sowie Edelkastanien wuchsen. Er legte sogar selbst die Apfelsorten fest und betonte, daß er sowohl lagerfähige Winteräpfel als auch Frühäpfel und verschiedene Birnensorten wünsche – süßere und solche zum Kochen und natürlich Spätbirnen. Schließlich riet er den Gärtnern sogar, auf den Hausdächern Hauswurz als Schutzmaßnahme vor Blitzeinschlägen zu pflanzen.

Salzburger Monatsbilder. Zu Beginn des 9. Jahrhunderts entstanden in Salzburg die ältesten erhaltenen Monatsbilder des Mittelalters. Sie ordnen jedem Monat eine bestimmte Tätigkeit zu

Österr. Nationalbibliothek Wien, Cod. 387, fol. 90v

Hygiene und Qualität zählen

Sauberkeit in der Verarbeitung und beste Qualität waren bei allen Lieferungen an den Hof Bedingung. Das galt sogar für das Hundefutter. Dafür, so legte der König fest, sollte man lahmendes, altes – aber keinesfalls krankes oder räudiges! – Vieh abliefern. Karl betonte, daß alles, was mit den Händen verarbeitet und zubereitet wurde – also Speck, Pökelfleisch, Wein, Essig, Most, Senf, Käse, Butter, Schmalz, Met, Honig, Wachs, Mehl – mit größter Sauberkeit hergestellt werden sollte. Und keiner möge es wagen, die königlichen Trauben mit den Füßen zu keltern!

Wilde Tiere waren zu bekämpfen. Im Mai sollten die jungen Wölfe mit Gift, Wolfsangeln, Gruben und Hunden gefangen werden. Die Felle bekam der König!

Jedes Krongut sollte in seinem Lagerraum Bettdecken, Matratzen, Federkissen, Bettücher, Tischtücher, Gefäße aus Kupfer, Eisen, Blei und Holz, Feuerböcke, Kesselhaken, Hobeleisen, Bohrer und Schnitzmesser vorrätig haben. Jedes einzelne Tafelgut betrieb also mit seinen Äckern, Forsten, Fischteichen und eventuell Weinbergen unter der Leitung eines Verwalters eine umfangreiche Eigenwirtschaft. Dazu gehörten zudem Mühlen und teilweise auch Handwerksbetriebe. Im *Capitulare de villis* heißt es: »Jeder Amtmann soll in seinem Bezirk tüchtige Handwerker zur Hand haben: Grob-, Gold- und Silberschmiede, Schuster, Drechsler, Stellmacher, Schildmacher, Fischer, Falkner, Seifensieder, Brauer – Leute, die Bier, Apfel- und Birnenmost oder andere gute Getränke zu bereiten verstehen – Bäcker, die Semmeln für unsere Hofhalt backen, Netzmacher, die Netze für die Jagd, für Fisch- und Vogelfang zu fertigen wissen und sonstige Dienstleute, deren Aufzählung zu umständlich wäre«. Und schließlich erwartete der König, daß seine Amtleute Rechnungsbücher über ihre Ausgaben und Einnahmen führten sowie die Überschüsse in einem entsprechenden Verzeichnis nachwiesen.

Inventur zu Weihnachten

Einmal im Jahr, zu Weihnachten, hatten sie dem König eine detaillierte Aufstellung vorzulegen und aufzulisten, was vorhanden war: »wieviel Heu, Brennholz und Kienspan, Schindeln und anderes Bauholz, wieviel Hülsenfrüchte, Kolben- und Feldhirse, Wolle, Flachs und Hanf, Obst, Wal- und Haselnüsse, was von gepfropften Bäumen, aus den Gärten, Rübenäckern und Fischteichen, wieviel Häute, Felle, Gehörne, Honig und Wachs, Talg, Fett und Seife, Brombeerwein, Würzwein, Met und Essig, Bier, Most und alter Wein, wieviel Hühner, Eier, Gänse, was von den Fischern, Schmieden, Schild- und Schuhmachern, was an Backtrögen und Truhen und Schreinen, was von den Drechslern und Sattlern, aus Eisen- und Bleigruben, wieviel Hengst- und Stutenfohlen«. Der König brauchte diesen Überblick, »damit wir wissen, was und wieviel wir von den einzelnen Dingen besitzen«.

Aachen – Haupt des Reiches, neues Rom

Wir sind dem König gefolgt bis in die entlegenen Gebiete seines Reiches und haben gesehen, wovon er lebte. Wir haben Orte kennengelernt, die er geschätzt und immer wieder besucht hat, wo er Hoftage abgehalten, Kirchenfeste gefeiert und Winter verbracht hat: Worms und Diedenhofen, Quierzy und Herstal. In den Schatten gestellt aber werden all diese häufig besuchten Orte von Karls Lieblingsresidenz Aachen. Seit 794 überwinterte Karl fast jedes Jahr hier, so daß man das erste Mal und zugleich das letzte Mal für Jahrhunderte während einer Zeitspanne von 20 Jahren von einer Art Hauptstadt des Reiches sprechen kann.

Mit der Übersiedlung nach Aachen im Jahr 794 begann die zweite Phase in der 46jährigen Regierungszeit Karls. Aus dem ruhelos kämpfenden Frankenführer zu Pferde wurde nun mehr und mehr ein Herrscher innerhalb seiner Residenz. Im Alter von fast 50 Jahren verlangsamte Karl das Tempo seiner Ritte durch das Reich. Er begann hier, in der engeren Heimat seines Geschlechtes, seßhaft zu werden. In den ersten sieben Jahren verließ er Aachen noch häufig. In den letzten zwölf Lebensjahren mochte der alternde König seinen Lieblingsort nur noch zur Jagd und aus wichtigen politischen Gründen verlassen.

Warum wählte er gerade Aachen? Persönliche Bedürfnisse und strategische Interessen trafen sich. Einhard schrieb in seiner Biographie: »Karl liebte die Dämpfe heißer Naturquellen und schwamm sehr viel und so gut, daß es niemand mit ihm aufnehmen konnte. Darum baute er einen Palast in Aachen.«

Heiße Quellen lindern Rheuma

Seit Urzeiten sprudelten in Aachen aus dem vulkanischen Untergrund schwefelhaltige, bis zu 74 °C heiße Quellen, die man durch Zuleitung von kaltem Wasser aus dem Aachener Stadtwald kühlte. Schon die Kelten wußten die Quellen zu schätzen und weihten sie ihrem Heilgott Granus. Die Römer errichteten hier ihr *Aquis Grani* als Soldatenbad der Provinz Niedergermanien. Noch heute werden in Aachen Erkrankungen des rheumatischen und degenerativen Formenkreises behandelt.

Auch Karl war von Rheuma geplagt. Das heiße heilende Quellwasser war für ihn eine Wohltat, deshalb ließ er sich auch bei seiner neuen Pfalz ein Schwimmbecken von beträchtlichen Ausmaßen errichten, in dem er regelmäßig schwamm. Das Schwimmbecken war so groß, daß mehr als 100 Menschen darin baden konnten. Es soll 400 bis 500 Quadratmeter umfaßt haben.

Aber auch politische und strategische Gesichtspunkte sprachen für Karls Wahl. Aachen lag an einem zentralen Punkt des Reiches und zudem im Mittelpunkt bedeutender Straßenzüge zwischen Rhein, Maas und Mosel. Karl erhöhte die strategische Bedeutung Aachens darüber hinaus, indem er von hier nach Frankfurt eine große Heerstraße anlegen ließ.

Eine einzigartige Pfalzanlage

Zwischen etwa 780 und 800 entstand in Aachen auf einer Fläche von 20 Hektar eine prächtige Pfalzanlage, die nördlich der Alpen nicht ihresgleichen hatte.

Man betrat die Pfalz von Westen her, durchquerte erst die Außenbezirke mit ihren Fachwerkbauten, in welchen diejenigen wohnten, die in der Pfalz beschäftigt waren. Auch Einhard lebte nach eigenem Bezeugen hier. Danach erreichte man das eigentliche herrscherliche Pfalzareal, das man durch ein Torhaus betrat. Von der Torhalle führte nach rechts und links ein schmaler, zweigeschossiger Steinbau, der etwa 100 Meter lang war. Im Untergeschoß hatten die Wachmannschaften ihr Quartier, oben lagen wohl die Kanzleistuben der Verwaltung und die Hofschule. Der langgestreckte Bau verband die beiden wichtigsten Gebäude der Pfalz: die Königshalle im Norden und die Pfalzkapelle im Süden.

Königshalle in antiker Tradition

Von der Königshalle sind heute nur noch die steinernen Fundamente unter dem jetzigen Rathaus erhalten.

Im Inneren war der Palast in zwei Geschosse unterteilt. Im Obergeschoß lag die eigentliche Königshalle, ein riesiger Saal, in dem die »Staatsempfänge« abgehalten wurden, das Archiv untergebracht war und wohin man im Jahr 796 auf 16 Ochsenkarren auch den gewaltigen Awarenschatz brachte – Beutegold in unendlicher Menge.

An der westlichen Schmalseite endete die Königshalle in einer etwas höher gelegenen, gerundeten Apsis.

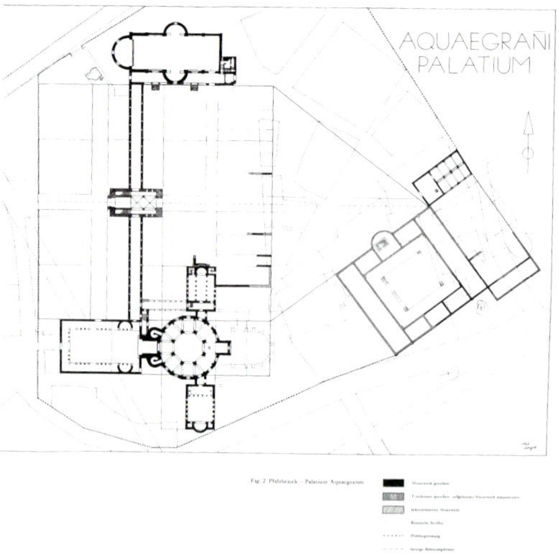

Links: Modell der Pfalzanlage Karls des Großen in Aachen. Im Süden wird sie durch die Pfalzkapelle, im Norden durch die Königshalle begrenzt.
Rechts: Grundriß der Aachener Pfalzanlage

Die Königshalle, der erste bedeutende weltliche Steinbau nördlich der Alpen in nachrömischer Zeit, war ein rechteckiges Gebäude und stand an der höchsten Stelle des Pfalzgeländes. In ihrem äußeren Erscheinungsbild – dem rechteckigen Grundriß, der Apsis, der doppelten Fensterreihe und den Blendarkaden – ahmte sie bewußt römische Kaiserpaläste nach. Architektur war hier politisches Programm: Karl sah sich als Nachfolger der römischen Kaiser, sein Programm war die *Renovatio imperii Romanorum*, die Erneuerung des römischen Reiches. Dies sollte seine neue Pfalz für jedermann sinnfällig machen. Im Jahr 800 wurde sein Ziel Wirklichkeit. Am Weihnachtstag krönte ihn Papst Leo III. in Rom zum Kaiser der Römer.

Hier stand erhöht der Thron des Königs, dem man sich auf dem langen Weg durch den weiten Saal ehrfürchtig näherte. Gesandtschaften aus allen Teilen der bekannten Welt erwiesen hier dem Frankenkönig die Ehre: Abgesandte des Kaisers aus Byzanz, der islamischen Stadtfürsten aus Spanien, des Papstes aus Rom. Sie brachten Reliquien, Bücher, Seidenstoffe, Zelte und kostbare Klingen. Und schließlich transportierte im Jahr 802 ein Abgesandter des Kalifen Harun al Raschid ein nie gesehenes Wesen, einen weißen Elefanten übers Meer, um ihn Karl zu schenken.

Wohnturm und »Solarium«

An den repräsentativen Teil mit der Königshalle schloß sich ein schmaler Wohnturm mit drei beheizbaren Kam-

Links: Modell nach Leo Hugot, 1981, Museum Burg Frankenberg, Aachen.
Rechts: Museum Burg Frankenberg, Aachen

mern und einer Latrine mit Wasserspülung an. Von der Stiege des Wohnturmes gelangte man in den flacheren, vorgelagerten Teil, den man, entsprechend seiner südlichen Ausrichtung als »Solarium« bezeichnet. Wohnturm und Solarium dienten dem König und seiner Familie als privater Wohnbereich. Von hier konnte der König, der täglich in die Kirche ging, trockenen Fußes über einen hölzernen Verbindungsgang von seinen Gemächern zur Palastkapelle gelangen. Von dem hölzernen Gang sah er hinunter in den Pfalzhof, den heutigen Katschhof. Auf dem freien Hofplatz hatte Karl ein Standbild Theoderichs des Großen errichten lassen – auch darin näherte sich Karl antiken Traditionen an. Schließlich erreichte er über den Verbindungsgang den Kirchenkomplex.

Stehen von der Palastaula nur noch Grundmauern, blieb die Pfalzkapelle bis heute vollständig erhalten.

Das neue Rom

Wie seit Karls Zeiten betritt man auch heute die Pfalzkapelle durch das bronzene Hauptportal im Westen, das Karl selbst in Auftrag gegeben hatte. Die Gestaltung des Sakralbaus lehnt sich an San Vitale in Ravenna an, die Hofkirche Kaiser Justinians. Allerdings war das Aachener Oktogon mit 32 Metern um etliches höher und blieb für Jahrhunderte die größte Raumkuppel nördlich der Alpen – in den Augen der Zeitgenossen ein Wunder!

Ideale Maße der Himmelsstadt

Nichts war dem Zufall überlassen. Dem Baukörper lag ein Maßsystem zugrunde, das seine gedankliche Basis im 21. Kapitel der Offenbarung des Johannes hat. Dort zeigt ein Engel dem Seher das himmlische Jerusalem:

»Nun kam einer von den sieben Engeln, welche die Schalen mit den sieben letzten Plagen trugen, und sprach zu mir: Komm, ich will dir die Braut zeigen, die Frau des Lammes. Er führte mich im Geiste auf einen großen, hohen Berg und zeigte mir die heilige Stadt Jerusalem. Sie funkelte wie ein Edelstein, wie Jaspisstein, wie ein Kristall. Sie hatte eine große, hohe Mauer mit zwölf Toren und über den Toren zwölf Engel. Die Mauer der Stadt hatte zwölf Grundsteine, darauf standen die Namen der zwölf Apostel des Lammes. Und der mit mir sprach, hatte einen goldenen Maßstab, um die Stadt und die Tore und die Mauern abzumessen. Die Stadt ist im Viereck angelegt. Der Engel maß

Links: Blick über den Katschhof zum Rathaus, das auf den Fundamenten der karolingischen Pfalz erbaut wurde. Auf dem heutigen Katschhof befand sich damals der Pfalzinnenhof. Im Rücken des Betrachters liegt die Pfalzkapelle.

Mitte: Karl der Große sah in dieser antiken Bronze, die um 180 v. Chr. entstanden ist, die römische Wölfin, die Romulus und Remus säugte. Rechts: Auch der monumentale, aus Bronze gegossene Pinienzapfen sollte Aachen als das neue Rom kenntlich machen, denn sein Vorbild stand im Atrium von Sankt Peter in Rom

Links: Katschhof und Rathaus Aachen. Mitte und rechts: Dom Aachen

die Stadt mit dem goldenen Maßstab aus zwölftausend Stadien. Ihre Länge und Breite und Höhe sind gleich. Ihre Mauern maß er auf 144 Ellen.«

Die Vision des Johannes wurde zur Grundlage des Aachener Baus: Länge,

Blick in das Oktogon der Aachener Pfalzkapelle, die der Maria geweiht ist. Den Radleuchter hat Kaiser Barbarossa um 1165 gestiftet

Achteckiger Kuppelbau, 798–800, Dom Aachen

Breite und Höhe des Zentralbaus waren gleich, alle Bauelemente nahmen die Zahlen Sieben, Zwölf und 144 wieder auf. Die idealen Maße der Himmelsstadt wurden zur meßbaren Basis von Karls Kapelle, seine Kirche wurde zur Vision des Jenseits, zum himmlischen Jerusalem!

Vor allem aus Italien kamen die Baumeister, die dies verwirklichen sollten. Kostbare antike Säulen aus Rom und Ravenna wurden herbeigeschafft. Darunter waren acht Säulen aus rotem Porphyr. In der Antike war der Porphyr kaiserlichen Bauten vorbehalten gewesen. Nun standen sie in Karls Kapelle – Karl, der neue Kaiser!

Sechs Stufen zum Thron

Zwei räumliche Ebenen umschloß die Pfalzkapelle. Der ebenerdige Kirchenraum war der Geistlichkeit vorbehalten, die Oberkirche gehörte den Pfalzbewohnern. Beide Räume hatten eigene Altäre. Noch heute steht auf der Empore im Obergeschoß – wohl an seiner ursprünglichen Stelle – der Stuhl Karls des Großen. Vier schlichte antike Marmorplatten fügen sich zusammen. Gleich dem Thron des alttestamentarischen Königs Salomon führen sechs Stufen hinauf. Nach ihrer jeweiligen Weihe und Krönung haben 30 deutsche Könige in den Jahren zwischen 936 und 1531 diesen Stuhl bestiegen.

Aus Ravenna und Rom hatte Karl die Sinnzeichen für seinen Bau kommen lassen: die Säulen und Kapitelle, die Marmorplatten des Thrones, das Standbild Theoderichs, die römische Bärin, die einer Wölfin glich, den Pinienzapfen. Rom, Byzanz und die Heilige Schrift hatten die gedankliche Basis gelegt. Aachen, das war das neue Zentrum, hier lebte die antike Tradition der Kaiser weiter, herrschte der wahre Erbe, der neue *Imperator Romanorum*, hier war das neue Rom, das christliche Rom, dem künftigen himmlischen Jerusalem gleich – welch ein Programm, Stein geworden in einer Pfalz!

Am Hof des Königs

Seit seiner Regierungsübernahme im Jahr 768 war Karl mehr als 20 Jahre lang rastlos unterwegs gewesen. Ein Feldzug hatte sich an den anderen gereiht, im Süden, im Südwesten, im Osten des Reiches. Oft hatten sich die Ereignisse überschlagen und Karl hatte sich gezwungen gesehen, von Italien nach Sachsen, von Sachsen nach Spanien, vom Niederrhein nach Bayern zu eilen. Dieser Zwang zum schnellen Wechsel, zur raschen Aktion hatte zur Folge gehabt, daß dem höfischen Leben enge Grenzen gezogen waren, daß der König, abgesehen von seinem Heer, oft nur ein relativ kleines ziviles Gefolge und wenige Hofbeamte auf seine Unternehmungen mitnahm. Während dieser Zeit waren seine Vertrauten vielfach in anderen Reichsteilen unterwegs, um besondere Aufgaben zu erledigen.

Repräsentation an Festtagen

Nur die Ruhephasen im Winter, die hohen Kirchenfeste an den großen Pfalzorten gaben Gelegenheit zur Repräsentation. Sie waren die wichtigsten Zeiten im Jahresablauf. An Weihnachten und Ostern ging der König »unter der Krone«. Er nahm am Festgottesdienst teil und zeigte sich in vollem Herrscherornat dem Volk, um so die Rechtmäßigkeit seiner Herrschaft immer wieder sichtbar zu machen. Einhard berichtet darüber:

»An den hohen Festtagen trug Karl goldgewirkte Kleider und Schuhe, auf denen Edelsteine glänzen. Sein Umhang wurde dann von einer goldenen Spange zusammengehalten, und er schritt im Schmuck eines Diadems aus Gold und Edelsteinen einher. An anderen Tagen unterschied sich seine Kleidung nur wenig von der des gewöhnlichen Volkes.«

Die hohen Kirchenfeste boten nicht nur Gelegenheit zur Selbstdarstellung, sondern auch zur Erweiterung des höfischen Kreises. Viele Große des Reiches fanden sich ein, Hoftage wurden abgehalten und Karl sammelte seine Helfer und Berater um sich, um neue Aktionen zu planen und vorzubereiten. Für viele, wie für Einhard, war es Gewohnheit, beim König zu überwintern. *In palatio hiemare* – den Winter in der Königspfalz zu verbringen, war eine feststehende Tradition. So war der Hof im Winter regelmäßig wesentlich größer als im Sommer.

Aachen – eine Dauerresidenz

Diese Voraussetzungen änderten sich, als Karl seit 794 dazu überging, nahezu ständig in Aachen zu residieren. Das Flackernde, Unruhige in der Regierungsausübung ließ nach. Obwohl Karl bis ins Alter hinein häufig durch sein Reich reiste, und sich die Großen des Reiches, die Helfer und Berater nach wie vor eher im Winter in Aachen einfanden, bot die Dauerresidenz dem Hof doch ganz neue Möglichkeiten des Ausbaus und der Kontinuität. Aachen zog immer mehr politisch Einflußreiche an. Einen Einblick in den Umkreis des Kaisers gewährt uns sein Testament aus dem Jahr 811. Darin werden als Zeugen all diejenigen wichtigen Personen genannt, »die damals anwesend sein konnten«, wie es in dem Testament heißt:

Die Bischöfe von Köln, Mainz, Salzburg, Reims, Besançon, Lyon, Arles, Orléans, Amiens, Basel und Lüttich, die Äbte von Tours, Lorsch, Saint-Riquier und Saint-Germain-des-Près, außerdem 15 Grafen, die alle den vornehmen Familien der karolingischen Reichsaristokratie angehörten. Alleine zu diesem Zeitpunkt waren also mindestens 30 hohe Würdenträger am Hof Karls!

Die Vorteile der neuen Dauerresidenz waren unübersehbar: Wir wissen nicht, in welchen Etappenstationen Karl zuvor seine Schätze verwahrte, seine Urkunden und Bücher sammelte, wo die Mehrzahl seiner Schreiber sich aufhielt, wenn Karl während der Sommermonate ruhelos umherzog. Nun hatten Hof und Verwaltung ein festes Zentrum und konnten auch dann weiter tätig sein, wenn der König zu dringenden Unternehmungen aufbrach.

Die wichtigsten Hofbeamten arbeiteten nun ständig in Aachen. Dazu gehörten der Pfalzgraf, der das königliche Gericht leitete und als Verbindungsmann zu den Bittstellern im Reich fungierte, der Kämmerer, der den Schatz verwaltete und mit der Königin die Oberaufsicht für den Unterhalt des Hofes führte, der Seneschalk, der für die Verpflegung zuständig war, der Mundschenk, der für die Getränke sorgte und der Marschalk, dem die Sorge für das Pferdefutter anvertraut war. Auch die königliche Kanzlei hatte nun in Aachen einen dauerhaften Mittelpunkt gefunden. Unter der Leitung des Kanzlers erstellten die Kanzleibeamten die Herrscherurkunden, bereiteten Hoftage vor und organisierten die Besuche von Gesandtschaften.

Die königlichen Kanzleibeamten verfügten über ein Spezialwissen, das sie aus der Masse der Bevölkerung heraushob: Sie konnten lesen und schreiben, ja sie beherrschten sogar die tironischen Noten, eine Kurzschrift, die sich aus der Antike erhalten hatte. Sie waren es auch, die mit der gestochen scharfen, regelmäßigen und gut lesbaren »karolingischen Minuskel« dem Wildwuchs im Schriftwesen ein Ende setzten.

Als Mitarbeiter für die Kanzlei kamen nur Geistliche in Frage, denn die meisten Laien waren schließlich Analphabeten, ja sogar Karl der Große hatte so seine Mühe mit dem Schreiben. Einhard berichtet: »Er versuchte sich auch im Schreiben und hatte unter seinem Kopfkissen im Bett immer Tafeln und Blätter bereit, um in schlaflosen Stunden seine Hand im Schreiben zu üben. Da er aber erst verhältnismäßig spät damit begonnen hatte, brachte er es auf diesem Gebiet nicht sehr weit.«

Bildung und Kultur erblühen

Um so intensiver bemühte sich Karl, seinen Hof in Aachen zu einem Zentrum der Kultur zu machen.

Für die großen politischen und kriegerischen Unternehmungen hatte sich Karl immer auf die Mitglieder des fränkischen Adels verlassen. Krieg und Politik blieben auch weiterhin Sache seiner alten Weggefährten. Für die neue Aufgabe aber, den Aachener Hof zum Bildungszentrum zu machen, fand er hier keine geeigneten Helfer, zu groß war der Bildungsrückstand in seinem Reich. So berief Karl Gelehrte, aus dem ganzen Abendland zu sich: Alkuin, der wichtigste Berater Karls in allen Bildungsfragen und Lehrer Karls des Großen, war Angelsachse. Paulus Diaconus, der gekommen war, um seinen gefangenen Bruder freizubitten, war Langobarde, blieb jahrelang am Hof und wurde ein wichtiger Geschichtsschreiber. Aus Spanien kam der Westgote Theodulf, ein Dichter, ironischer Moralist und Theologe. Nur Einhard, der Biograph Karls, war Mainfranke. Die größten Gelehrten der Zeit, Iren, Angelsachsen und Langobarden, sollten helfen, den Hof Karls in Aachen zu einem internationalen Kulturzentrum zu machen. Aachen sollte zum neuen Rom, zum neuen Athen, zum neuen Jerusalem werden. Handwerker, Gelehrte, Diplomaten, Dichter und Maler aus Ost und West fanden hier gastfreundliche Aufnahme. Manchen mochte das bisweilen zu weit gehen, so notiert Einhard: »Er hatte Ausländer gern und nahm sich ihrer mit großer Sorgfalt an. Oft befanden sich so viele Fremde in seinem Palast und Reich, daß sie mit Recht lästig schienen. Doch ließ er sich – hochherzig wie er war – durch solche Störungen nicht anfechten.«

Das Evangeliar ist um 810 an der Hofschule Karls des Großen entstanden und wurde dem Kloster Lorsch geschenkt. Zur Bildausstattung der ganz in Gold geschriebenen Handschrift gehört die Darstellung des am Jüngsten Tag wiederkehrenden Christus. Dieser sitzt auf einem Thron, umgeben von den Symbolen der vier Evangelisten. Die Christusdarstellung ist deutlich von byzantinischen Vorbildern beeinflußt

Maiestas Domini aus dem Lorscher Evangeliar, Nationalmuseum (Bibliothek Alba Julia), Bukarest, fol. 18V

Die vier Evangelisten.
Das Aachener Schatzkammerevangeliar mit nur dieser einen Abbildung gehörte von Anfang an zur Ausstattung der Pfalzkapelle. Die vier Evangelisten werden mit ihren Symbolen in einer impressionistisch anmutenden Hügellandschaft in spätantiker Tradition gezeigt. Wie antike Schriftsteller tragen sie Togen. Sie sind in vier verschiedenen Phasen der Arbeit, beim Meditieren, Lesen, Eintauchen der Feder und beim Schreiben dargestellt. Das Bild zeigt, wie stark am Hof Traditionen der Spätanike wieder aufgenommen wurden. Nur ein italienischer oder byzantinischer Künstler kann dieses Bild, ein typisches Beispiel für die »karolingische Renaissance« geschaffen haben

Daß Karl selbst bei seinen Hofgelehrten Unterricht nahm, zeigt, wie hoch er diese schätzte und wie groß sein Bildungshunger war. In seiner Bibliothek sammelte er Werke der Spätantike, Kommentare der Kirchenväter, astronomische Schriften, lateinische und griechische Literatur. Was wir heute von den antiken Autoren, aber auch von den Kirchenvätern kennen, ist zum größten Teil durch die Abschriften der Karolingerzeit erhalten geblieben. In der Schreibstube der Aachener Pfalz entstanden prachtvoll ausgestattete Kodizes – Abschriften der Bibel, die in mühevoller Kleinarbeit mit Tinte und Federkiel auf Pergament geschrieben und mit farbigen, vergoldeten Miniaturen ausgestattet wurden. Freundschafts- und Heldengedichte entstanden, eine gelehrte Tafelrunde um Karl führte philosophische Gespräche, Musiker, Sänger und Vorleser traten bei Hof auf. Ein großer Optimismus machte sich breit – ein neues Zeitalter schien anzubrechen!

Domschatzkammer, Aachen, fol. 14^{v}

Königliche Leidenschaften: die Frauen und die Jagd

Die Anbetung des Lammes. Das Evangeliar, das später von Ludwig dem Frommen an das Kloster St. Médard in Soissons geschenkt wurde, entstand Anfang des 9. Jahrhunderts an Karls Hofschule. Es handelt sich um eine reich ausgestattete Prachthandschrift mit zahlreichen Bildern, die vollständig in Gold geschrieben ist. Die Anbetung des Lammes zeigt über einer Palastarchitektur die Symbole der vier Evangelisten. Ein schmaler Streifen mit Wasser und Fischen erinnert an das »gläserne Meer« aus der Apokalypse (Offenbarung des Joh., Kap. 4, 6). Darauf nehmen auch die 24 Ältesten Bezug, die anbetend unter den Strahlen des Lammes knien

Bibliothèque Nationale, Paris, Cod. lat. 8850, fol. 1v

An den gelehrten Tischgesprächen hatten erstmals auch Frauen ihren Anteil. Sie waren vertraute Mitglieder der Tafelrunde, man schrieb ihnen Briefe, sandte ihnen theologische Werke zu, pries ihre Kleidung, ihren Schmuck und ihre Schönheit. Karls zahllose, von ihm zärtlich geliebte und bezeugtermaßen sehr schönen Töchter führten in der Aachener Pfalz offenbar in jeder Hinsicht ein äußerst ungezwungenes Leben. Manch einem waren ihre Liebschaften ein Dorn im Auge. So warnte Alkuin, der Hoflehrer, seine jungen Schüler, sie mögen sich in acht nehmen vor den »gekrönten Tauben, die durch die Räume des Palasts fliegen«. Und auch Einhard informiert seine Leser kaum verblümt über die lockeren Sitten am Hof, wenn er erzählt, Karl habe von den Gerüchten über »die Unkeuschheit« seiner Töchter gehört, sich aber nichts anmerken lassen.

Erst Karls Sohn und Nachfolger Ludwig der Fromme räumte auf mit dem lockeren Leben und sorgte dafür, daß seine Schwestern und Halbschwestern in verschiedene Reichsteile, und dort möglichst in Klöster, abgeschoben wurden.

Aber lassen wir uns nicht täuschen durch die Freiheiten, die Karls abgöttisch geliebte Töchter in den späten Jahren seiner Regierung am Aachener Hof hatten. Das Leben der Frauen, auch der Frauen an Karls Seite, war alles andere als ein Garten Eden.

Karl war das, was man heute einen *Womanizer* nennen würde; er liebte die Frauen und sie liebten ihn. Seine eindrucksvolle Erscheinung und die Aura der Macht trugen sicher ein übriges dazu bei.

Von Konkubinen und Ehefrauen

Eine Konkubine hatte ihm gerade den ersten Sohn geboren, da heiratete er aus politischen Erwägungen, gedrängt von seiner Mutter, das erste Mal: eine Langobardenprinzessin. Schon kurz nach der Eheschließung – Karl war eben alleiniger Herrscher im Frankenreich geworden – zogen dunkle Wolken am Ehehimmel auf. Ein Konflikt mit dem Vater der jungen Frau, dem Langobardenkönig Desiderius, bahnte sich an. Außerdem hatte sich Karl leidenschaftlich in Hildegard, ein 13jähriges Mädchen verliebt. So schickte er die Langobardenprinzessin zu ihrem Vater zurück und nahm Hildegard zur Frau. Als die 13jährige im Jahr 771 den König heiratete, hatte sie ihre Lebensmitte schon überschritten. In den zwölf Jahren ihrer Ehe gebar sie Karl neun Kinder, das heißt sie war nahezu pausenlos schwanger oder im Wochenbett. Dies hätte als körperliche Belastung alleine schon genügt.

Zudem war es aber üblich, daß die Königin ihren Mann auch über weite Strecken durch das Reich begleitete. So waren Hildegard und drei ihrer kleinen Kinder dabei, als Karl im Jahr 780 nach Rom zog, um seinen Sohn dort vom Papst taufen zu lassen.

Bei ihrem Tod war Hildegard gerade 25 Jahre alt. Die zahllosen Schwangerschaften und die Unrast des täglichen Lebens hatten sie verbraucht.

Noch im selben Jahr 783 heiratete Karl ein drittes Mal: Fastrada, auch sie fast noch ein Kind. Bevor sie ihr erstes Kind zur Welt brachte, bekam Karl von einer weiteren Nebenfrau eine Tochter. Fastrada selbst gebar ihm zwei Töchter und teilte zusammen mit ihren Kindern das unstete Leben ihres Mannes. Die Söhne ritten stets an Karls Seite, während die Töchter in der Nachhut, geschützt von einem Teil der Leibwache, nachfolgten. Wenn Karl allerdings einen seiner zahllosen Kriegszüge unternahm, wartete die Königin mit den Kindern in aller Regel in einer der größeren Pfalzen, zum Beispiel in Worms. War es politisch geboten, mußte sie freilich auch die Unannehmlichkeit auf sich nehmen, einen Winter fern der komfortablen großen Pfalzen zuzubringen. So ließ Karl im Winter 784/85 Frau und Kinder nach Sachsen nachkommen. Die ganze Königsfamilie verbrachte den Winter auf der Eresburg und demonstrierte damit, daß Sachsen nun in Karolingerhand war.

Fastrada kränkelte schon längere Zeit, bevor sie nach elfjähriger Ehe 794 starb. Ihre Nachfolgerin, Karls vierte Frau, hatte schon zu Lebzeiten der Vorgängerin das Bett mit Karl geteilt. Sie gebar ihm keine Kinder und starb nach sechs Jahren. Karl entschloß sich zu keiner weiteren Ehe, vielleicht um das Problem seiner Nachfolge nicht weiter zu verschärfen, denn aus der Ehe mit Hildegard hatte er drei mittlerweile erwachsene Söhne.

Seinem Hang zum weiblichen Geschlecht blieb er dennoch auch im fortgeschrittenen Alter treu. Vier Konkubinen gebaren ihm nach Einhard noch insgesamt drei Söhne und zwei Töchter. Angeblich soll auch Emma, Einhards Frau, eine illegitime Tochter Karls gewesen sein. Und dennoch, als Karl im Jahr 814 starb, war von den drei herangewachsenen legitimen Söhnen aufgrund der damals allgemein geringen Lebenserwartung nur noch ein einziger übrig, der die Nachfolge antreten konnte.

Auf dem Kapitell einer Säule des Züricher Großmünsters ist eine Jagdszene dargestellt: Hetzhunde haben ein Wildschwein gestellt

Kreuzgang des Großmünsters, Zürich

Die Jagd – Zeichen von Männlichkeit

Karls zweite große Leidenschaft gehörte der Jagd. Viele Pfalzen lagen inmitten oder am Rande großer Forsten, dazu gehörten unter anderem Remiremont, Aachen, Nimwegen und Frankfurt. Oft versuchte er seine Reiseroute so zu legen, daß er dieser Leidenschaft frönen konnte. Wann immer es politisch möglich war, legte er seinen Weg so, daß er der traditionellen Herbstjagd in einem der großen Waldgebiete des Reiches nachgehen konnte. Sein Lieblingsrevier waren die Ardennen. Selbst mit fast 70 Jahren, als er schon kränkelte, brach er im Herbst in die Ardennen auf und kehr-

Dies soll angeblich das Jagdhorn Karls des Großen gewesen sein. Es ist vermutlich jedoch erst um das Jahr 1000 in Unteritalien aus dem Stoßzahn eines Elefanten gefertigt worden

Domschatz, Aachen

te erst im November nach Aachen zurück. Man jagte Hirsche, Schwarzwild, Wisente und Auerochsen. Ungefährlich war das nicht. Der Reiter ließ das heranstürmende Wildrind in eine Lanze laufen und es bedurfte schon großer Geschicklichkeit, den Stoß so zu setzen, daß er tödlich war.

Einmal wäre dem Kaiser die Auerochsenjagd, zu der er persische Gesandte geladen hatte, fast zum Verhängnis geworden. Ein gereizter Wildstier griff an, Karl verfehlte den entscheidenden Stoß, das Tier zerriß ihm Stiefel und Hose und traf mit der Hornspitze sein Bein.

Lesen und schreiben mußte ein Mann nicht unbedingt können, jagen aber auf jeden Fall. Die Jagd war Zeichen der Männlichkeit, war Waffenübung für den kriegerischen Ernstfall und damit weit mehr als eine Freizeitbeschäftigung. Schon die Kleinkinder lernten jagen. Karls gleichnamiger Enkel war gerade drei Jahre alt, da nahm man ihn mit zur Jagd:

»Als der kleine Karl das Rehkitz sieht, will er ihm nach, fleht um ein Pferd, fordert begierig Waffen, einen Köcher mit schnellen Pfeilen und will es verfolgen. Würden nicht Erzieher und Mutter ihn halten, liefe er zu Fuß hinterher. Da machen sich andere Kinder auf, fangen das flüchtige Jungtier und bringen es unverletzt zu dem Jungen. Der aber nimmt seine Spielzeugwaffen und schlägt das zitternde Tier auf den Rücken.«

Neben den riesigen, kaum durchdringlichen Forsten des Reiches gab es auch weitläufige, mit Mauern umgebene Wildparks, so in Aachen, Regensburg, Frankfurt, Attigny und Compiègne. Hier war die Jagd eher ein gesellschaftliches Ereignis. Die Gattin Karls, die Kinder und Gäste nahmen in prunkvollen Gewändern ihren Platz auf einem erhöhten Aussichtspunkt ein, Zelte wurden zur Bewirtung der Gäste errichtet und die Männer ritten hoch zu Roß mit Hundemeute, Speeren und Netzen bewaffnet unter Hörnerklang zur Jagd.

Aachens Hofmenagerie

Während solche Wildparks bei einer Reihe von Pfalzen zu finden sind, hatte Aachen noch etwas ganz Besonderes zu bieten. Hier, an der Hauptresidenz Karls, gab es eine Hofmenagerie zu bestaunen. In den Käfigen lebten Wesen, die man nördlich der Alpen noch nie gesehen hatte.

Begründet wurde die Hofmenagerie im Jahr 801, kurz nach der Kaiserkrönung Karls. Ein sarazenischer Gesandter brachte einen Löwen, einen numidischen Bären und wohl auch Affen an den Hof. Bald kamen Panther, Tiger, Nashörner, Schlangen und Krokodile dazu. Wenn der Kaiser es gebot, wurden die Tiere der Hofgesellschaft und den staunenden Gästen vorgeführt.

Das berühmteste Tier aber kam im Jahr 802 an den Hof: Auf den besonderen Wunsch Karls hatte der Kalif von Bagdad, Harun al Raschid, einen weißen Elefanten an den Herrscher des Abendlandes geschickt.

Das Tier trug den Namen A'dul Abbas – den Namen des Stammvaters der Sultane und Onkels Mohammeds. Der Kalif wollte also nicht nur den kuriosen Wunsch irgendeines Potentaten im fernen Abendland erfüllen, sondern Karl in besonderer Weise würdigen. Das Geschenk eines so seltenen Königstieres, ausgezeichnet durch den Namen der Herrscherfamilie, stellte einen politischen Akt der besonderen Wertschätzung dar und machte Karl zum engen Freund des Kalifen. So war auch die Menagerie für die Zeitgenossen ein staunenerregendes Symbol für den besonderen Rang, die außergewöhnliche Stellung ihres Besitzers und dessen weitgespannte freundschaftliche Beziehungen zu den Mächtigen dieser Welt, von Afrika bis in den mittleren Osten.

Karls letzter Weg

Im Januar des Jahres 814 bekam der fast 70jährige Kaiser nach einem Bad in den warmen Quellen Aachens Fieber. Er beschloß zu fasten, wie er das immer bei Fieberanfällen tat. Schmerzen stellten sich ein, wahrscheinlich eine Lungenentzündung. Karl fastete weiter, doch die Krankheit wurde von Tag zu Tag schlimmer. Er fühlte sein Ende nahen. Seine Altersgenossen hatte er fast alle überlebt, seine Frauen, seine Geschwister. Auch zwei seiner drei legitimen erwachsenen Söhne und potentiellen Nachfolger waren ihm vorausgegangen: Pippin, Unterkönig in Italien, starb im Sommer 810 im Alter von 33 Jahren. Im Jahr darauf traf es den Ältesten, Karl. Er war kaum 40 Jahre alt geworden. Auch seine Lieblingstochter Ro-

Karl der Große als Schutzmantelheiliger.
Im 15. Jahrhundert hat ein unbekannter Maler Karl den Großen so dargestellt, wie dies normalerweise der Jungfrau Maria oder der heiligen Ursula vorbehalten war – als Schutzmantelheiligen. Unter seinem Mantel birgt der heilige Karl schützend Geistliche, Weltliche und sogar viele andere Heilige

Österr. Nationalbibliothek Wien, Cod. S.n. 12706, fol. II^{v}

Albrecht Dürers Karl der Große. Unsere Vorstellung vom Aussehen Karls des Großen ist ganz wesentlich geprägt von diesem Bild Dürers, das den Kaiser mit langem Haupthaar, Bart und Reichsinsignien zeigt

Germanisches Nationalmuseum, Nürnberg

trud, eine der »Tauben«, war tot. Karl hatte geweint, das wissen wir von Einhard. Gott selbst hatte Karl ein begnadet langes Leben geschenkt. Am siebten Tag der Krankheit kam der Erzbischof von Köln und reichte dem Kaiser das Abendmahl. Am nächsten Morgen starb Karl.

In diesem Grab ruht der Körper Karls

Überraschenderweise hatte er keine Anweisungen bezüglich seiner Beerdigung hinterlassen. Doch man war sich einig, daß diese nur in seiner schönsten Schöpfung, der Pfalzkapelle von Aachen, stattfinden konnte. Noch an seinem Todestag wurde er beigesetzt. Über seinem Grab errichtete man einen goldenen Bogen mit seinem Bild und einer Inschrift. Auf dieser hieß es: »In diesem Grab ruht Karl, der große und rechtgläubige Kaiser, der das Reich der Franken ruhmvoll vergrößert und siebenundvierzig Jahre lang erfolgreich regiert hat …«

Im Nachhinein schien es den Zeitgenossen, als hätten zahlreiche böse Vorzeichen auf das Ende einer Ära hingedeutet. Hatte es nicht in den letzten drei Jahren immer wieder Sonnen- und Mondfinsternisse gegeben? War nicht eine der großartigsten Bauten Karls, die Rheinbrücke bei Mainz, bis auf den letzten Holzspan abgebrannt? War nicht während seines letzten Sachsenzuges ein mächtiger Feuerstrahl vom Himmel geblitzt und hatte Karl vom Pferd geworfen? War nicht die goldene Kugel vom Dach der Pfalzkapelle gestürzt? Waren nicht die Worte *Karolus Princeps* – »Karl der Fürst« an der Wand seiner Palastkapelle mehr und mehr verblaßt?

Eine Epoche ging zu Ende. Karl hatte die politische Landkarte Europas neu gestaltet. Er hatte den so unterschiedlichen Teilen seines Reiches mit ihren germanischen und romanischen Traditionen eine neue Identität verliehen und dem geistigen Leben einen neuen Anstoß gegeben. Für viele blieb er der Herrscher schlechthin. Der Stauferkaiser Barbarossa ließ ihn heiligsprechen. In manchen slawischen Sprachen steht der Name Karl, Kral, Krol, Krul auch heute noch für den Titel des Herrschers schlechthin.

Die Karlsbüste wurde von Karl IV. als Ausdruck der Verehrung für seinen großen Vorgänger um 1350 in Auftrag gegeben. In ihrem Inneren wurde die Hirnschale Karls des Großen aufbewahrt. Das kostbare Reliquiar wurde den Königen in Aachen entgegen getragen, wenn sie zur feierlichen Krönung in die Stadt einzogen

Domschatz Aachen

Vom Zerfall zum Neubeginn

Der Beginn der deutschen Geschichte

Am Sonntag, dem 4. November des Jahres 921 vollzog sich an den Ufern des Rheins ein merkwürdiges Schauspiel. Auf der Höhe von Bonn näherte sich auf jeder Seite des Flusses ein feierlicher Zug dem Rhein. An der Spitze des einen Zuges ritt der Sachse Heinrich I., König des Ostfrankenreiches, den Zug auf der anderen Rheinseite führte der Karolinger Karl der Einfältige an, der Herrscher über das Westfrankenreich. Die beiden Könige ritten bis ans Ufer und sahen sich über den Strom hinweg, der ihre beiden Reiche voneinander trennte, an. Nichts geschah. Man registrierte nur, daß der jeweils andere sich wie vereinbart zu dem bevorstehenden wichtigen Treffen eingefunden hatte. Drei Tage vergingen. Am Mittwoch, dem 7. November, schließlich bestiegen Heinrich und Karl jeweils auf ihrer Seite des Rheins ein Schiff und ließen sich bis in die Mitte des Stromes, genau auf die Grenzlinie rudern. Man wollte miteinander sprechen, einen Vertrag schließen. Doch wer sollte das Schiff des anderen betreten? Rang und Ehre verboten es jedem von beiden, dem anderen so weit entgegenzukommen. So hatte man zu einem diplomatischen Kunstgriff Zuflucht genommen, der es beiden Königen gestattete, ihr Gesicht zu wahren. Man vertäute in der Mitte des Rheins ein drittes Schiff. Auf dieses stiegen die beiden Könige um und hier, auf neutralem Boden, sicherten sie sich gegenseitig Freundschaft zu und ließen dies zur Bekräftigung auch schriftlich niederlegen.

Dieser »Bonner Vertrag« aus dem Jahr 921 markierte einen Schlußpunkt im Zerfallsprozeß des ruhmreichen Karolingerreiches und eine wichtige Etappe im Aufstieg seiner beiden Nachfolgereiche Deutschland und Frankreich.

Das Karolingerreich hatte, zerbrochen in Teile und von Streitigkeiten zerrissen, in einer langen Agonie gelegen. In dieser Phase hatte das Geblütsrecht, das den Karolingern scheinbar selbstverständlich den Anspruch auf den Thron sicherte, mehr und mehr seine Kraft verloren. So konnte es geschehen, daß sich im Jahr 921 ein Karolinger und ein Nicht-Karolinger gleichberechtigt als Herrscher zweier neuer Reiche, die aus dem Frankenreich erwachsen waren, in der Mitte des Rheins trafen.

Blicken wir zurück, was in der Zeit zwischen dem Tod Karls des Großen 814 und jenem denkwürdigen Treffen des Jahres 921 geschehen war:

Der Aufstieg der Teilreiche

Als Karl der Große 814 starb, hinterließ er nur einen einzigen legitimen Sohn und Erben, Ludwig den Frommen. Der sah sich der schier unlösbaren Aufgabe gegenüber, das Riesenreich seines Vaters zu lenken und erst eigentlich dauerhaft zu organisieren, ohne selbst über die ungewöhnliche, starke Persönlichkeit seines Vaters zu verfügen. In dem gewaltigen Reich gärte es. Noch zu Lebzeiten Ludwigs brachen zwischen seinen Söhnen schwere Kämpfe um die Nachfolge aus. Als Ludwig der Fromme 840 starb, kam es zum offenen Krieg zwischen den Söhnen. Erst nach drei Jahren einigten sie sich 843 im Vertrag von Verdun. Man teilte das karolingische Großreich in drei Teile auf: ein westfränkisches Teilreich, einen Mittelstreifen zwischen Maas und Rhein,

Thronbild Karls des Kahlen. Karl der Kahle, ein Enkel Karls des Großen, herrschte von 843 bis 877 über das Westfrankenreich. Gottes Hand über dem thronenden Herrscher macht deutlich, von wem Karl seine Macht hat. Engel bringen dem Herrscher Schwert und Zepter. Zwei Höflinge nähern sich mit Schwert, Schild und Lanze. Die beiden Frauengestalten mit den Füllhörnern symbolisieren Francia und Gallia

der von der Nordsee bis nach Italien reichte und die Kaiserwürde einschloß, und ein ostfränkisches Reich. Es war zunächst eine Teilung, wie sie das Frankenreich von jeher, seit der Merowingerzeit, kannte: eine Aufgliederung in Zuständigkeitsbereiche, nicht in selbständige Staatswesen. Das gemeinsame Geblüt der regierenden Karolingersippe sollte auch weiterhin den ideellen Zusammenhalt des Reiches sichern. Faktisch allerdings blieb diese Teilung über 30 Jahre hinweg bestehen, die Teilreiche begannen zu eigenständigen politischen Verbänden zusammenzuwachsen.

Als Lothar II. (855–869), der Herrscher über das Mittelreich, 869 ohne legitime Erben starb, wurde sein Teilreich zwischen Ostfranken und Westfranken aufgeteilt. Die Konturen der späteren Nachfolgestaaten, Frankreichs und Deutschlands, begannen sich allmählich deutlich abzuzeich-

Codex Aureus aus St. Emmeram, Bayerische Staatsbibliothek, München, Cim. 14000, fol. 5v

nen. Doch die Entwicklung verlief nicht geradlinig. Als im Westreich kein regierungsfähiges Mitglied der Karolingersippe zur Verfügung stand, griffen die westfränkischen Großen auf einen ostfränkischen Karolinger zurück und übertrugen ihm auch die westfränkische Königswürde. Der Gedanke des Geblütsrechtes war noch immer so stark, daß man nicht auf die Idee gekommen war, einen Nicht-Karolinger auf den Thron zu heben. Mit Karl dem Dicken (876–887) wurde so noch einmal das großfränkische Reich in seiner alten Ausdehnung in der Hand eines Karolingers vereint. Doch das war nur ein letztes Aufbäumen. Karl der Dicke erwies sich als so unfähig, daß man ihn nach wenigen Jahren, 887, absetzte.

Zerbrochene Reichseinheit

Nun siegten endgültig die Teilgewalten, der Gedanke der *unitas Imperii*, der Reichseinheit, zerbrach für immer. Westfranken und Ostfranken erhoben erneut jeweils eigene Könige. Erstmals setzte man sich dabei im westfränkischen Reich auch über das Geblütsrecht hinweg. Karolinger und Nicht-Karolinger wechselten sich auf dem Thron ab. Nach bisherigem Verständnis waren letztere reine Usurpatoren. Doch niemand nahm an ihrer Erhebung Anstoß, denn die letzten Karolinger hatten ganz offensichtlich versagt, und die Not der Menschen war beängstigend:

Normannen und Ungarn plündern und verwüsten

Seit der Mitte des 9. Jahrhunderts überfielen die Normannen die Küstengebiete im Norden und Westen und drangen mit ihren schnellen kleinen Schiffen die Flüsse aufwärts tief ins Landesinnere vor. Sie plünderten die Klöster, und selbst mauerumwehrte Städte waren nicht sicher vor ihnen. In den Seealpen und in Mittelitalien setzten sich Sarazenen fest. Von niemandem ernstlich behindert, plünderten sie die Schiffe auf dem Mittelmeer aus und gefährdeten den Verkehr über die westlichen Alpenpässe und nach Rom.

Zu allem Überfluß tauchten im Jahr 900 im Ostfrankenreich erstmals ungarische Reitertruppen auf und verwüsteten und plünderten von nun an auf ihren Zügen alljährlich Sachsen, Bayern und Schwaben. Der ostfränkische König Ludwig, ein unmündiges Kind, war unfähig, mit dieser Bedrohung fertig zu werden. So waren es die lokalen Gewalten, mächtige Stammesfürsten, die in ihrem Bereich die Führungsaufgaben übernahmen, welche die Zentralgewalt offensichtlich nicht mehr erfüllen konnten. Sie versuchten, den Grenzschutz zu organisieren und den Normannen und Ungarn Einhalt zu gebieten.

Als in Ostfranken 911 mit Ludwig dem Kind (900–911) die ostfränkische Linie der Karolinger erlosch, zog man die logische Konsequenz: Der neu gewählte König war kein Karolinger mehr, sondern einer der mächtigen, erfolgreichen Stammesherzöge, Konrad von Franken. Doch der tat sich schwer mit seiner neuen Würde, denn es fehlte ihm die Aura der Geblütsheiligheit, er war nur einer von mehreren Stammesherzögen und die, die ihn gewählt hatten, fühlten sich ihm gleichberechtigt und waren bestenfalls bereit, ihn als Ersten unter Gleichen zu akzeptieren. Konrad I. war klug genug, daraus die Konsequenzen zu ziehen. Als Nachfolger bestimmte er kein Mitglied aus seiner eigenen Familie, sondern seinen stärksten Rivalen, den Sachsenherzog Heinrich, der als Heinrich I. im Jahr 919 die Nachfolge antrat.

Zwei Reiche – aus Trümmern erstanden

Heinrich I. (919–936) war der erste Herrscher aus dem sächsischen Haus, das nun ein Jahrhundert lang an der

Regierung bleiben sollte. Heinrich war es auch, der sich 921, zwei Jahre nach seiner Erhebung, in die Mitte des Rheins rudern ließ, um hier mit seinem westfränkischen Kollegen einen Schlußstrich unter einen 80 Jahre währenden Prozeß zu ziehen: Das Karolingerreich war zerfallen. Aus seinen Trümmern waren zwei neue Reiche erwachsen, die sich später einmal Frankreich und Deutschland nennen würden und die sich nun im Jahr 921 erstmals – wir würden sagen »völkerrechtlich« – anerkannten.

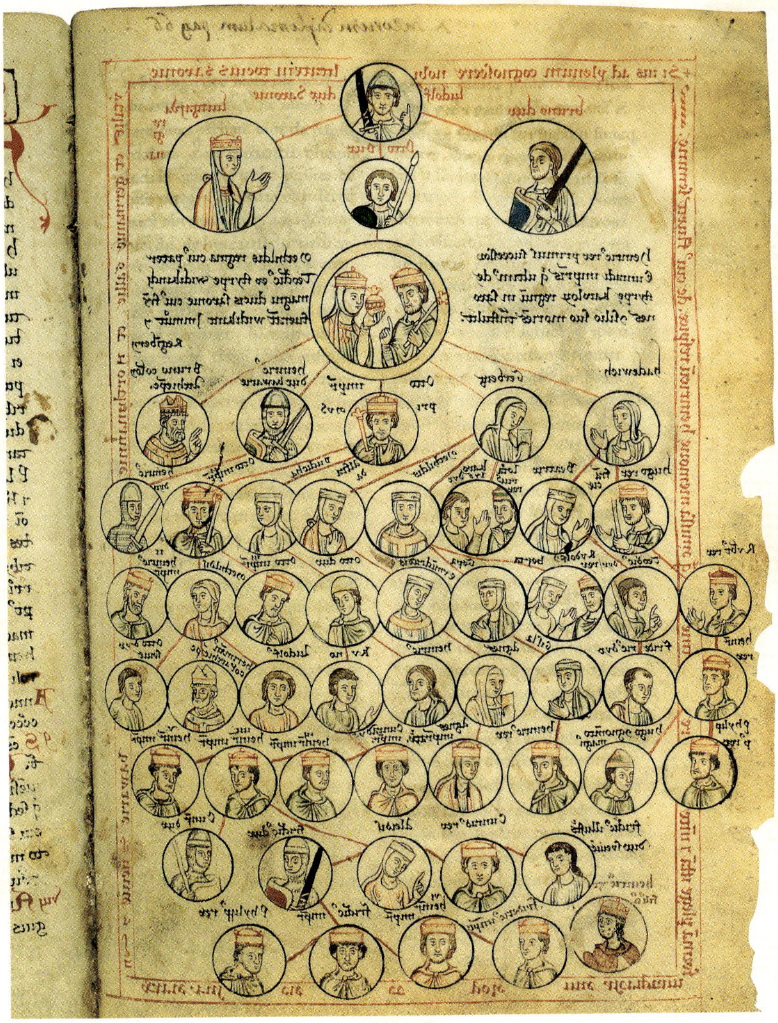

Stammbaum Heinrichs I. In einem großen Doppelmedaillon im oberen Teil des Stammbaumes sehen wir Heinrich I. (919–936) und seine Frau Mathilde. Diese stammte aus der Sippe Widukinds, des großen Widersachers Karls des Großen. Zum Nachfolger auf dem Thron bestimmte Heinrich I. kurz vor seinem Tod seinen Sohn Otto I. (936–973)

Chronica S. Pantaleonis, Herzog-August-Bibliothek, Wolfenbüttel, Cod. Guelf. 74.3 Aug. 2, fol. 226

Der Beginn der »deutschen Geschichte« läßt sich also nicht auf ein bestimmtes Datum festlegen, er ist ein langgestreckter, komplizierter Prozeß. Noch lange betrachteten sich die Bewohner des ostfränkischen Reiches nicht als »Deutsche«. Sachsen, Thüringer, Franken, Alemannen, Bayern und Friesen sahen sich als eigene Völkerschaften, mit eigenen Rechten, Traditionen und Sitten. Erst unter dem Urenkel Heinrichs I., um die Jahrtausendwende, ist von »den Deutschen« als einem Volk die Rede. Seit dem 11. Jahrhundert begann man vom *regnum Theutonicum* zu sprechen. Aber immer war dieses »Reich der Deutschen« nur Teil eines größeren Ganzen, Teil des *Imperium Romanum*, des Römischen Reiches. Immer war der neugewählte deutsche König zugleich mehr als das, nämlich zugleich auch der künftige *imperator Romanorum*, der künftige Kaiser. Und immer war die Krone, die man dem Herrscher bei seiner Krönung in Aachen aufsetzte, zugleich auch die Kaiserkrone. Immer hatte dieses Reich einen übernationalen Charakter, und man mag darin eine historische Wurzel dafür sehen, daß die Deutschen über die Jahrhunderte hinweg solche Mühe mit der eigenen Identität und ihrem Staatswesen hatten.

Von Aachen nach Magdeburg

Otto der Große – am Beginn der deutschen Geschichte

Die Reise Ottos I. durch sein Reich begann an jenem Ort, an dem diejenige Karls des Großen geendet hatte – in Aachen. Auch mehr als 100 Jahre nach seinem Tod war das Vorbild des großen Karl übermächtig. Wo anders als ins Karls Pfalz hätte Otto I. seine Herrschaft antreten können?

Die Nachfolgefrage war noch zu Lebzeiten von Ottos Vater und Vorgänger Heinrich I. (919–936) geregelt worden. Dieser hatte kurz vor seinem Tod in Absprache mit den Mächtigen des Reiches seinen zweitgeborenen Sohn Otto zum Nachfolger bestimmt. Von einer Reichsteilung wie in karolingischer Zeit war nicht mehr die Rede. Von nun an galt das Prinzip der Unteilbarkeit des Reiches bis an dessen Ende im Jahre 1806.

In Karls Fußstapfen

Die Erhebung des 23jährigen Königs sollte eine genau durchdachte, eindrucksvolle Demonstration der Stärke des jungen Reiches und zugleich ein Bekenntnis zu seinen karolingischen Wurzeln sein. Bewußt legte Otto daher an jenem Sonntag, dem 7. August 936, fränkische Kleidung an und stellte sich so als Nachfolger Karls des Großen dar. Das Zeremoniell der Amtseinsetzung war in drei Teile gegliedert.

Liturgischer Kamm. Dieser Elfenbein-Kamm aus dem 10. Jahrhundert stellt den heiligen Petrus mit zwei knienden Heiligen dar, die durch ihre Gewänder als Erzbischöfe gekennzeichnet sind. Solche Kämme dienten zum Ordnen der Haare während des Gottesdienstes, zum Beispiel bei Salbungen von Bischöfen oder bei der Krönung von Königen

Elfenbein, Niedersachsen (?), Ende 10. Jahrhundert; Domschatz, Osnabrück

Die Reichskrone wurde in der Regierungszeit Ottos I. geschaffen, ein exaktes Datum läßt sich jedoch nicht angeben. Kreuz und Bügel wurden später hinzugefügt. Die Krone wurde jahrhundertelang für die Königskrönungen in Aachen, aber auch für die Kaiserkrönungen in Rom verwendet. Hinter ihrer Formgebung steht ein ausgefeiltes theologisches Programm. So sind auf der Stirn- und Nackenplatte jeweils zwölf Edelsteine eingearbeitet. Sie symbolisieren die zwölf Apostel, aber auch die zwölf Stämme Israels. Auf einer Seitenplatte sehen wir Christus zwischen zwei Cherubim thronen. Darüber steht der Spruch: »Per me reges regnant« – »Durch mich regieren die Könige«. Die Herrschaft des christlichen Königs, dem es gestattet war, diese Krone zu tragen, ist also von Gott verliehen

Gold, Email (Zellenschmelz), Edelsteine, Perlen, 2. Hälfte 10. Jahrhundert; Schatzkammer, Wien

Es begann mit einem weltlichen Akt im Atrium, der Säulenhalle vor der Pfalzkirche Karls des Großen. Die Herzöge und die übrigen weltlichen Großen setzten Otto auf einen eigens hierfür aufgestellten Thronsessel, huldigten ihm und schworen ihm Treue. Dann geleitete man Otto in die Kirche, wo ihn der Erzbischof von Mainz an der Spitze der ganzen Geistlichkeit und des Volkes erwartete. Nun stellte der Mainzer Erzbischof den Anwesenden Otto mit folgenden Worten vor: »Seht, ich bringe Euch den von Gott erwählten und von dem mächtigen Herrn Heinrich [Heinrich I.] bestimmten, jetzt aber von allen Fürsten zum König gemachten Otto. Wenn Euch diese Wahl gefällt, so bezeugt dies, indem ihr die rechte Hand zum Himmel erhebt.« Nach dem Bericht des Chronisten, des adeligen Mönches Widukind von Corvey, erhoben darauf alle Anwesenden die Hand und wünschten dem neuen Herrscher Glück.

Wahl als Stufenhandlung

Eine Wahl mit Stimmabgabe jedes einzelnen, bei der die Mehrheit der Stimmen entschied, kannte die Zeit – so ungewöhnlich das klingen mag – noch nicht. Die Wahl war eine Kettenhandlung, ein Stufenakt. Gott selbst hatte Otto zum König bestimmt, sein Vater und Vorgänger auf dem Thron hatte ihn als neuen Herrscher »designiert«, weitere Handlungen bekräftigten dies. Dazu gehörte die Huldigung, mit der die Großen des Reiches in die Gefolgschaft des Königs eintraten, die anschließende allgemeine öffentliche Zustimmung, wie sie in der Aachener Marienkapelle auf die Frage des Mainzer Erzbischofs hin erfolgte, und die kirchliche Weihe, die sich nun anschloß:

Der Mainzer Erzbischof schritt mit dem neuen König zum Altar und überreichte ihm die Insignien seiner Macht: das Schwert mit dem Wehrgehänge zur Bekämpfung aller Widersacher Christi, der Heiden und der schlechten Christen, den langen, bis zur Erde reichenden Mantel mit den Spangen als Zeichen eines bis zum Tode glühenden Glaubens, das Zepter als Symbol der Herrschaft über die Untertanen und den Stab als Hinweis, daß der König den Hilfesuchenden eine Stütze sein sollte. Die kirchliche Weihe des neuen Königs gipfelte in seiner Salbung und Krönung, die nun der Kölner und der Mainzer Erzbischof gemeinsam vollzogen. Dann geleitete man Otto die Wendeltreppe hinauf zur Empore, zum steinernen Thron Karls des Großen. Von hier aus wohnte Otto wie einst Karl der Große der Messe bei, die den kirchlichen Teil der Krönung beschloß.

Anschließend begab sich der König mit großem Gefolge zur Pfalz, zum Krönungsmahl. Die vier Herzöge leisteten als Repräsentanten ihrer Stämme symbolisch die Hofdienste: Giselbert von Lothringen, in dessen Herrschaftsbereich man sich befand, hatte als Kämmerer die Oberaufsicht, Herzog Eberhard von Franken war als Truchseß für die Versorgung der Tafel zuständig, Herzog Hermann von Schwaben war als Mundschenk für die Getränke verantwortlich, Herzog Arnulf von Bayern sorgte als Marschall für die Unterbringung der zahllosen Gäste.

Nach dem Festmahl ehrte der neue König seine Gäste durch großzügige Geschenke und entließ sie in heiterer Stimmung, wie der Chronist berichtet. Otto verhielt sich also wie ein wahrer König, denn von diesem erwartete man Freigebigkeit und Heiterkeit.

Symbole der rechten Ordnung

Das richtige Zeremoniell spielte in den Augen der Menschen im Mittelalter eine bedeutsame Rolle. Es symbolisierte die rechte Ordnung der Dinge und war weit mehr als eine Frage des Stils:

⚒ Otto hatte fränkische Tracht getragen, die Stätte Karls des Großen für seine Erhebung gewählt und den Stuhl Karls in Besitz genommen. Das wies ihn als den rechten Nachfolger des großen Karolingers aus und war zugleich Programm: Die Nachfolge Karls, die Führung der westlichen Christenheit war an den Sachsen Otto I. gekommen!

⚒ König, Adel, Kirche und Volk hatten an der Erhebungsfeierlichkeit gemeinsam mitgewirkt. Das stellte die Einigkeit des jungen Reiches unter Beweis.

⚒ Die Herzöge hatten dem König beim Krönungsmahl gedient. Das war ein Zeichen, daß alle Stammesherzogtümer die Wahl des jungen Königs guthießen und daß die Herzöge die engsten Helfer Ottos sein wollten. Ihre Tätigkeit machte aber zugleich auch den Rangunterschied zwischen ihnen und Otto deutlich: Die Herzöge waren die wichtigsten Männer nach dem König, sie stellten sich in seinen Dienst und ordneten sich ihm unter.

Idylle ohne Bestand

Die Heiterkeit des Krönungstages in Aachen freilich verflog bald. Und auch die symbolträchtige Handlung beim Krönungsmahl hielt nicht, was sie versprach. Mit der Einigkeit war es bald vorbei. Drei der vier Herzöge, die an jenem Sonntag des Jahres 936 dem König bei Tisch gedient hatten, waren drei Jahre später tot. Zwei von ihnen, der Lothringer und der Franke, waren im Kampf gegen Otto gefallen. Der dritte, Arnulf von Bayern, war zwar eines natürlichen Todes gestorben, doch Otto nützte die Gelegenheit, den Söhnen Arnulfs die Herrschaft abzuerkennen. Schwere Konflikte waren ausgebrochen, welche die junge Herrschaft Ottos tief erschütterten.

Den Siegelstempel, mit dem dieses Wachssiegel gefertigt wurde, hat Otto I. von 936 bis zu seiner Kaiserkrönung im Jahr 961 verwendet. Es zeigt den König als Dreiviertelfigur, bartlos und mit kurzen Haaren. Er trägt einen dünnen Kronreif und einen faltenreichen Mantel, der mit einer Fibel auf der rechten Schulter gehalten wird. Seine wichtigsten Herrschaftsabzeichen sind Schild und Lanze, die ihn als Krieger ausweisen. Die Umschrift lautet: »Otto D(e)I GR(ati)A Rex« – »Otto von Gottes Gnaden König«

Hellbraunes Wachs in Wachswanne mit Abdruck des Zackenrandes der Fassung; Hessisches Staatsarchiv, Marburg, Urkunde R I a Fulda, Stiftsarchiv 936 Oktober 14

Mit dem Übergang der Krone auf die sächsischen Herzöge verlagerte sich der Schwerpunkt der königlichen Reisetätigkeit in den äußersten Osten des jungen Deutschen Reiches. Sachsen wurde für zwei Jahrhunderte die wichtigste Kernlandschaft. Während der Regierungszeit Ottos I. spielte Magdeburg dabei die wichtigste Rolle. Die Stadt war als Brückenkopf für die Mission und Expansion nach Osten gedacht und sollte zugleich – wie Aachen unter Karl dem Großen – zum bedeutendsten Repräsentationszentrum des Reiches werden. Den Rang, den Aachen vorübergehend fast als »Hauptstadt« eingenommen hatte, konnte Magdeburg aber nie erreichen. Anders als Karl der Große war Otto I., ebenso wie seine Nachfolger bis in die Stauferzeit, das ganze Jahr über unterwegs. Auch im Winter gab es keine Pause mehr. Neben Sachsen spielten für Otto I. aber auch weiterhin die alten Königslandschaften am Mittelrhein und in Lothringen eine wichtige Rolle, wie die zahlreichen Aufenthalte in Frankfurt, Ingelheim, Worms und Aachen belegen. Er versuchte nach Möglichkeit, Sachsen, Lothringen und den Rhein-Main-Raum im jährlichen Turnus zu besuchen. Demgegenüber traten die Aufenthalte in Süddeutschland deutlich zurück. Nach Schwaben oder Bayern kam Otto I. vorwiegend aus militärischen Gründen oder wenn er auf dem Weg nach Italien war

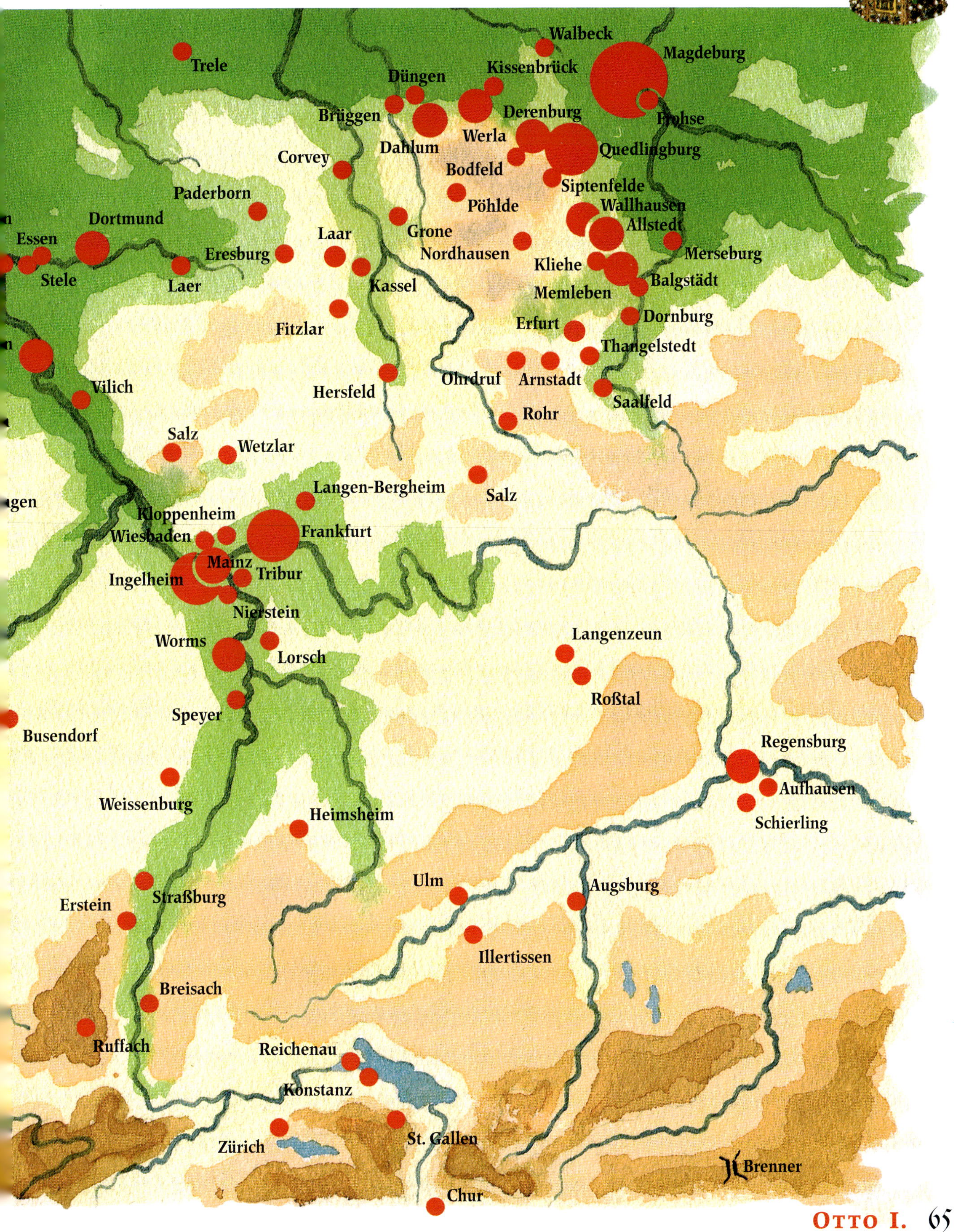
Walbeck
Magdeburg
Trele
Kissenbrück
Düngen
Brüggen
Derenburg
Frohse
Werla
Dahlum
Quedlinburg
Corvey
Bodfeld
Siptenfelde
Paderborn
Pöhlde
Wallhausen
Dortmund
Allstedt
Essen
Laar
Grone
Eresburg
Nordhausen
Merseburg
Kliehe
Stele
Laer
Kassel
Balgstädt
Memleben
Dornburg
Erfurt
Fitzlar
Thangelstedt
Ohrdruf
Arnstadt
Vilich
Hersfeld
Saalfeld
Rohr
Salz
Wetzlar
Langen-Bergheim
Salz
Kloppenheim
Wiesbaden
Frankfurt
Mainz
Tribur
Ingelheim
Nierstein
Langenzeun
Worms
Lorsch
Roßtal
Speyer
Busendorf
Regensburg
Aufhausen
Weissenburg
Schierling
Heimsheim
Ulm
Augsburg
Erstein
Straßburg
Illertissen
Breisach
Ruffach
Reichenau
Konstanz
Zürich
St. Gallen
Brenner
Chur

An der Peripherie – der König in Schwaben und Bayern

Was wissen wir über jenen Mann, der nun im Alter von 23 Jahren in Aachen zum König gesalbt wurde und den wir als den ersten großen Herrscher der deutschen Geschichte betrachten?

Wir kennen seinen Geburtstag – was ungewöhnlich ist –, den 22. November des Jahres 912. Wir wissen, daß er die traditionelle Ausbildung eines jungen Adeligen der Zeit erfuhr: die Jagd, das Kriegshandwerk – keine gelehrte Bildung. Er liebte das Brettspiel, das Reiten, die Jagd und lernte erst spät nach dem Tod seiner ersten Frau das Lesen und Schreiben. Als eine stattliche Erscheinung mit feurigen Augen, wallendem Bart und energischem Schritt, so beschreibt ihn sein Biograph Widukind von Corvey.

Der Siegelstempel mit dem dieses Wachssiegel um 965 geprägt wurde, war seit der Kaiserkrönung Ottos I. im Jahr 961 bis zu seinem Tod in Gebrauch. Es zeigt den Kaiser in einer neuen Pose: nicht mehr als Krieger mit Schild und Lanze, sondern ganz als Herrscher. Auf dem bärtigen Haupt trägt er nun die Krone und hält Reichsapfel und Zepter in den Händen. Diese Darstellung sollte für die künftige Zeit prägend werden. Sie betont durch die Insignien den besonderen Rang des Herrschers und nicht mehr seine Funktion als Krieger. Das Siegel trägt die Umschrift »OTTO IMP (erator) AVG(ustus)« – »Otto, erhabener Kaiser«

Dunkelbraunes Wachs in Wachswanne; Landeshauptarchiv Sachsen-Anhalt, Magdeburg, Rep. U 1, Tit. I. Nr. 23: 966 August 24

Ein König mit unscharfen Konturen

Doch kein Bild zeigt uns, wie er wirklich ausgesehen hat, kein Autor beschreibt uns seine individuelle Persönlichkeit. Zwar gibt es detaillierte Berichte über seine Taten, vor allem durch Widukind von Corvey, einen sächsischen Benediktinermönch, der ein glühender Bewunderer der Herrscherfamilie war. Aber seine Erzählung bleibt merkwürdig an der Oberfläche. Es fehlt ihr das ungewöhnlich persönliche Element, das die Schilderung Einhards über das Leben Karls des Großen auch nach Jahrhunderten noch so faszinierend und lesenswert macht.

Ein Idealbild wird tradiert

Keine Zeile ist von der Hand Ottos I. überliefert. Kein politisches Programm informiert über seine Überzeugungen und Ziele. Gerade das 10. Jahrhundert war eine portraitlose Zeit. Die Gesichter des Königs und all der anderen Hauptdarsteller dieser Zeit erscheinen ohne unverwechselbare persönliche Merkmale. Die Reden, die man dem Herrscher in den Mund legte, orientierten sich an antiken Stilmustern. Die Eigenschaften, die man dem König zuschrieb, waren die Tugenden früherer, idealer Herrscher. Das liegt nicht daran, daß die Maler und Schriftsteller nicht in der Lage gewesen wären, die Individualität eines Menschen zu erfassen.

Nein, es war vielmehr gar nicht ihre Absicht. Es war ihnen nicht wichtig zu zeigen, worin sich dieser König Otto I. in seinem Aussehen und in seinen Taten unverwechselbar von seinen Vorgängern und Nachfolgern unterschied. Man wollte vielmehr deutlich machen, wie der Herrscher einem vorgegebenen Ideal entsprach, wie er sich als der neue Karl, der neue Konstantin, der neue David erwies. Und da war es nur folgerichtig, daß man ihm auch die Worte der großen Vorgänger in den Mund legte, um zu zeigen, wie nahe der König den großen Idealen seiner Zeit kam. Auch seine Charaktereigenschaften waren natürlich die, welche man von dem idealen König erwartete: Freigebigkeit, Großherzigkeit, Frömmigkeit, Milde, Weisheit und Stärke. Nicht das Individuum Otto sollte nach Meinung der Zeit dargestellt werden, sondern die Übereinstimmung seines Tuns mit den vorgegebenen Normen, mit der göttlichen Weltordnung.

Wut – des Königs unwürdig

Das macht es uns schwer, das wahre Gesicht des Königs zu erahnen. Vieles bleibt im Nebel: Ottos Charakter, seine Art, mit Menschen umzugehen, seine persönlichen Vorlieben und Gewohnheiten, seine Visionen. Wir können nur aus seinen Taten, wie sie uns überliefert sind, auf seine Persönlichkeit und seine Absichten schließen. Nur manchmal blitzt hinter den traditionellen Formeln ein individueller Zug auf. So schreibt ein Zeitgenosse, Otto habe die nördlichen und westlichen Teile der Welt durch seine Macht regiert, durch seine Weisheit befriedet, durch seinen Glauben froh gemacht und durch die Strenge seines Urteils in Furcht gehalten. Die Furcht vor Ottos *ira dictans,* vor dem ihn bestimmenden Zorn, sein *levis furor,* die leicht entflammbare Wut, taucht immer wieder in den Quellen auf – und das war wahrlich keine königliche Eigenschaft. Niemand zweifelte an dem Schrecken, den Otto einflößen konnte, an der Häufigkeit und Gefährlichkeit seines Zornes und an seiner Entschlossenheit, Ziele mit aller Härte und gegen alle Widerstände durchzusetzen. Und Widerstände gab es zuhauf, das mußte Otto sogleich feststellen, als er Aachen nach seiner glanzvollen Krönung verließ – und das lehrt uns nicht zuletzt sein Itinerar.

Thronendes Paar im Dom von Magdeburg. Vermutlich stellen die Figuren, die im 13. Jahrhundert entstanden sind, Otto I. und seine 946 verstorbene erste Frau Edgitha dar. Beide liegen im Magdeburger Dom begraben. Die merkwürdige Scheibe mit den 19 Kugeln darauf, die der König hält, soll der Legende nach die 19 Tonnen Gold symbolisieren, die Otto in den Ausbau seiner Lieblingsstiftung Magdeburg investiert hat

Statue, 13. Jahrhundert; Dom, Magdeburg

Auf schwankendem Boden

Schon ein erster Blick auf die Karte, welche die Aufenthaltsorte Ottos I. festhält, zeigt ein überraschendes und eindeutiges Bild. Sachsen, jenes Land zwischen Elbe und Ems, um das Karl der Große jahrzehntelang blutig gerungen hatte, auf dessen Eroberung und Christianisierung er einen enormen Teil seiner Energie verwandte und das sich so verbissen wehrte – Sachsen, das Karl entschlossen war, mit »eiserner Zunge« zu regieren, war nun nach eineinhalb Jahrhunderten nicht nur in das Reich integriert, es war zur königlichen Zentrallandschaft geworden. Ein Nachfahre jenes legendären sächsischen Freiheitshelden Widukind saß nun auf dem Thron.

Sachsen wurde für zwei Jahrhunderte die wichtigste Kernlandschaft des Königreichs. Nirgend sonst hielt sich Otto so häufig auf wie in Magdeburg, seiner Lieblingsstadt, und in Quedlinburg. Freilich wurden auch die alten Königslandschaften an Rhein und Main und in Lothringen nicht aufgegeben. Immer wieder finden wir Otto in Frankfurt, Ingelheim, Aachen und Köln.

Andere Regionen treten demgegenüber eklatant in den Hintergrund. Dies gilt ganz besonders für den schwäbischen und bayerischen Raum. Und in den meisten Fällen müssen wir konstatieren: Otto kam nicht aus freien Stücken hierher, er war vielmehr aus verschiedensten Gründen dazu gezwungen.

Hier, im Süden des *Regnum,* gärte die Unruhe der ersten Regierungsphase mehr noch als anderswo.

Eine Gruppe Berittener zieht in den Kampf. Die Krieger sind mit Lanzen, Helmen und Panzern ausgerüstet. Die relativ kleinen Pferde haben schwer an den Reitern mit deren schweren Rüstungen zu tragen

Miniatur in der Handschrift eines Werkes von Hrabanus Maurus; Monte Cassino

Ottos erzwungene Reisen

Otto war noch kein Jahr auf dem Thron, da machte sich die schwelende Unzufriedenheit mit dem neuen Regierungsstil des Herrschers Luft. Es waren vor allem zwei Gruppen, die sich in ihren althergebrachten Rechten geschmälert fühlten: Die beiden Brüder Ottos, Thankmar und Heinrich, wollten nicht akzeptieren, daß die neue Thronregelung nur noch ein Mitglied der Königsfamilie zur Herrschaft zuließ und die anderen leer ausgingen.

Die Stammesherzöge wiederum mußten sehr bald feststellen, daß Otto sich nicht wie sein Vater mit einer formalen Oberhoheit zufriedengeben wollte, sondern zu massiven Eingriffen in die bisherigen Rechte der Herzöge entschlossen war. Aus der Verbindung beider unzufriedener Fraktionen entstanden für Otto höchst bedrohliche Situationen.

In kriegerischer Absicht nach Bayern

Das Startsignal fiel, als im Sommer 937 der bayerische Herzog Arnulf starb. Otto nahm die Gelegenheit wahr, die allzu große Selbständigkeit des bayerischen Herzogtums zu brechen und forderte von Arnulfs Sohn und Nachfolger Eberhard, daß die Einsetzung der bayerischen Bischöfe künftig alleinige Sache der Krone sein sollte. Eberhard weigerte sich, dieses wichtige Recht aus der Hand zu geben. Darauf machte sich Otto I. im Frühjahr 938 erstmals auf nach Bayern – keineswegs jedoch in friedlicher Absicht. Er kam an der Spitze eines Heeres, um den neuen Herzog zur Raison zu bringen. Doch Ottos Angriff auf Bayern mißlang.

Dieser Mißerfolg war für die anderen Gegner Ottos das Signal, nun auch zu den Waffen zu greifen. Der Herzog von Franken, der noch vor einem knappen Jahr dem neuen König als Truchseß in Aachen gedient hatte, schloß sich an, ebenso Ottos älterer Halbbruder Thankmar.

Ungerächter Kirchenfrevel

Thankmar, ein erfahrener Krieger von scharfem Verstand, nahm die Eresburg ein, die wir schon aus den Zeiten Karls des Großen als wichtiges Herrschaftszentrum in Sachsen kennen, und unternahm von dort aus in bewährter Kriegsmanier Plünderungszüge durch das Umland. Der König sah sich gezwungen, schnellstmöglich nach Sachsen zu ziehen.

Mit einem großen Heer erschien er vor der Eresburg, um diese seinem Halbbruder wieder zu entreißen. Als die Burgbesatzung den König herannahen sah, öffnete sie ihm kampflos die Tore. Thankmar floh vor seinem königlichen Bruder in die Burgkapelle. Dort legte er seine Waffen und seine goldene Halskette nieder und machte damit sichtbar, daß er seine Herrschaftsansprüche aufgab. Zwar war jede Kirche ein unverletzbarer Raum und bot jedem, auch einem Mörder, Schutz und Sicherheit, dennoch brachen einige Krieger die Kirchentür auf. Obwohl der Gebrauch von Waffen in der Kirche verboten war, wurde Thankmar zu Füßen des Altars mit einer Lanze erstochen. Otto beklagte zwar den Tod seines Bruders, wagte es aber nicht, diesen Kirchenfrevel zu rächen.

Der Tod Thankmars führte zum Zusammenbruch des Aufstands in Sachsen. Otto I. konnte – wieder quer durch das Reich – zum zweiten Mal in diesem Jahr 938 mit seinem Heer nach Bayern ziehen. Diesmal hatte er mehr Erfolg. Eberhard von Bayern wurde verbannt und ein neuer Herzog bestimmt, der das wichtige Recht der Bischofseinsetzung nun dem König überließ.

Kriegszug gegen den eigenen Sohn

Nach diesen beiden Heereszügen des Jahres 938 verließ Otto Süddeutschland in Richtung Sachsen und kehrte erst mehr als ein Jahrzehnt später wieder zurück.

Auch diesmal kam er an der Spitze eines Heeres, doch die Situation war weit gefährlicher und für Otto sicher auch persönlich schmerzlicher. Denn diesmal zog er gegen seinen eigenen ältesten Sohn, den 23jährigen Liudolf, den Herzog von Schwaben, zu Felde.

Otto selbst hatte seinem Sohn zur Herzogswürde in Schwaben verholfen. Ganz gezielt hatte der König in den letzten Jahren den Tod einzelner Stammesherzöge dazu genützt, ihre Herzogtümer den alteingesessenen Familien zu entziehen und sie an Mitglieder der eigenen Familie weiterzugeben. Franken, dessen Herzog 939 im Kampf gegen Otto ums Leben gekommen war, behielt der König selbst in Verwaltung. Schwaben war an seinen Sohn Liudolf gegangen. Bayern erhielt Ottos Bruder Heinrich, Lothringen ging an Ottos Schwiegersohn. Die Familie schien der sicherste Garant, das Eigenleben der alten Stammesherzogtümer zu unter drücken und sie enger an die Krone zu binden. Aber die Rechnung Ottos ging nicht auf. Die Mitglieder des Königshauses verwuchsen erstaunlich schnell mit ihrem Stamm und stellten schon bald die Interessen ihres jeweiligen Herzogtums über die verwandtschaftlichen Bindungen, auf die Otto so große Hoffnungen gesetzt hatte.

Dieser silberne Denar oder auch Pfennig stammt aus der Zeit Ottos I.

Staatliche Museen Preußischer Kulturbesitz, Berlin, Münzkabinett

Daß es ausgerechnet der Herzog von Schwaben, sein eigener Sohn war, der Otto das Scheitern seiner Familienpolitik drastisch vor Augen führte, das muß für den König besonders schmerzlich gewesen sein. »Seht, ohne Söhne sitze ich da, der Kinder beraubt, da ich den eigenen Sohn zum schlimmsten Feind habe«, soll er laut Widukind von Corvey voll Bitterkeit gesagt haben.

Gescheiterte Familienpolitik

Den letzten Anstoß zu Liudolfs Revolte gab wohl, daß Otto um die Jahreswende 952/53 noch einmal Vater wurde. Ottos zweite Frau Adelheid gebar dem König einen Sohn, der nur kurze Zeit leben sollte. Liudolf, der bisher der einzige Sohn und Erbe war, sah plötzlich seine Stellung gefährdet. Schließlich war nirgends verbindlich festgeschrieben, welcher Sohn eines Königs einmal die Nachfolge anzutreten hatte.

Wie sehr Liudolf inzwischen mit seinem Herzogtum verwachsen war, zeigte sich darin, daß sich ganz Schwaben auf seine Seite und gegen den König stellte. Alle Ausgleichsversuche waren vergebens. Liudolf zog auch Ottos Schwiegersohn, den Herzog von Lothringen, auf seine Seite – ein weiterer Beweis dafür, daß die Familienpolitik gescheitert war. Auch Bayern stellte sich auf die Seite des jungen Königssohnes, und dieser zog in Regensburg ein.

Im Herbst des Jahres 953 erschien Otto I. vor Regensburg. Seine Lage war denkbar bedrohlich. Nur wenige

Truppen begleiteten ihn. Drei Monate belagerte der König die Stadt und den eigenen Sohn. Im Dezember schließlich gab Otto vorläufig auf und zog sich von Bayern nach Sachsen zurück, um dort das Weihnachtsfest zu feiern.

Ungarn nützen Bürgerkrieg

Das Jahr 954 begann mit neuen Hiobsbotschaften:

Die Ungarn hatten die günstige Gelegenheit erkannt, die ihnen der Bürgerkrieg im Reich bot, und verheerten mit ihren Reitertuppen das Land. Im zeitigen Frühjahr durchzogen sie plündernd Bayern und Franken und zogen dann nach Westen weiter, stießen bis Cambrai vor, wandten sich von dort nach Burgund und kehrten über Italien wieder in das Donaugebiet zurück. Bittere Vorwürfe gegen die Aufständischen wurden laut. Hatten sie durch ihr Verhalten nicht geradezu die Ungarn in das krisengeschüttelte Reich gelockt? Es hieß sogar, Liudolf selbst sei mit den Ungarn, diesen blutrünstigen Feinden des Reiches und der Christenheit, ein gotteslästerliches Bündnis eingegangen, habe sie herbeigerufen und den ungarischen Reitertrupps zu allem Überfluß noch Führer mitgegeben, die ihnen den Weg durchs Reich wiesen!

Bündnis mit den Ungarn

So ungewöhnlich war das freilich nicht. Auch der italienische König hatte schon einmal mit den Ungarn paktiert, um sich ihrer zu entledigen. Und auch diesmal verbündeten sich die Aufständischen im Reich wohl vor allem deshalb mit den Ungarn, um sie loszuwerden. Sie gaben ihnen Führer mit, um ihre Beutelust nach Westen abzulenken. Dennoch, die Stimmung begann sich zu wenden, die Aufständischen verloren zusehends an Sympathien.

Im Frühjahr 954 sammelte Otto daher sogleich wieder Truppen und zog erneut nach Süden gegen den eigenen Sohn, während die Ungarn abermals brennend und plündernd das Land verlassen hatten. Bei Illertissen trafen die Truppen von Vater und Sohn aufeinander. Auf Sichtweite lag man sich gegenüber, eine Schlacht schien unausweichlich. Doch die Stimmung war unter dem Einfluß der jüngsten Ungarneinfälle gekippt, die Aufständischen sahen sich zu Verhandlungen genötigt.

Brüchiger Waffenstillstand

So gelang es den Bischöfen von Augsburg und Chur im Angesicht der beiden Truppen einen Waffenstillstand zwischen Vater und Sohn auszuhandeln, der bis zum Reichstag gelten sollte, welcher im Frühsommer in Langenzenn bei Fürth stattfand. Während die meisten sich hier dem König unterwarfen, brauste Liudolf auf: Sein Vater warf ihm vor, die Ungarn ins Land gerufen zu haben! Mitten in der Nacht verließ Liudolf die Verhandlungen und begab sich mit seinen Anhängern wieder nach Regensburg. Dem Vater blieb nichts anderes übrig, als dem Sohn zu folgen und noch einmal die Stadt zu belagern. Der Sommer des Jahres 954 zog sich dahin mit Belagerung, Ausfallversuchen, Hunger und Tod. Schließlich erklärte sich Liudolf doch bereit, noch einmal mit seinem Vater zu sprechen. Otto I. brach die Belagerung ab. Nach den langen Monaten des Krieges und der Entbehrungen wollte der König vor den Verhandlungen mit dem Sohn in Thüringen auf die Herbstjagd gehen. Dort überraschte ihn Liudolf. In der Nähe von Thangelstedt tauchte er völlig unvermutet vor Otto I. auf und warf sich im Büßergewand auf die Erde. Der König hatte in dieser Situation keine andere Möglichkeit, als dem

Büßenden zu verzeihen, denn *clementia,* Milde, galt als eine der wichtigsten Herrschertugenden. Nun endlich kam es zum Frieden zwischen Vater und Sohn. Otto verzieh seinem Ältesten, das Herzogtum Schwaben aber nahm er ihm ab. Eines hatte ihm der Konflikt deutlich vor Augen geführt: die Familienpolitik reichte nicht aus, die Königsmacht fest zu verankern und ihr die nötige Überlegenheit gegenüber den Stammesherzogtümern zu sichern. Zu schnell verschmolzen auch die engsten Angehörigen mit ihrer neuen Würde und stellten die Reichsinteressen ihren eigenen Ambitionen hintan. Otto I. zog seine Lehren aus diesen bitteren Erfahrungen und begann neue Wege zu beschreiten, wie wir noch sehen werden.

Auf dem Lechfeld

Es war höchste Zeit, die innenpolitischen Kämpfe endlich zu beenden, denn im Frühjahr des Jahres 955 wiederholten die Ungarn ihre Einfälle nach Bayern und in die Randgebiete Schwabens, verwüsteten das Land und entvölkerten es.

Die Ungarn waren ein Steppenvolk, das vor nachdrängenden Feinden über die Karpaten ins Donau-Theiß-Becken ausgewichen war, ein wildes, nomadisierendes Reitervolk. Ende des 9. Jahrhunderts tauchten sie erstmals im Abendland auf und verbreiteten wegen ihrer Grausamkeit Furcht und Schrecken. Wie vor ihnen die Hunnen und Awaren und nach ihnen die Mongolen waren sie meisterhafte Reiter. Sie durchquerten auf ihren Pferden riesige Entfernungen in einer Geschwindigkeit, die den Europäern den Atem verschlug. Nur leicht bewaffnet, waren sie kaum zu fassen, unglaublich schnell und geschickt. Selbst rückwärts gewandt im Sattel sitzend trafen ihre Pfeile noch die Verfolger.

Als erstes fielen die Ungarn im reichen Oberitalien ein, plünderten, zerstörten und zogen mit Schätzen beladen wieder ab. Im Jahr darauf durchzogen sie Bayern, dann Sachsen, Thüringen, schließlich wieder Bayern und Franken. Ihr Aktionsraum weitete sich immer mehr aus. Sie drangen bis zum Rhein, zur Maas und zur Rhone vor.

Fulda, Augsburg und Konstanz wurden belagert, das Kloster Sankt Gallen geplündert und verbrannt. Es gab keine Zentralgewalt, die stark genug war, den Raubzügen Einhalt zu gebieten. In Freising betete man, wie wir aus Quellen wissen, voll Angst: »Herr, befreie uns von den Einfällen der Fremden«.

Gerüchte über ungarische Reitkünstler

Die ganze Abscheu und Angst des Unterlegenen spricht aus den Worten des zeitgenössischen Berichterstatters Regino von Prüm:

»Sie leben nicht nach Art von Menschen, sondern wie das Vieh. Sie essen nämlich wie das Gerücht geht, rohes Fleisch, trinken Blut, verschlingen als Heilmittel die in Stücke zerteilten Herzen derer, die sie zu Gefangenen gemacht, werden durch kein Erbarmen erweicht und durch keine Regung des Mitleids bewegt.«

Ottos Vater, Heinrich I., gelang zwar 933 ein wichtiger Sieg über die Ungarn, der für den König ein mächtiger Prestigegewinn war und dem jungen Staatswesen das Gefühl eines gemeinsamen Erfolges gab, das Problem der Ungarneinfälle aber nicht endgültig löste.

Die Ungarn beobachteten sehr genau die politische Entwicklung in den einzelnen Staaten des Abendlandes und nutzten Schwächeperioden sofort aus. Auch jetzt im Jahr 955 schien ihnen die Situation günstig.

Otto I. hielt sich gerade in Sachsen auf, als er die Nachricht von den neuerlichen Angriffen erhielt. Eiligst zog er wieder einmal nach Süden und sammelte bei Ulm das Heer. Truppen aus fast allen Teilen des Reiches fanden sich ein, etwa 7000 bis 8000 Panzerreiter. Der König zeigte sich äußerst besorgt, da man dem Gegner dennoch zahlenmäßig unterlegen war.

Bischof befehligt zu Pferde

Während des Sommers hatten die Ungarn Bayern durchzogen; sie überschritten den Lech, äscherten Sankt Afra vor den Toren Augsburgs ein und brannten bis zur Iller fast alles nieder. Abendländische Quellen berichten, die Ungarn prahlten, es müsse schon der Himmel einstürzen und die Erde sich auftun, wenn sie besiegt werden sollten. Schließlich begannen sie mit der Belagerung von Augsburg. Der Bischof der Stadt, der 65jährige Ulrich, leitete die Verteidigung selbst.

Christus, als Weltenrichter in der Mandorla sitzend, setzt Heinrich II. die Krone aufs Haupt. Zwei Engel schweben herab und reichen dem »Gesalbten des Herrn« die Heilige Lanze und das Schwert. Zwei Bischöfe – beide heiliggesprochen – stützen die Arme des Gekrönten: der heilige Emmeran, der in der Völkerwanderungszeit missionierte, und der heilige Ulrich von Augsburg. Als das Bild entstand, war Ulrich von Augsburg, der die Stadt gegen die Ungarn verteidigte, erst 30 Jahre tot. Bereits 20 Jahre nach seinem Tod wurde er heiliggesprochen

Sakramentar Heinrichs II., um 1002/04

Hoch zu Roß, aber ohne Waffen, wie es sich für einen Kirchenmann gehörte, gab er seine Kommandos.

Reliquien gegen heidnische Feinde

Das Heer Ottos hatte sich mit Fasten auf die entscheidende Schlacht vorbereitet. Der König führte die Heilige Lanze mit sich, eine der kostbarsten Reliquien des Reiches. In die Lanzenspitze war ein eiserner Nagel eingearbeitet, der nach allgemein verbreiteter Meinung vom Kreuz Christi stammen sollte.

Ottos Vater, König Heinrich I., hatte diese Reliquie einst vom burgundischen König erworben. Sie sollte nun, als siegbringendes, symbolträchtiges Zeichen vorangetragen, die Krieger vor sichtbaren und unsichtbaren Feinden schützen und den Sieg über das heidnische Volk der Ungarn bringen.

Otto hatte am Morgen der entscheidenden Schlacht auf dem Lechfeld südlich von Augsburg seinen Soldaten noch zugerufen: »Sie übertreffen uns, ich weiß, an Zahl, aber nicht an Tapferkeit. Und, was für uns der größte Trost ist, sie sind ohne die Hilfe Gottes. Schämen müßten wir uns als Herren fast ganz Europas, wenn wir uns jetzt den Feinden ergäben!«

Diesmal blieb den Ungarn nicht mehr genug Zeit, wie sonst üblich das Weite zu suchen, sobald sich ein ernsthafter militärischer Gegner näherte.

Mit Reichsfahne und Heiliger Lanze zum Sieg

Sie bemerkten zu spät, daß sie in die Klemme geraten waren: auf der einen Seite die Mauern Augsburgs, auf der anderen Seite das Heer Ottos I., das zum Entsatz der Stadt heranrückte. Der König selbst leitete den Hauptangriff unter dem Zeichen der Reichsfahne und der Heiligen Lanze.

Die Schlacht am 10. August 955, dem Tag des heiligen Laurentius, endete mit einem überwältigenden Sieg des königlichen Heeres. Das ungarische Lager vor der Stadt wurde eingenommen und viele der Gegner getötet. Von den Mauern Augsburgs sah man die Fliehenden, die sich in die Fluten des Lechs stürzten und zumeist ertranken. Der größte Teil der Flüchtenden verlor das Leben während des Rückzugs. Die Gefangenen und ihre Anführer wurden öffentlich hingerichtet. Noch am Abend der Schlacht zog Otto in Augsburg ein. Er schickte sogleich Boten durch das Reich, die den Sieg verkündeten und in seinem Namen in allen Kirchen Dankfeiern anordneten.

Sämtliche Quellen der Zeit rühmen Ottos Sieg. Viele Urkunden erwähnen in ihrer Datierungszeile die Schlacht auf dem Lechfeld. So notierte man etwa im entfernten Trier: »Dies geschah in dem selben Jahr, in dem König Otto die Ungarn besiegte.«

Das Reichskreuz wurde um 1025 geschaffen. Es sollte als Reliquienschrein die wichtigsten Reliquien Christi aufnehmen, die damals schon zum Reichsschatz gehörten: die Partikel, die vom Kreuz Christi stammen sollen, und die Heilige Lanze. Für letztere war ein Futteral im Querarm des Reichskreuzes vorgesehen

Eichenholzkern, außen mit Goldblech beschlagen, innen mit rotem Leder gefüttert, um 1024/25; Schatzkammer, Wien

Der Sieg auf dem Lechfeld. Noch im 19. Jahrhundert sah man in dem Sieg Ottos des Großen über die Ungarn auf dem Lechfeld 955 ein epochales Ereignis. In heroischer Pose reitet Otto hier über das Schlachtfeld bei Augsburg

Ottos Bewunderer Widukind von Corvey schrieb: »Eines solchen Sieges hatte sich kein König vor ihm in 200 Jahren erfreut.« Widukind war wohl bewußt, daß er damit indirekt darauf hinwies, daß in seinen Augen selbst die Siege Karls des Großen nicht mit der Bedeutung der Lechfeldschlacht mithalten konnten. Nur der Sieg Karl Martells über die Araber bei Tours und Poitiers, der etwa 200 Jahre zurücklag, schien ihm ähnlich folgenreich.

Ein Sieg mit weitreichenden Auswirkungen

In der Tat hatte der Sieg auf dem Lechfeld weitreichende Folgen. Die Ungarn gaben nach dieser schwerwiegenden Niederlage ihre Raubzüge auf. Weder in Deutschland noch in Frankreich, Burgund oder Italien erschienen sie noch einmal. Sie wurden ein seßhaftes Bauernvolk, öffneten sich der christlichen Mission und wuchsen in die abendländische Kultur hinein. Jahrhunderte später waren sie es sogar, die sich selbst als die Vorkämpfer gegen den Islam und die Türken verstanden.

Otto hatte den Zusammenhalt seines jungen Reiches und seine eigene Führungskraft demonstriert. Er hatte sich als der wahre Führer der Christenheit gegen die heidnische Bedrohung gezeigt. Sein Ansehen wuchs und Gesandtschaften aus allen Teilen Europas und dem nördlichen Afrika erschienen an seinem Hof. Er hatte Europa von der Geisel der heidnischen Einfälle befreit! Dies hob ihn über seine Vorgänger und die anderen Könige des Abendlandes heraus. Otto war der künftige Kaiser! Sein Weg nach Italien war vorgezeichnet.

Im Blatt der Heiligen Lanze ist ein spitzovaler Teil herausgenommen, in den mit Silberdraht ein eiserner Nagel eingefügt ist, der angeblich vom Kreuz Christi stammte. Nachdem das Blatt gebrochen war, reparierte man es mit einem Eisenband. Otto I. trug diese Lanze seinem Heer in der Schlacht auf dem Lechfeld voran.

Ihrer besonderen Kraft schrieb er seinen großen Sieg zu. Seit dem 13. Jahrhundert verehrte man die Lanze, da man glaubte, der römische Offizier Longinus habe mit ihr die Seite Christi am Kreuz geöffnet

Oben: Zeichnung C. Höberlin, Ullstein Bilderdienst
Unten: Stahl, Eisen, Messing, Silber, Gold, Leder, 8./9. Jahrhundert; Schatzkammer, Wien

Auf der Straße nach Süden

In all den Jahren seiner Herrschaft kam Otto I. nur zweimal sozusagen »als Zivilist« nach Süddeutschland, einmal im Jahr 952 zu einem Hoftag in Augsburg und einmal, an Weihnachten 960, zu einer großen Reichsversammlung in Regensburg. All die anderen Male sehen wir Otto in Süddeutschland an der Spitze seines Heeres. Kriegerische Konflikte mit der Opposition im Reich, angeführt von den eigenen Brüdern, vom eigenen Sohn, zwangen ihn wieder und wieder auf den Weg nach Süden. Nun endlich, seit dem Jahr 955, herrschte weitgehend Frieden im Reich. Und dennoch: Wenn Otto aus seinen angestammten Landen im Norden des Reiches durch Süddeutschland zog, so befand er sich nicht routinemäßig auf Reisen durch sein Reich, sondern er war bewaffnet und folgte einem besonderen Ziel, das mit Schwaben und Bayern bestenfalls am Rande zu tun hatte. Otto war auf dem Weg nach Italien und dies führte ihn zwangsläufig durch Bayern oder Schwaben. Er reiste nicht nach Süddeutschland, sondern durch Süddeutschland hindurch!

Es gab ja hier auch kein Königsgut mehr; die alten karolingischen Besitzungen waren an die Herzöge gefallen. Der König konnte sie auf seinen Reisen nicht mehr nutzen. Da die wirtschaftliche Basis fehlte, vermied der König einen längeren Aufenthalt und durchzog das Land nur wie ein eiliger, ungeliebter Gast auf dem Weg nach Süden.

Abenteuerliche Alpenüberquerungen

Im Sommer 951 brach Otto I. zu seinem ersten Italienzug auf und wählte wohl den Weg über Augsburg und den Brenner. Im Frühjahr darauf kam er über die Graubündner Alpen, über den Septimer und dann rheinabwärts wieder nach Deutschland zurück. Er verweilte nicht lange in Süddeutschland, sondern begab sich auf schnellstem Weg nach Sachsen.

Der Brenner und das Bündner Paßsystem waren die Alpenübergänge, welche die deutschen Könige und Kaiser am häufigsten benützten. Der bequemste Weg verlief über den Brenner mit seinen nur 1371 Metern Höhe. Schon um 200 n.Chr. bauten die Römer eine Militärstraße vom Etschtal nach Augsburg.

Das Bündner Paßsystem mit dem 2311 Meter hohen Septimer und dem

Im Verlaufe einer Romfahrt (1308–1313) überquerte Heinrich VII. die Alpen. Auf steilen Wegen ging es durch das Hochgebirge. Beim Abstieg mußten alle absitzen und die Pferde am Zaum führen

Aus der Bilderchronik zu Kaiser Heinrichs Romfahrt, um 1340

2284 Meter hohen Julier war zwar wesentlich höher, hatte aber den Vorteil, daß man beim Anmarsch über weite Strecken dem Verlauf des Rheines folgen konnte.

Eine Alpenüberquerung war immer ein Abenteuer: versumpfte Täler, Geröllbrocken und Dickicht, steile Pfade, Wetterstürze, Lawinen und wilde Tiere drohten. Schon Einhard schrieb von den »großen Schwierigkeiten und Anstrengungen« beim Alpenübergang Karls des Großen, von den »unwegsamen Bergrücken, den hochragenden Felsen und den zerklüfteten Gipfeln.« Schutz und Unterkunft boten die Klöster und Hospize, die man unterhalb der Paßhöhen gründete. So entstand schon in karolingischer Zeit das Kloster Disentis in 1143 Metern Höhe auf dem Weg hinauf zum Lukmanier. Hier konnte man sich ein letztes Mal stärken, bevor man die Paßhöhe überwinden mußte.

Zusätzliche Strapazen im Winter

Natürlich versuchte man, wenn es irgend ging, den Alpenübergang in die Sommermonate zu legen. So finden wir auch Otto I. im Sommer 961 wieder in Schwaben. Wie es Tradition war, sammelte er auf dem Lechfeld bei Augsburg sein Heer, um zur Kaiserkrönung nach Rom aufzubrechen. Diesmal wählte er wieder den Weg über den Brenner nach Trient. Der Rückweg im Jahr 965 führte ihn über das Bündner Paßsystem, diesmal wohl den Lukmanier, über Chur nach Sankt Gallen. Es war Januar, tiefster Winter. Halb erfroren kam der Kaiser mit seinem Gefolge im Kloster Sankt Gallen an. Auch diesmal blieb er nicht lange im Schwäbischen, schließlich war für Anfang Februar, zu Lichtmeß, nach der langen Abwesenheit des Herrschers schon ein Hoftag in Worms angesagt.

Eindreiviertel Jahre später war Otto erneut auf dem Weg nach Süden. Vermutlich hat er wieder das Bündner Paßsystem gewählt und auf dem gleichen Weg ist er wohl sechs Jahre später aus Italien kommend zum letztenmal durch Schwaben gezogen.

Süddeutschland – ein Durchgangsland

Wir sehen, der südwestliche Teil des Reiches blieb für Otto als Aufenthaltsraum eigentlich uninteressant. Er hat ihn nach Beendigung der innenpolitischen Konflikte fast nur als Sammelplatz und Durchmarschraum auf dem Weg nach Italien benutzt. Und so muß man sich fragen: Wie oft wäre Otto I. wohl überhaupt aus seinen weit entfernt im Norden liegenden Stammlanden nach Augs-

Eine Handschrift aus der Mitte des 12. Jahrhunderts zeigt Otto I. im Jahre 951. König Berengar, der sich 950 in Pavia zum König von Italien hatte erheben lassen, mußte sich dem Kaiser unterwerfen. Die Herrschaft über einen Großteil Italiens ging an die Ostfranken über

Universitätsbibliothek, Jena, Cod. Jenensis Bose q. 6 fol. 78 b

burg oder Konstanz gekommen, wenn er nicht unterwegs nach Italien gewesen wäre?

Man hat über den Sinn dieser Italienpolitik der deutschen Kaiser seit der Mitte des letzten Jahrhunderts viel gestritten und den Kaisern vorgeworfen, sie hätten ihre Kräfte südlich der Alpen in einem jahrhundertelangen Kampf vergeudet. So hat Otto I. von den 37 Jahren seiner Regierung mehr als zehn Jahre in Italien verbracht! Doch mit unseren Wertekategorien kommen wir der Beantwortung dieser Frage nicht näher. Materielle und ideelle Motive verwoben sich unauflöslich.

Natürlich versprach das wirtschaftlich viel weiter entwickelte Italien materiellen Reichtum und sicherte der Einfluß auf den Papst die Herrschaft über die Reichskirche. Aber es gab auch eine transzendentale Dimension. Dem von Gott erwählten, mächtigsten Herrscher des Abendlandes war der Schutz des Papstes und der ganzen Christenheit als zentrale Aufgabe auferlegt. Das römische Kaiserreich, das Karl erneuert hatte, durfte nicht untergehen. Dafür stand Gottes Wort. Schon der Prophet Daniel (7. Kap.) hatte von den vier Weltreichen gesprochen. Deren letztes war das Römische Reich, das nun von den Römern über die Franken auf die sächsischen Herrscher übergegangen war. Wenn das Römische Reich unterging, dann kam auch das Weltenende. Es gab also keine Alternative. Das Römische Reich mußte weiterleben. Manches kam dabei im eigenen Land zu kurz. Und wenn der Kaiser zu lange in Italien war, regte sich zu Hause der Widerstand. Aber es gab keine andere Wahl, der Weg nach Süden war den deutschen Königen unausweichlich auferlegt – und dieser Weg führte durch Süddeutschland!

Im Dreieck der Macht – Lothringen, Franken, Sachsen

Es lagen 37 Jahre zwischen der feierlichen Erhebung Ottos I. auf den Thron in Aachen im Jahr 936 und seinem Tod in seiner Pfalz Memleben im Sommer 973 – eine ungewöhnlich lange Regierungszeit und ein Glück für das junge Staatswesen, an dessen Spitze er stand.

Jahrelang hatte er in der ersten Hälfte seiner Regierungszeit mit schweren innenpolitischen Konflikten und Krisen zu kämpfen gehabt. Eine Ursache dafür war die veränderte Regelung der Thronfolge, welche die Brüder des Königs – anders als in karolingischer Zeit – von der Herrschaft ausschloß und gegen die Ottos Brüder mit Waffengewalt opponierten. Auch der Aufstand von Liudolf, Ottos Sohn, hatte mit der Nachfolgefrage zu tun. Die andere Ursache schwerer Konflikte beruhte in der verschärften Politik, die der König gegenüber den selbstbewußten Stammesherzögen betrieb. Etwa acht Regierungsjahre Ottos waren auf diese Weise ausgefüllt mit Kriegsmärschen, Belagerungen, Waffengeklirr und Blutvergießen. In all diesen Jahren war an eine normale Regierungsroutine vielfach nicht zu denken. Der Reiseweg des Herrschers stand unter dem Zwang des Krieges, entzog sich der Planung und den Wünschen des Herrschers. Wir haben gesehen, wie oft sein Weg durch diese Konflikte nach Süddeutschland gelenkt wurde, ja daß der König kaum je in friedlicher Absicht, im Rahmen routinemäßiger Besuche nach Bayern oder Schwaben reiste.

Hinzu kamen die Italienzüge: Dreimal sammelte Otto sein Heer in Schwaben, um nach Süden zu ziehen. Seine Aufenthalte jenseits der Alpen verlängerten sich mit jedem Italien-

Die Herzogtümer des Heiligen Römischen Reiches Deutscher Nation im 10. Jahrhundert

zug: Das erste Mal waren es nur neun Monate (951/52), der Zug zur Kaiserkrönung dauerte schon drei Jahre und fünf Monate (961–965), beim letzten Zug nach Süden blieb Otto schließlich genau sechs Jahre (966–972).

17 Jahre des routinemäßigen Reisens

Ziehen wir die Summe aus all diesen ungewöhnlichen Ereignissen und Vorhaben, so stellen wir fest, daß Otto von seinen 37 Regierungsjahren nur rund 17 Jahre des Friedens und der ganz normalen Herrschaftsroutine in Deutschland blieben:
zehn Jahre zwischen der Niederwerfung der ersten Aufstandsbewegung im Jahr 941 und dem ersten Italienzug von 951, die sechs Jahre, die zwischen der Unterwerfung seines Sohnes Liudolf sowie der Ungarnschlacht 955 und dem neuerlichen Italienzug 961 lagen und schließlich das letzte Jahr vor seinem Tod 972/73.

Nur in diesen Jahren gab es den Alltag, die Normalität des Reisens, die Routine der Herrschaft, das immer wieder notwendige, vertraute Vergegenwärtigen und Personifizieren der Königsmacht in den gewohnten Formen, auf immer den gleichen Straßen, an immer den gleichen Plätzen. Nur in dieser Zeit konnte der König seinen Weg einigermaßen planen und selbst bestimmen – abgesehen von immer wieder auftretenden Problemsituationen etwa an der Ostgrenze des Reiches.

Selbstbestimmte Reisewege

Und diese Zeit hat er zum überwiegenden Teil in der Nordhälfte seines *Regnum* verbracht, in Lothringen, in Franken und – mehr als irgendwo sonst – in Sachsen.

Die Sachsen, jenes »wilde Volk, das Götzen anbetete und dem Christentum feindlich gesinnt war«, wie Einhard schrieb, stellten nun den König. Ein Nachfahre jenes Widukind, des größten Widersachers Karls des Großen, saß auf dem Thron. Sachsen, jenes Land, das 150 Jahre zuvor nur mit Waffengewalt, Blut und Deportation unter die fränkische Herrschaft gezwungen werden konnte, war nun das Herz des Reiches und trat in den Mittelpunkt der europäischen Geschichte. Für 200 Jahre blieb es von nun an die wichtigste Kernlandschaft des Königtums.

Sachsen – die Machtbasis

Insgesamt 150mal läßt sich Otto I. in Sachsen nachweisen. Rechnet man nur die in den Quellen belegten Tage zusammen, an denen er in Sachsen weilte, errechnet man über 3600 Tage, also zehn volle Jahre. Natürlich hing das damit zusammen, daß Otto als Sachse hier die Basis seiner Macht innehatte, daß er hier nicht nur König sondern auch Stammesführer war, daß das Geschlecht der Liudolfinger, aus dem Otto stammte, hier über großen Güterbesitz verfügte. Das bot dem König die materielle Grundlage für seine langen Aufenthalte. Denn der Herrscher lebte nach wie vor, wie schon in der Karolingerzeit, vorwiegend von seinem eigenen Güterbesitz und nahm vor allem in seinen eigenen Pfalzen Quartier.

Magdeburg – die Lieblingsstadt

Ganz an der Spitze stand der östlichste sächsische Brückenkopf, Ottos Lieblingsgeschöpf, seine Stadt, in der er auch begraben liegt, Magdeburg. Wie die Quellen bezeugen, war er sicher 22mal hier. Vielleicht kam er aber auch sehr viel öfter nach Magdeburg, ohne daß wir es wissen. In Quedlinburg hielt sich der König 17mal auf. In beiden Städten entstanden glänzende Pfalzen. Aber auch andere Orte in Ostsachsen und am Harz spielten eine wichtige Rolle. So besuchte der König die Pfalzen Wallhausen, Derenburg, Dahlum, Memleben und Werla des öfteren.

Rekonstruktion der Pfalz Werla. Werla im heutigen Landkreis Wolfenbüttel lag auf einer breiten Terrasse über der Oker. Die Anlage, die zu Beginn des 10. Jahrhunderts ausgebaut wurde, war mit Ringmauer, Türmen und Graben geschützt. Am südlichen Steilhang zur Oker hin lag der repräsentative Palas mit Warmluftheizung, daran schloß sich eine runde Kapelle an. Zum Pfalzgelände gehörten auch Wirtschafts- und Versammlungsgebäude. Mit einer Nutzfläche von fast 18 Hektar war Werla eine der größten frühmittelalterlichen Befestigungen Norddeutschlands. Später verlor die Pfalz ihre Bedeutung an Goslar und wurde völlig eingeebnet

Pfalz Werla, Rekonstruktionsmodell der Hauptburg; Braunschweigisches Landesmuseum, Wolfenbüttel

Die alljährliche Reiseroute

Doch auch Franken und Lothringen spielten wie seit karolingischer Zeit eine wichtige Rolle im Itinerar. So hielt sich Otto zwölfmal in Frankfurt, zehnmal in Ingelheim, in seiner Krönungsstadt Aachen neunmal und in

Köln siebenmal auf. An all diesen Orten wohnte er in seinen eigenen Pfalzen. Selbst in der erzbischöflichen Stadt Köln nahm er nicht in der Residenz des Erzbischofs, sondern in seiner eigenen Pfalz Quartier. Das muß deshalb so betont werden, weil die Zukunft hier, wie wir sehen werden, gravierende Änderungen bringen sollte.

Ganz bewußt bemühte sich der Herrscher bei aller Bevorzugung seiner Heimat, doch ein gewisses Gleichgewicht in seine Reiseplanung zu bringen und die fränkischen und lothringischen Reichsteile nicht zu vernachlässigen. Meistens plante er seine Route so, daß er den Sommer und Herbst in Sachsen verbrachte. Um Weihnachten herum wechselte er nach Franken, im Frühjahr an den Niederrhein. Er war sichtlich bemüht, in einer sich jährlich wiederholenden Kreisbewegung das Dreieck seiner Macht zwischen Sachsen, dem Rhein-Main-Raum und dem Niederrhein zu durchreiten.

Feierliche »Festkrönungen«

Besonderes Augenmerk wurde dabei auf die großen Kirchenfeste gerichtet, denn es war üblich, daß an diesen wichtigsten Tagen des Jahres eine feierliche »Festkrönung« stattfand. Einer der anwesenden Bischöfe setzte dem König dabei im Rahmen des Gottesdienstes die Krone auf das Haupt, und der König zeigte sich anschließend in vollem Herrscherornat dem Volk. In einer feierlichen Prozession, angeführt vom königlichen Schwertträger, führte der Weg von der Kirche zurück zur Pfalz. Es war eine symbolische und sehr sinnfällige Demonstration, die für alle Anwesenden wieder und wieder den König als den rechtmäßigen Herrscher auswies. An den feierlichen Zug des Königs zur Pfalz schloß sich ein Festmahl an, das der König auf dem Hochsitz in der Halle seiner Pfalz im Kreise der großen Würdenträger des Landes einnahm.

Eine solche Festkrönung verlangte nach einem würdigen Rahmen. Nur repräsentative Pfalzen mit entsprechenden Kirchenbauten kamen in Frage. Das schränkte den Kreis der möglichen Aufenthaltsorte an den großen Kirchenfesttagen von vorne herein ein. Der höchste Festtag war das Osterfest, an zweiter Stelle stand Weihnachten. Pfingsten entwickelte sich erst allmählich zu einem Termin von politisch-repräsentativer Bedeutung.

Festtägliche Repräsentation

Nur im Notfall verzichtete der König darauf, die hohen Kirchenfeste würdig – und das hieß öffentlich! – zu begehen. So sah sich Otto I. im Jahr 953 gezwungen, wegen des liudolfingischen Aufstandes auf das geplante Osterfest in Aachen zu verzichten und nach Dortmund auszuweichen. Ansonsten versuchte er selbst in kritischen Momenten seiner Herrschaft, die üblichen öffentlichen, festlichen Formen zu wahren.

So geschah es auch im Jahr 941. Tage vor Ostern erhielt Otto in Quedlinburg die Nachricht, daß sein Bruder Heinrich eine Verschwörung plante und ihn ermorden wollte. Dennoch ließ der König sich nichts anmerken. Er verstärkte seine persönliche Bewachung und beging das Osterfest vor dem Volk wie es sich gehörte. Sein Biograph Widukind bezeugte: »Er [Otto] umgab sich Tag und Nacht mit einer Schar treuer Krieger, ohne daß es seiner Würde oder seiner königlichen Hoheit vor dem Volk bei diesen Festlichkeiten irgend etwas schadete.« Quedlinburg war während der ganzen Regierungszeit Ottos ein bevorzugter Ort für die hohen Kirchenfeste. Wenn es ihm möglich war, feierte er hier

Schatzfund aus ottonischer Zeit. Im Jahr 1883 fand man in einem Tongefäß diesen Schatz, der aus dem Besitz eines sächsischen Feinschmiedes stammt. Dazu gehören silberne Bukkelfibeln zum Schließen von Gewändern, Armreifen und Ringe. Die hochwertigen Arbeiten mit ihren verschiedenartigen Flechtbandmustern zeugen vom hohen Niveau der ottonischen Silberschmiedekunst

Staatliches Museum für Naturkunde und Vorgeschichte, Oldenburg

wenigstens ein hohes Kirchenfest im Jahr. Er achtete aber darauf, daß auch die anderen Zentrallandschaften nicht zu kurz kamen. Fand das eine große Kirchenfest in Sachsen statt, so feierte man das zweite in wohlausgewogener Abwechslung entweder auf fränkischem Boden, vorzugsweise in Frankfurt, oder in Lothringen. Hier kamen natürlich nur Aachen, der Ort des großen Vorgängers und Vorbildes, oder der Erzbistumssitz Köln in Frage.

Zeitlebens im Reich unterwegs

Dieser wohldurchdachte Wechsel zeigt uns bereits, daß es den sächsischen Herrschern nicht mehr möglich war, über Monate an einem Ort zu bleiben – und vor allem an einem Ort zu überwintern, wie es die Karolinger getan hatten. Mit den ottonischen Herrschern begann jener lebenslange, nie endende, kräftezehrende Umritt des Königs durch sein Herrschaftsgebiet, jene Ruhelosigkeit ohne Ende, die bis in die späte Stauferzeit, bis ins 13. Jahrhundert, den Alltag der Könige bestimmen sollte. Selbst im Winter war man unterwegs – das hatten die Karolinger stets vermieden. Was das bedeutete, ist für uns kaum mehr vorstellbar. Natürlich gab es einen gewissen Komfort in den großen Pfalzen, aber alles, was für das routinemäßige Alltags- und Regierungsleben nötig war, mußte der Troß des Königs mit sich führen: Pergament und Tinte, Waffen und Zelte, Proviant und Pferde. Bewacher und Schreiber, Spaßmacher und Ärzte, Berater und Familienangehörige, sie alle waren zeit ihres Lebens unterwegs. Meistens erreichte man abends die nächste Reiseetappe, die nächste Pfalz oder wenigstens einen Königshof.

Aber was geschah, wenn das Wetter umschlug, wenn es hagelte, stürmte, Wagenräder brachen oder im Schlamm stecken blieben? Dann schliefen der König und der ganze Troß in den Zelten, die man im Gepäck hatte, unbequem, provisorisch. Was geschah, wenn der König krank wurde? Man brachte ihn in die nächste Pfalz. Kaum war er genesen, wurden die Pferde erneut gesattelt. Ein paar Tage wenigstens, vielleicht sogar ein paar Wochen an einem Ort müssen eine Wohltat gewesen sein in einem Leben ohne Ruhe, eine Atempause, bevor es wieder weiterging auf dem endlosen Ritt, weiter nach Lothringen, weiter nach Franken, weiter nach Italien.

In einem System, in welchem die persönliche Gegenwart des Herrschers eine so große Rolle spielte und das zugleich aufgrund der ständigen Ortswechsel, der Italienzüge und jahrelangen Abwesenheit so wenig Beständigkeit aufzuweisen hatte, bedurfte man starker Helfer. Ruhende Pole der Kontinuität und Verläßlichkeit, der Konstanz vor Ort waren unabdingbar. Mit den Mitgliedern in weltlichen Positionen aus der eigenen Familie und mit den Stammesherzögen hatte Otto keine guten Erfahrungen gemacht. Beide konnte er nach wie vor nicht ausgrenzen, aber er suchte ein verläßliches Gegengewicht und fand es in der Reichskirche. Neu war dieser Gedanke nicht. Auch Karl der Große hatte sich bei seiner Regierungsausübung der Geistlichkeit bedient. Aber Otto I. knüpfte die Bande zur Kirche weit enger und systematischer, als dies bisher üblich war. Sein engster, wichtigster und verläßlichster Berater und Helfer wurde Brun, der Erzbischof von Köln. Er war für den König »der wichtigste Ratgeber bei der Begründung des Reiches, der treueste Gefährte beim Ausbau und der stärkste Helfer bei der Vollendung des Staates«, so schrieb der Zeitgenosse Ruotger.

Der loyale Bruder

Brun war kein anderer als Ottos jüngster Bruder – der einzige der Brüder, mit dem es nie Schwierigkeiten gab.

Schon als Kleinkind war Brun für den geistlichen Stand bestimmt und mit vier Jahren der Kirche zur Erziehung übergeben worden. Was uns als menschliche Grausamkeit gegenüber einem Kleinkind erscheint, war in dieser Zeit durchaus üblich. Es ging hier nicht um die persönliche Lebensentscheidung des Kindes Brun, das dazu mit vier Jahren ja auch noch gar nicht im Stande war, sondern um das Wohl der Familie, um die materielle Versorgung eines nachgeborenen Sohnes, um die Möglichkeit im Kirchendienst Karriere zu machen und Einfluß zu gewinnen, und vor allem ging es darum, daß Brun als Mann des Glaubens für seine Familie Gebet und Fürbitte vor Gott leisten sollte.

Die geistliche Karriereleiter

Als Otto I. 936 an die Regierung kam, war sein jüngerer Bruder elf Jahre alt – ein Bücherwurm. Sein Biograph und Zeitgenosse Ruotger berichtet, stets habe er seine Bücherkiste mit sich geführt, »wie die Israeliten die Bundeslade«. Mit 26 Jahren machte ihn sein königlicher Bruder zum Erzkanzler und Leiter der Hofgeistlichkeit. Damit war er Chef der obersten Verwal-

Köln – der Ort des heiligen Bruders

Blick auf das Westwerk von Sankt Pantaleon, wo Brun, der Erzbischof von Köln, Erzherzog von Lothringen und Bruder Ottos I., begraben ist († 965). In der katholischen Kirche zählt Brun zu den Heiligen

Sankt Pantaleon, Köln

tungsbehörde des Reiches. Zwei Jahre später, im Jahr 953, wurde Brun zum Erzbischof von Köln erhoben. Auch diesmal hatte der königliche Bruder seine Hand im Spiel. Zwar schrieb die Kirche die Wahl eines Bischofs durch »Klerus und Volk« vor, aber daraus war längst eine bloße Beifallskundgebung geworden, die sich notfalls leicht arrangieren ließ. Niemand nahm am faktischen Einsetzungsrecht des Königs Anstoß, ja es entsprach dem Verständnis der Zeit, denn der König war als der »Gesalbte des Herrn« der Stellvertreter Christi auf Erde. In seiner Person verschmolzen weltliche und geistliche Sphäre und so schien es nur natürlich, daß er entsprechend seiner sakralen Stellung auch Einfluß auf die Reichskirche nahm.

»Priesterliche Frömmigkeit und königliche Tapferkeit«

Brun war 953 in der Stunde der Not zum Erzbischof berufen worden. Ottos Sohn Liudolf hatte sich gegen seinen Vater erhoben und auch den Herzog von Lothringen, in dessen Machtbereich Köln lag, auf seine Seite gezogen. In dieser Situation erklärte Otto den bisherigen Herzog von Lothringen für abgesetzt und ernannte seinen eigenen Bruder kurze Zeit nach seiner Erhebung auf den Kölner Erzstuhl zusätzlich zum Erzherzog von Lothringen.

Der König soll nach Ruotger damals zu seinem Bruder gesagt haben: »Wir waren immer ein Herz und eine Seele, und nie sind unsere Wünsche in irgendeiner Sache auseinandergegangen. Und das ist es, was mich in meiner bitteren Lage am meisten tröstet. In dir nämlich sind priesterliche Frömmigkeit und königliche Tapferkeit mächtig. Du allein bist mir jetzt ein fester, zuverlässiger und starker Trost. Wenn ich dir auch körperlich fern bin, so will ich mich doch an dir freuen und froh für deine Umsicht und Besonnenheit danken«.

Eine neue Epoche der Reichspolitik

Bisher war der König immer nach Aachen gereist, um in Lothringen Reichstage abzuhalten oder Kirchenfeste zu feiern. Mit dem Amtsantritt Bruns änderte sich das schlagartig. Köln wurde zum politischen Zentrum Lothringens, hierher kam der König, wenn er das Herzogtum besuchte, denn hier residierte Brun, der Erzbischof und Erzherzog.

Mit der Erhebung Bruns begann eine neue Epoche in der Reichspolitik. Die Verschmelzung von geistlichen und weltlichen Aufgaben, wie wir sie in Bruns Person vereint sehen, wurde nun zum politischen Programm. Der Herrscher stattete die Bischöfe und die wichtigen Äbte der Reichsklöster zusehends mit weltlichen Machtbefugnissen aus. Sie erhielten Grundbesitz, wichtige Ämter, Markt-, Münz- und Zollrechte, ganze Grafschaften. Im Gegenzug zog sie der König zum Dienst für das Reich heran, denn, so formulierte es später Heinrich II., »wem viel zugestanden wird, von dem wird auch viel gefordert«. Die Erhebung der wichtigsten Bischöfe und Äbte des Reiches wurde damit zu einer politischen Frage erster Ordnung.

Geistliche und weltliche Macht eng umschlungen

Dieses System hatte einen großen Vorteil: Ämter und Rechte, die der König verlieh, hatten immer die Tendenz in einer Familie binnen weniger Generationen als erbliches Anrecht betrachtet zu werden. Damit verlor der König – zumal in Zeiten der Schwäche oder Abwesenheit – sehr schnell das ihm eigentlich zustehende Verfügungsrecht. Dieses Problem stellte sich in der Reichskirche nicht. Starb ein Amtsinhaber, konnte der König einen neuen, fähigen Mann bestimmen, von dem er sicher war, daß er dem König auch treu ergeben war.

Das System hatte aber auch seine Fußangeln. Es konnte nur unter zwei Bedingungen funktionieren:

Der König mußte Zugriff auf einen Kreis fähiger Leute haben, aus denen er die Kandidaten für die wichtigsten Kirchenämter auswählen konnte. Anfangs suchte Otto I. dafür verläßliche Verwandte für diese Aufgaben aus. Später gingen er und seine Nachfolger dazu über, direkt am Hof, in der »Hofkapelle«, junge Geistliche in allen Verwaltungsaufgaben zu schulen und die Besten und Loyalsten auf die Bischofsstühle des Reiches zu setzen.

Das Problem, verläßlichen Nachwuchs zu schulen, war lösbar. Was geschah aber, wenn man eines Tages in Zweifel zog, daß der König als Erwählter des Herrn ein quasi geistliches Amt versah? Was geschah, wenn man dem König sein Recht auf die Einsetzung der Bischöfe streitig machte? Bei der Machtfülle, welche die Reichskirche mit der Zeit in sich vereinte, drohte dies zur Existenzfrage für den Herrscher zu werden. Eben diese Situation ergab sich mehr als ein Jahrhundert später im Investiturstreit, als die Frage des Rechtes auf die Einsetzung von Bischöfen und Äbten zum Kampf um Sein oder Nichtsein für den König wurde.

Noch aber sind wir von dieser Krise weit entfernt. Otto I. legte mit der Erhebung Bruns erst den Grundstein für die enge Verbindung von geistlichem Amt und politischer Macht im sogenannten »ottonisch-salischen Reichskirchensystem«. Und diese Verbindung funktionierte hervorragend. Reich und Kirche waren sich darin einig, daß sie beide nach dem *salus populi christiani,* dem Heil für das christliche Volk strebten. So war es nur gerechtfertigt und konsequent für beide Seiten, daß der Bischof sich für das Reich genauso einsetzte wie der Herrscher für die Kirche.

Erzbischof Brun – der treueste Helfer

Brun als der erste Vertreter dieses Systems war dem König zeit seines Lebens eine verläßliche Stütze. Er hielt Otto I. in den Krisenzeiten des Konfliktes mit Liudolf den Rücken frei, schulte in Köln fähigen geistlichen Nachwuchs, zog mehrmals an

Brun ist hier in seiner Doppelfunktion als Erzbischof und Herzog dargestellt. Er trägt das Ornat des Erzbischofs und die Miniatur seines Domes in der linken Hand, in der rechten – der wichtigeren! – Hand aber hält er das weltliche Machtsymbol, eine Lanze mit einer Fahne daran. Das Ende der Lanze steht direkt über dem Kopf einer Person, die darunter auf dem Boden kauert: es ist der entmachtete Vorgänger Bruns als Herzog, Konrad von Lothringen. Das Medaillon über Bruns Haupt weist ihn als Sohn von Königin Mathilde und König Heinrich I. aus

Aus dem Miszellankodex, 1200/1230, Rheinisches Bildarchiv Köln

der Spitze eines Heeres ins Feld und vertrat seinen königlichen Bruder während dessen Abwesenheit als Reichsverweser und Erzieher des minderjährigen künftigen Nachfolgers, Ottos II.

Immer wieder trafen der König und sein Bruder zusammen: Im Mai 956 fand in Köln ein großer Reichstag statt. Brun beriet den König, was mit dessen besiegtem Sohn Liudolf geschehen sollte und plädierte für

Milde: Man beschloß, den rebellischen Sohn nach Italien zu schicken. Zwei Jahre später war Otto wieder in Köln. Er kam rheinabwärts mit dem Schiff und trauerte um Liudolf, der inzwischen in Italien gestorben war. Brun tröstete ihn. Zu Pfingsten 965 sahen die beiden Brüder sich zum letzten Mal. Brun hatte alles für einen glanzvollen Reichstag vorbereitet. Otto, eben erst als Kaiser aus Italien zurückgekehrt, stand im Mittelpunkt eines Ereignisses, in dem sich das ganze Königshaus selbst darstellte und feierte. Alle führenden Repräsentanten des Reiches, die ganze Herrscherfamilie einschließlich der alten Königin Mathilde, der Frau Heinrichs I., waren anwesend. Das Fest in dem burgähnlichen erzbischöflichen Palast südlich des Domes demonstrierte die ganze Machtfülle und europäische Verflechtung des Herrscherhauses. Die Wahl Kölns als Versammlungsort war sicher auch eine Verbeugung vor den politischen und persönlichen Verdiensten Bruns. Der Zeitgenosse Ruotger berichtet:

»Während der heiligen Feier bedachten sie einander mit so großen Ehren, wie sie Sterblichen sonst nie gewährt wurden. Es ist nämlich gewiß, daß keine Stätte jemals durch solche Feierlichkeiten und solchen Glanz von Menschen jeglichen Geschlechts, Alters und Ranges ausgezeichnet worden ist«.

Wenige Monate später starb Brun im Alter von 40 Jahren – in dieser Zeit eine durchaus normale Lebenserwartung. Man bestattete ihn in seiner Kirche zu Köln und sprach ihn schließlich heilig. Otto I. hatte seinen treuesten Helfer verloren.

Der heilige Tag in Frankfurt

Zum Weihnachtsfest des Jahres 941 war Otto I. mit seinem Gefolge aus Thüringen kommend die fränkische Saale abwärts nach Frankfurt gezogen. Er hatte ein schwieriges Jahr hinter sich und wollte in seiner Pfalz in würdigem Rahmen die Geburt Christi feiern. Sein jüngerer Bruder Heinrich konnte sich einfach nicht damit abfinden, daß er von der Herrschaft ausgeschlossen bleiben sollte, und hatte schon zum zweiten Mal eine Verschwörung angezettelt. Der König sollte umgebracht werden, Heinrich wollte die Krone für sich. Aber das Komplott wurde entdeckt und nun saß Heinrich in Ingelheim in Haft und erwartete sein weiteres Schicksal – das glaubte zumindest der König. Tatsächlich aber war Heinrich mit Hilfe eines Mainzer Geistlichen aus der Haft geflohen und befand sich auf dem Weg von Ingelheim nach Frankfurt.

Der weihnachtliche Bußgang

König Otto war in Frankfurt am Weihnachtsmorgen gerade auf dem Weg zur Frühmesse, da tauchte plötzlich sein jüngerer Bruder vor ihm auf – barfuß und in zerrissener Kleidung. Er warf sich vor dem König zu Boden und bat um Verzeihung für den geplanten Mord. Nicht ohne Grund hatte Heinrich gerade diesen Tag für seinen Bußgang gewählt. Weihnachten war ein heiliger Tag, an dem der König als frommer Christ ganz besonders zur königlichen Tugend der Milde verpflichtet war. Und tatsächlich hob der König seinen rebellischen Bruder vom Boden auf und begnadigte ihn. Zum Dank soll Heinrich seine Tochter dem Kloster Gandersheim übergeben haben.

Heinrich hatte sicher ganz bewußt den Weihnachtstag für seine Aktion gewählt, um die Versöhnung mit dem

König zu erreichen, denn »heilige Tage« spielten im politischen Denken des Mittelalters eine große Rolle.

»Heilige Tage« für politische Aktionen

Ähnlich dem rebellischen Heinrich bemühten sich auch die Herrscher, wichtige Handlungen auf die hohen Kirchenfeiertage zu legen. Wahlen und Krönungen, Reichstage, Staatsverträge, der Beginn von Heerfahrten und der Abschluß von Friedensverträgen fanden nach Möglichkeit an den großen Kirchenfesten des Jahres statt.

Ganz bewußt legte Otto I. etwa die Krönung seines sechsjährigen Sohnes auf das Pfingstfest des Jahres 961. Otto wollte nach Italien ziehen und deshalb zuvor sein Haus bestellen und die Nachfolge gesichert wissen. Am Pfingstsonntag, dem 26. Mai 961, wurde in feierlicher Form die Krönung des Kindes in Aachen vollzogen, und zwar »nachdem sieben Wochen seit Ostern vergangen waren, am Tag Pfingsten und zu derjenigen Stunde, in welcher der Heilige Geist auf die Jünger kam, an den 7. Kalenden des Juni, am 7. Mondtag, im 7. Jahr seines Lebens«. Hier war wirklich nichts dem Zufall überlassen. Religion und Politik verschränkten sich, Himmlisches und Irdisches verschmolzen. Christus war gerade an den Festtagen seinen Menschen besonders nahe. Sein Schutz und Segen wurde den Menschen, ihren Taten und Plänen an diesen Tagen besonders zuteil. Ihr Tun erhielt eine höhere Legitimation, wenn es mit den heiligen Tagen des Jahres verknüpft war.

Auch Otto hielt sich an diese eherne Regel. An Pfingsten ließ er seinen Sohn krönen. An Mariä Himmelfahrt, dem 15. August, brach er nach Italien auf. Ja, selbst die Schlacht auf dem Lechfeld fand – Zufall oder nicht – am Tag des heiligen Laurentius statt. Auch die meisten Hoftage wurden zeitgleich mit den großen Kirchenfesten abgehalten, um Gottes besonderen Segen für die Planungen und Beschlüsse zu erwirken.

Dieses magische Denken liegt uns heute eher fern. Welcher Politiker hätte schon Lust, seine Weihnachtsferien zu unterbrechen und ausgerechnet am Weihnachtstag im Bundestag über ein wichtiges Gesetz abzustimmen? Im Mittelalter aber glaubte man an die segnende Kraft der heiligen Tage für alle wichtigen politischen Entscheidungen.

Der Rhein-Main-Raum – Drehscheibe des Reiches

Zu Zeiten Ottos I. war dabei immer wieder Frankfurt der Versammlungsort für wichtige Reichstage, so an Weihnachten 946, 951 und 959.

Ungewöhnlicherweise berief der König die meisten großen Zusammenkünfte des Reiches nicht nach Sachsen, in seine Heimat ein, die er doch ansonsten so bevorzugte.
Fast zwei Drittel der großen Reichsversammlungen fanden in Franken und Niederlothringen statt: in Köln, Aachen und Frankfurt. Gerade im Mündungsraum von Rhein und Main traf der König besonders oft mit den Bischöfen, Äbten, Herzögen und Grafen seines Reiches zusammen und an dieser Tatsache sollte sich auch in den kommenden Generationen unter Ottos Nachfolgern nichts ändern. Das Gebiet um Frankfurt, Worms und Mainz war und blieb die Drehscheibe des Reiches, der Mittelpunkt, denn es verfügte über genügend repräsentative Zentren und hatte zudem einen unschlagbaren Vorteil: Es war von allen Reichsteilen aus gleichermaßen gut zu erreichen.

Die großen politischen Zusammenkünfte verlangten einen hohen organisatorischen Aufwand. Schließlich mußten die Termine rechtzeitig in allen Teilen des Landes bekanntgegeben werden, damit sich die Betroffenen darauf einrichten konnten. Im Terminkalender des Königs wurden daher grundsätzlich die Aufenthaltstermine für die Orte, an denen die wichtigsten Kirchenfeste und die Reichsversammlungen stattfinden sollten, zuerst festgelegt. Sie bildeten gleichsam das Gerüst der Reiseplanung, um das herum sich die restliche Reiseroute vorbereiten ließ. Die wichtigsten Termine wurden meist schon ein Jahr vorher festgelegt. Boten trugen die Kunde in die betroffenen Orte. Dies war besonders wichtig, da der König ja mit großem Gefolge kam und auch die Großen des Reiches würdig, und das heißt mit repräsentativer Begleitung auftreten wollten. Gerade im frühen Mittelalter maß sich die Bedeutung einer Person noch ganz unmittelbar an der Größe ihres Gefolges.

Manchmal gab es aber auch unvorhergesehene Schwierigkeiten. So wollte Otto I. im Jahr 953 das Osterfest eigentlich in Ingelheim begehen. Als er aber von den Umsturzplänen seines Sohnes Liudolf erfuhr, zog er weiter nach Mainz. Dort fühlte er sich jedoch nicht sicher genug und beschloß daher, das Osterfest in Aachen zu begehen. Dies erwies sich laut einer Quelle als unmöglich, » nichts war für ihn würdig vorbereitet« und so mußte der König schließlich notgedrungen das Osterfest in Dortmund feiern – keineswegs ein genügend repräsentativer Ort für das höchste Fest des Jahres!

Im königlichen Troß

Ständig begleitete eine gewaltige Menschenmenge unterschiedlichen Ausmaßes den König auf seinen Reisen. Manch ein weltlicher oder geistlicher Würdenträger begleitete den Herrscher nur ein Stück der Strecke und zog dann wieder nach Hause. Schaulustige, Bittsteller und Rechtsuchende fanden sich am Weg ein. Für ihre Versorgung war der König nicht zuständig, wohl aber für sein ständiges Gefolge, das er beköstigen und beherbergen mußte. Wie groß diese ständige Begleitung war, können wir nur schätzen, wohl einige 100, vielleicht an die 1000 Personen. Für ihre Unterbringung und Verpflegung war der König verantwortlich, denn sie standen schließlich in seinen Diensten. Eine Quelle berichtet uns, wenn auch wohl mit großer Übertreibung, im Jahr 968 habe der Verbrauch des königlichen Hofes an einem Tag folgendes umfaßt: »1000 Schweine und Schafe, 10 Fuder Wein, ebensoviel Bier, 1000 Malter Getreide, 8 Rinder und noch einiges mehr«.

Jeder Aufenthalt des Königs war unter diesen Bedingungen eine gewaltige Belastung, die sich nur verkraften ließ, wenn man frühzeitig über den Besuch des Königs informiert war und Vorräte anlegen konnte.

Feste mit großem Aufwand

Der Aufwand wurde noch gesteigert, wenn an einem Ort eine Reichsversammlung stattfand. Dann reisten weitere mächtige Persönlichkeiten mit ihrem Gefolge an. Auch wenn der König für deren Versorgung nicht zuständig war, mußten doch alle wenigstens ein Lager für die Nacht finden. Bei großen Festlichkeiten stellte man dafür nicht nur Zelte auf, sondern errichtete sogar provisorische hölzerne Gebäude. Die anschaulichste Beschriebung einer großen Reichsversammlung stammt aus der Zeit Friedrichs I. Barbarossa veranstaltete zu Pfingsten (!) 1184 ein dreitägiges Hoffest. Auch Graf Balduin von Hennegau war geladen. Einer seiner Gefolgsleute berichtet:

»Graf Balduin von Hennegau machte sich mit wackeren und erfahrenen Männern, die prunkvolle seidene Gewänder trugen, zu dem Hoftag von Mainz auf. Er traf mit einer großen und köstlichen Ausrüstung, vielen silbernen Geräten und allem, was man bedarf, sowie einer würdig geschmückten Dienerschaft an der Vigil [Vorabend] von Pfingsten in Mainz ein. Wegen der großen Menschenmenge, die zu diesem Fest herbeiströmte, hatte der Herr Kaiser auf den Wiesen vor Mainz auf dem rechten Rheinufer seine und aller Fremden Zelte aufgeschlagen und große Notbauten errichten lassen. Die Zelte des Herrn Grafen von Hennegau übertrafen die aller übrigen Großen an Zahl und Schönheit. Aus dem ganzen Reich nördlich der Alpen war zu diesem Hoftag eine solche Menge von Fürsten, Erzbischöfen, Bischöfen, Äbten, Herzögen, Markgrafen, Pfalzgrafen, Edelleuten und Dienstmannen erschienen, daß nach einer glaubwürdigen Schätzung siebzigtausend Ritter zugegen waren.«

Das dreitägige Fest endete mit einem düsteren Paukenschlag: »Am Dienstag erhob sich gegen Abend ein Sturm und warf die Kapelle des Kaisers sowie einige Häuser, die man wegen der Menge des Volkes am Rheinufer erbaut hatte, um. Die Trümmer erschlugen einige Leute, viele Zelten wurde zerrissen, und alle Menschen befiel Furcht« – auch das prächtigste Fest eines noch so großen Herrschers war den Naturgewalten ausgeliefert.

Die »Gefährtin der Herrschaft« auf Reisen

Wenn wir vom Gefolge des Königs sprechen, müssen wir natürlich auch an die Königin denken.

Im Jahr 946 starb Ottos erste Frau, die angelsächsische Königstochter Edgitha, mit der er 17 Jahre lang verheiratet war und die ihm zwei Kinder geboren hatte, in Magdeburg. Der König erhielt die Nachricht auf der Jagd. Er eilte nach Magdeburg und ließ seine geliebte Gattin in der Kirche des Moritzklosters, welche sich noch im Bau befand, beisetzen.

Fünf Jahre später entschloß er sich zu einer zweiten Ehe. Aus dem politisch zerrissenen und umkämpften Italien war ein Hilferuf gekommen. Adelheid, die junge Witwe des letzten Königs von Italien, war in die Hände ihrer Feinde gefallen. Ihr Gegner, Berengar von Ivrea, hatte sich zum König krönen lassen und Adelheid in seine Gewalt gebracht. Nachdem Adelheid nicht bereit war, ihre Ansprüche auf die Herrschaft in Italien aufzugeben, beraubte Berengar, der neue König, Adelheid ihres Schatzes und ihrer Geschmeide. Man schlug und trat sie, schnitt ihr das Haar ab und setzte sie in der Burg Garda gefangen. Empört wandten sich ihre Anhänger an den deutschen König um Hilfe. Die Quellen erzählen, schön, klug und hilflos sei die 20jährige Königin gewesen und deshalb habe sich Otto I. zur Hilfe entschlossen. Aber das ist sicher nicht einmal die halbe Wahrheit. Entscheidend waren Ottos politische Interessen an der Herrschaft in Italien und sicher auch das Vorbild Karls des Großen, der den Weg nach Süden wies. So rüstete Otto im Sommer 951 zu seinem ersten Zug nach Italien. Er war schon auf dem Weg über die Alpen, da gelang Adelheid unter abenteuerlichen Umständen die Flucht aus der Kerkerhaft, nachdem ein Geistlicher und eine Dienerin einen unterirdischen Fluchtweg aus dem Gefängnis gegraben hatten. Der Bischof von Reggio nahm die Entflohene auf und geleitete sie in eine unbezwingliche Burg.

Mühelos eroberte Otto mit seinem stattlichen Heer die damalige Hauptstadt des Königreichs Pavia und nahm ohne besondere Wahl und Krönung den Königstitel an. Daraufhin bat er Adelheid, ihrerseits nach Pavia zu reisen. Ehrenritter zogen ihr entgegen, mit großem Gefolge traf sie in der Hauptstadt ein und – so die Quellen – Otto warb mit Geschenken um ihre Liebe. Im Oktober 951 heiratete der 39jährige König die 20jährige Adelheid in Pavia. Er sicherte sich damit nicht nur eine zusätzliche Legitimation für seinen Königstitel, sondern bekam nun auch eine starke und einflußreiche Frau an seine Seite, welche ihre Gefangenschaft nie vergessen sollte. Sie ließ die Daten der schrecklichen Ereignisse in ein Kalendar eintragen, um ihrer jedes Jahr zu gedenken.

Darstellung eines Königspaares in einem Psalter aus dem 9. Jahrhundert

Illustration zu Psalm 44, 10 ff., Saint-Germain-des-Prés um 830; Landesbibliothek, Stuttgart, Bilderpsalter fol. 57ᵛ

Frauenherrschaft – nur eine Ausnahme

Die Welt des Mittelalters war eine Männerwelt. Frauen galten als Wesen mit minderen Rechten. Dies ergab sich schon aus der Bibel. Eva war aus der Rippe Adams geschaffen und hatte sich zudem von der Schlange verführen lassen. Selbst eine Frau wie Hrotsvith von Gandersheim schrieb, Frauen seien gebrechlicher und von geringerem Wissen als Männer. Die Frau unterstand der Gebotsgewalt des Mannes – es sei denn, er war abwesend oder starb. In diesen Fällen konnte die Frau die Entscheidungen treffen, Burgen verteidigen, für ihre minderjährigen Söhne regieren. Immer aber blieb dies eine Übergangssituation. Eine dauernde Frauenherrschaft erschien als unakzeptabel.

Königin – keine leichte Aufgabe

Selbst die Königin war ihrem Mann nicht gleichgestellt, obgleich sie wichtige Aufgaben zu erfüllen hatte. Sie führte die Oberaufsicht über den ganzen königlichen Haushalt und war für die ständige Verlegung der königlichen Hofhaltung von Ort zu Ort mit all ihren technischen Problemen verantwortlich. So ist aus Adelheids Lebenszeit ein Brief erhalten, in dem sie Anweisungen für die Aufnahme des Hofstaates in Würzburg gibt.

Organisationstalent und Persönlichkeit waren gefragt

Die Königin wachte über die Dienerschaft und sorgte für das *ornamentum regale,* also alles, was den repräsentativen Schmuck des königlichen Auftretens betraf, von den Teppichen bis zum Tafelgeschirr. Sie kümmerte sich um die Geschenke, welche die Vasallen und Gäste von einem freigebigen König erwarteten. Viele Bittsteller wandten sich an sie, in ihrer Funktion als Fürsprecherin vor dem König. Schließlich war die Königin, so sie die Persönlichkeit dazu hatte, eine der engsten politischen Ratgeberinnen des Herrschers. Und Adelheid, die dem König in kurzer Folge vier Kinder gebar, verfügte über eine starke

Persönlichkeit. Selbst die spröde Sprache der Urkunden dieser Zeit wirft ein Schlaglicht darauf. Otto I. nennt sie in seinen Verfügungen nicht nur »unsere liebste Frau«, sondern wieder und wieder auch die *consors regni nostri*, »die Gefährtin unserer Herrschaft«. Ja für ihn war sie sogar die *particeps imperii nostri*, die »Teilhaberin unserer Herrschaft«. Offensichtlich wirkte sie bereits zu Ottos Lebzeiten intensiv an den Regierungsgeschäften mit.

Die Hierarchie im Himmel. Auch in der Rangordnung des Himmels stehen die Frauen ganz unten

Reisten die Königinnen?

Über den Reiseweg der Königinnen weiß man wenig. Sie waren häufig, obgleich nicht immer mit dem Herrscher unterwegs. Auf Kriegszügen begleiteten sie den König in aller Regel nicht, auf den Zügen nach Italien nicht immer. War die Königin allein, betraute ihr Gatte sie oftmals mit Sonderaufgaben. Auch ihr stand auf ihrem Reiseweg das königliche *servitium* zu, das heißt in den Pfalzen und Gütern des Königs wurde sie selbstverständlich würdig aufgenommen und mit ihrem Gefolge beherbergt und verköstigt. Adelheid sollte ihren Mann um viele Jahre überleben. Erst nach seinem Tod kam die Zeit ihrer größten politischen Bedeutung: Eine Zeit lang führte sie für ihren Enkel, den dreijährigen Otto III., die Regentschaft. Da lag Otto der Große, ihr Gemahl, schon 26 Jahre lang im Magdeburger Dom begraben.

Magdeburg – das Bett des Königs

Magdeburg war immer Ottos Lieblingsstadt gewesen. Bereits seit 929, noch vor seiner Erhebung zum König, hatte er mit seiner ersten Frau Edgitha die meiste Zeit hier gelebt. Nachdem er 936 den königlichen Thron bestiegen hatte, hielt er sich an keinem anderen Ort so häufig auf – wir wissen von 22 Aufenthalten, zumeist in der warmen Jahreszeit.

Die Stadt lag am äußersten Rand des Reiches, an der Grenze zwischen dem christlichen Sachsen und den heidnischen Slawenstämmen östlich der Elbe, die in lockeren Stammesverbänden organisiert waren. Mehrere Handelsstraßen aus Westen, Süden und Südwesten trafen sich hier an einer Stelle, an der die Elbe besonders leicht zu überqueren war:

Otto hatte die Stadt als Zentrum der Mission und Expansion nach Osten auserkoren. Von hier aus sollten die slawischen Gebiete bis nach Rußland hinein unter den Einfluß des Reiches kommen. Magdeburg sollte sogar die Grablege der königlichen Familie aufnehmen und – wie Aachen für Karl den Großen – zum neuen Rom, zur *Roma nova* werden.

Reliquien und italienische Säulen für Magdeburg

Jahrelang arbeitete Otto mit der größten Zähigkeit auf dieses Ziel hin.

Sakramentar von Metz,
Mitte 9. Jahrhundert; Metz, fol. 5v

Zunächst gab es hier nur ein Kloster, das dem heiligen Mauritius geweiht war. Mauritius gehörte zu den Heiligen, die wie Sebastian, Georg und Martin in ihrem Leben Soldaten gewesen waren und deshalb in besonderer Weise die kirchliche Heiligung des Waffenhandwerks zum Ausdruck brachten. Für einen Ort, der sich der Expansion in religiöser wie militärischer Hinsicht verschrieben hatte, sicher ein adäquater Heiliger. Otto war von der Richtigkeit dieser Verbindung aus Mission und Herrschaftsausdehnung überzeugt. »Wir glauben«, so erklärte er feierlich, »daß die Mehrung der Verehrung Gottes das Heil und den Bestand unseres Königs- und Kaiserreiches gewährleistet«.

Zunächst begann Otto damit, die Kirche des Magdeburger Klosters in eine repräsentative Kathedrale umzubauen. In einer Quelle heißt es: »Er ließ durch seinen Kapellan Dodo

Otto I. stiftet Christus den Magdeburger Dom. Die 11 mal 10 Zentimeter große Elfenbeinplatte zeigt den endzeitlichen Christus, der auf dem Regenbogen thront. Die kleinste Gestalt zur Rechten Christi ist Kaiser Otto, erkennbar am Kronreif. Mit ehrfürchtig verhüllten Händen präsentiert er Christus seine Gründung, Magdeburg. Hinter ihm stehen der heilige Mauritius, der Patron von Magdeburg, und der heilige Michael. Zur Linken Christi ist nur Petrus identifizierbar

viele Leiber von Heiligen aus Italien nach Magdeburg bringen. Auch kostbaren Marmor, Gold und Edelsteine ließ der Caesar nach Magdeburg schaffen. Er befahl, in alle Säulenkapitelle sorgsam Heiligenreliquien einzuschließen. Im Jahr 961 wurde ihm zu Regensburg samt anderen Heiligen-

Urkunde Ottos I. für Magdeburg. Im Oktober 968 ließ Otto I. in Ravenna diese Urkunde ausfertigen. Sie betraf das künftige Erzbistum Magdeburg, das Otto in jahrelangen Bemühungen zum Erzbistum und wichtigsten Zentrum der Ostmission ausbaute. Die Urkunde trägt das Kaisersiegel Ottos. Gut erkennbar ist der Vollziehungsstrich, den der Kaiser eigenhändig als Querstrich in sein Monogramm setzte

Oben: The Metropolitan Museum of Art, New York, Gift of George Blumenthal 1941 (Acc. No. 41.100.157)
Unten: Landeshauptarchiv Sachsen-Anhalt, Magdeburg, Rep. U I Tit. I. Nr. 31

partikeln der Leib des heiligen Mauritius und einiger seiner Gefährten überbracht. Dies alles sandte er in gebührender, tiefer Verehrung nach Magdeburg«.

Mit der Überführung der Säulen aus Italien hatte sich Otto bewußt am Vorbild des großen Karl orientiert. Als der Dom im Jahr 1207 abbrannte, rettete man die Säulen für den Neubau. Noch heute stehen sie im Chor der Kirche.

Blick in den Chor des Magdeburger Domes. Nach einem Brand im Jahr 1207 wurde an der Stelle der ottonischen Kirche ein Neubau errichtet. Die kostbaren Säulenschäfte aus Marmor, Porphyr und Granit, die Otto I. für seine Kirche aus Italien hatte herantransportieren lassen, wurden in den Chor des Neubaus integriert

Choransicht mit antiken Säulen-Spolien; Dom, Magdeburg

Bistumsgründungen

Im Jahr 961, anläßlich seiner Kaiserkrönung, erlangte Otto die Erlaubnis des Papstes, das Magdeburger Moritzkloster in ein Erzbistum umzuwandeln und auch noch weitere Bistümer zu gründen, wenn es ihm nötig schien. Ausdrücklich begründete der Papst diese sehr weitgehenden Rechte mit Ottos Verdiensten als Heidensieger – gedacht war dabei natürlich in erster Linie an den Sieg über die Ungarn auf dem Lechfeld. Wir sehen daran, wie stark damals – auch in den Augen der Kirche – das Königtum eine selbstverständliche religiöse Verankerung hatte.

Innenpolitisch gab es zunächst gegen Ottos Projekt erhebliche Widerstände, vor allem durch die Bischöfe der Nachbardiözesen, die sich in ihren Rechten beschnitten fühlten. Doch schließlich setzte Otto gegen vielfache Widerstände die Erhebung Magdeburgs zum Sitz eines neuen Erzbistums durch. Am Weihnachtstag 968 wurde der erste Erzbischof mit großer Feierlichkeit in Magdeburg geweiht.

Ein prunkvoller Palastbau

Gleich neben der Kathedralkirche, auf dem felsigen Domhügel, ließ Otto seinen Palast errichten – eine damals einzigartige Anlage, von der heute freilich nur noch Fundamentreste erhalten sind. Der Palast mit einem großen Empfangssaal und dem Kaiserthron im ersten Stockwerk lehnte sich bewußt an große Vorbilder an: an den Thronsaal Konstantins des Großen in Trier und natürlich an die Pfalz Karls des Großen in Aachen.

Otto und seinen weltlichen und geistlichen Helfern gelang es tatsächlich in einer Mischung aus Mission und Krieg, durch die Einsetzung von Markgrafen und die Gründung von Bistümern, den Einfluß des Reiches und der Kirche bis zur Oder vorzuschieben.

Freilich, in den letzten Jahren war Otto selbst an dieser Expansionspolitik gar nicht mehr persönlich beteiligt, denn vom Sommer 966 bis zum Sommer 972, volle sechs Jahre lang, hielt er sich in Italien auf.

Blick auf die Ausgrabungen der ottonischen Pfalz in Magdeburg

Pfalz, 10.-11. Jahrhundert, Ansicht der Ausgrabungen der Akademie der Wissenschaften, Magdeburg

Im Bett des Herrschers

In Sachsen ließ er sich währenddessen durch den Herzog Hermann Billung vertreten. Da geschah im Jahr 972, während Ottos I. Abwesenheit, Aufsehenerregendes:

Anläßlich einer Stammesversammlung empfing der Erzbischof von Magdeburg Ottos Stellvertreter, den Herzog Hermann Billung, wie einen König. Er gewährte ihm den rituellen Empfang, der eigentlich nur dem Herrscher zustand, und geleitete ihn in einer Prozession unter Glockengeläut in die Kirche. Danach nahm der Herzog an der Tafel, im Kreis der Bischöfe, den Platz des Herrschers ein und schlief, um das Ganze auf die Spitze zu treiben, im Bett des Königs!

In einer Zeit der Symbolsprache war dies ein ungeheuerlicher Vorgang. Der Herzog hatte das feierliche Zeremoniell, das nur dem Herrscher zukam, usurpiert, er hatte sich an dessen Stelle gesetzt und darüber hinaus das Intimste, dessen Bett, in Besitz genommen!

Diese Provokation war die Antwort darauf, daß sich der Kaiser schon seit Jahren nicht mehr in seinen Stammlanden hatte sehen lassen, es war ein Warnsignal, daß die Widerstände gegen Ottos Italienpolitik wuchsen. Ja, in Sachsen wurden bereits Gerüchte ausgestreut, der Kaiser sei inzwischen in Italien gestorben. Die Stimmung war denkbar schlecht.

Die königliche Reaktion

Endlich aus Italien zurückgekehrt, mußte der Kaiser auf diese Provokation reagieren. Im Frühjahr 973 hielt er deshalb einen prunkvollen Einzug in Magdeburg. Thietmar von Merseburg berichtet:

»Wie gewöhnlich an allen Festtagen ließ er sich in prunkvoller Prozession von Bischöfen und dem übrigen Klerus, dem Range nach geordnet, mit Kreuzen, Heiligenreliquien und Rauchfässern zur Vesper, Matutin und Messe in die Kirche geleiten. Hier stand und saß er bis ans Ende des gesamten Gottesdienstes in großer Gottesfurcht und sprach nur Gebete. Dann ging er, von vielen Kerzen geleitet und mit einem großen Gefolge von Priestern, Herzögen und Grafen in sein Gemach zurück. Am folgenden Tag übergab er zum Heile seiner Seele Gott und seinem unbesiegbaren Feldherrn Mauritius (dem Patron der Bischofskirche) unbeschreiblich reiche

Geschenke an Höfen, Büchern und anderem königlichen Gerät.«

Schon die Tatsache, daß die Chronik diesen scheinbar normalen Einzug des Herrschers in seine Stadt überhaupt für berichtenswert hielt, zeigt, daß man dem Auftreten des Herrschers doch eine besondere Bedeutung zumaß. Ottos eigener, glänzender Einzug sollte die Erinnerung an das provokante Auftreten Herzog Hermanns auslöschen und förmlich überstrahlen. Der Zeitpunkt, den er für seinen Einzug in Magdeburg wählte, macht das bewußte Kalkül des Königs deutlich: es war der Palmsonntag, der Tag, an dem Christus in Jerusalem eingezogen war!

Man weiß nicht, wie der König die Anmaßung seines Stellvertreters in Sachsen zu bestrafen gedachte, denn elf Tage nach jenem Palmsonntag starb Herzog Hermann. Und auch der König, der sich an jenem Palmsonntag selbst wieder symbolisch in seine alten Rechte eingesetzt hatte, überlebte den Magdeburger Empfang nur noch um wenige Wochen. Am 6. Mai 973 traf er nach einem glänzend besuchten österlichen Hoftag in Quedlinburg schon mit angegriffener Gesundheit in seiner Pfalz Memleben ein, am Tag darauf befiel ihn ein Fieber und er starb noch am selben Abend im Alter von 60 Jahren.

Es war sein ausdrücklicher Wunsch gewesen, im Dom »seiner« Stadt Magdeburg neben seiner ersten Frau Edgitha beerdigt zu werden. So geschah es auch: »Seine mit Spezereien bereitete Leiche überführte man nach Magdeburg, wo sie unter großen Ehren in tiefer Trauer empfangen und in einen marmornen Sarkophag gelegt wurde«, schrieb ein Zeitgenosse. Auf dem Deckel des Sargs brachte man folgende Inschrift an: »Drei Gründe der Trauer sind unter diesem Marmor eingeschlossen: Der König, der Stolz der Kirche, die höchste Ehre des Vaterlandes.« Noch heute steht der schlichte Sarkophag Ottos I. im Magdeburger Dom.

Links: Der steinerne Reiter zeigt den Herrscher beim Einritt in seine Stadt. Diese Statue aus dem 13. Jahrhundert stellt vermutlich Otto I. dar und bezieht sich vielleicht sogar konkret auf den Empfang des Herrschers am Palmsonntag des Jahres 973. Der Bildhauer hat den König mit geöffnetem Mund und befehlender Geste dargestellt, in dem Moment, in dem er seinem Willen Ausdruck verleiht

Rechts: Grab Ottos des Großen im Magdeburger Dom. Der schlichte Sarkophag ist mit einer großen Marmorplatte bedeckt, die vermutlich aus Ravenna importiert wurde. Ursprünglich umzog wohl ein breiter Streifen aus Goldblech mit einer Inschrift die Marmorplatte

Links: Reitersäule, Magdeburg
Rechts: Grab Ottos des Großen, Dom, Magdeburg

Von der Reform zum Konflikt

Königtum und Kirche

Wenige Tage vor Weihnachten 1046 trat in der kleinen Stadt Sutri, eine Tagesreise nördlich von Rom, eine Kirchenversammlung zusammen. König Heinrich III. (1039–1056) hatte sie hierher einberufen mit dem Ziel, unter seinem Vorsitz über die chaotischen Zustände in Rom zu entscheiden. Dort rivalisierten drei Päpste zeitgleich um den Stuhl des heiligen Petrus. Die Papstwürde war ein Spielball des römischen Stadtadels geworden, der die Päpste nach Gutdünken bestimmte. Da der römische Adel zerstritten war, erhob jede Fraktion ihren eigenen Papst. Die kirchliche Eignung spielte dabei keine Rolle. Einer der drei Kandidaten hatte noch nicht einmal die kirchlichen Weihen erhalten, als man ihn zum Papst erklärte. An seinem weltlichen Lebenswandel gedachte er auch in seiner neuen Würde nichts zu ändern. Der zweite Papst war mittels Bestechung und durch Druck von außen auf den Heiligen Stuhl gekommen, trat aber dann gegen eine erhebliche Summe seine Würde an einen dritten Kandidaten ab. Die Verhältnisse waren verworren und himmelschreiend. Rom, die Stadt der ersten Christen und der Märtyrer, die Mutter der abendländischen Kirche, war versunken in einem Morast aus Korruption, Parteienstreit und Verkommenheit. Heinrich III. war entschlossen, damit aufzuräumen. Seine Stellung als *Christus Domini,* als »Gesalbter des Herrn« verlangte dies. Er fühlte sich für den moralischen Zustand der Kirche verantwortlich. So wurden in Sutri alle drei Päpste abgesetzt. Einen führte man, um Unruhen in Rom zu verhindern, sogar als Gefangenen nach Deutschland. Auf den Vorschlag des Königs hin wählte die Kirchenversammlung schließlich einen Deutschen zum Papst, einen Mann, den Heinrich III. bestens kannte, denn Suitger, der sich nun Clemens II. nannte, war zugleich Bischof von Bamberg. Die erste Amtshandlung des neuen Papstes war es, am Weihnachtstag 1046 in Rom die Kaiserkrönung an Heinrich III. und seiner Gemahlin Agnes zu vollziehen.

Die »Mutter aller Kirchen« am Wendepunkt

Die Ereignisse von Sutri markierten den Höhepunkt bezüglich der Kirchenhoheit des deutschen Königs. Er entschied nicht nur über die Besetzung der Bistümer in seinem Reich, sondern selbst über die geistliche Führung der lateinischen Christenheit, die Nachfolge des heiligen Petrus. Heinrich III. wollte Rom endlich herausreißen aus der Verstrickung der Lokalinteressen, aus dem Sumpf des Parteienhaders. Die römische Kirche, die »Mutter aller Kirchen«, wie Otto III. sie genannt hatte, sollte wieder zu einer moralischen Instanz werden. Er konnte nicht ahnen, daß er damit eine epochale Wende einleitete, ja den Anstoß zu einer Revolution gab, die die politische und geistige Welt des Mittelalters verändern und darüber hin aus die Stellung seines eigenen Herrscherhauses in tödliche Gefahr bringen sollte.

Weltliche Herrschaft und Priesteramt eng verschränkt

Seit Otto I. war das Band zwischen Krone und Kirche von Generation zu Generation enger geknüpft worden:

Bischofsinvestitur. Eine um 1100 gegossene Bronzetür des Domes in Gnesen zeigt, wie Otto II. im Jahr 983 Adalbert von Prag als Bischof einsetzt

Otto II. (973–983) und Otto III. (983–1002) verfügten wie ihr Vater bzw. Großvater Otto I. über die kirchlichen Ämter. Sie statteten die Reichsabteien und die Bistümer mit großzügigen Schenkungen aus und machten sie zu bedeutenden Besitzern von Ländereien und Herrschaftsrechten. Als Gegenleistung erwarteten sie mehr als bloße Loyalität – die Kirche war die wichtigste Stütze der Könige. Sie war in die Reichsverwaltung eingebunden, leistete Abgaben, beherbergte den König, beriet in politischen Fragen und stellte Truppen für die Kriegs- und Italienzüge. Weltdienst und Gottesdienst schienen sich selbstverständlich zu ergänzen. *Regnum* und *Sacerdotium,* weltliche Herrschaft und Priesteramt, verschränkten sich. Beide Gewalten waren Glieder eines höheren Ganzen, das Christus diente. Eine Trennung beider Gewalten existierte nicht einmal in den Köpfen. So gebrauchte der König bei der Einsetzung eines neuen Bischofs in sein Amt die Worte *accipe ecclesiam* – »empfange die Kirche«. Damit waren sowohl das geistliche Amt als auch der weltliche Besitz gemeint. Als sprechendes Symbol dafür überreichte der König seit dem 11. Jahrhundert neben einem Stab auch den Bischofsring, das Symbol der mystischen Vermählung des Bischofs mit seiner Braut, der Kirche. Anschließend leistete der neu eingekleidete, »investierte« Bischof dem König den Treueeid, erst dann wurde er vom zuständigen Erzbischof konsekriert.

Die Ausbildung des Bischofsnachwuchses in der »Hofkapelle« war vorzüglich. Die Könige zeigten bei ihrer Personalpolitik zumeist eine glückliche Hand. Unter den Bischöfen des ausgehenden 10. und beginnenden 11. Jahrhunderts befanden sich eine ganze Reihe eindrucksvoller Persönlichkeiten. Kaum jemand nahm an der herrschenden Praxis Anstoß, denn der König war weit mehr als ein Laie.

Himmlisches Gold und kaiserliches Purpurrot

Überdeutlich wird seine herausgehobene Stellung in einer Buchmalerei, die um 990 für den jungen Otto III. in der Schreibstube des Benediktinerklosters auf der Insel Reichenau im Bodensee entstand. Das Widmungsbild

Dom, Gnesen

Widmungsbild für Otto III. Der Herrscher, der seine Krone von Gott erhält, ragt in den Himmel hinein, sein Thron wird von der Erde getragen. Seine Gestalt thront in der Mandorla, die sonst der Darstellung Christi vorbehalten ist

Das Evangeliar Kaiser Ottos III.; Domschatz, Aachen

des Evangeliars, das auch heute noch zum Aachener Domschatz gehört, zeigt den Kaiser an der Stelle Christi.

Himmlisches Gold und kaiserliches Purpurrot bestimmen den Farbeindruck. Der Kaiser im antiken Gewand thront in einer Mandorla. Diese spitzovale Glorie ist üblicherweise alleine dem Mensch gewordenen Christus vorbehalten. Die Haltung der ausgestreckten Arme des Kaisers erinnert an diejenige des gekreuzigten Heilands. Die Hand Gottes krönt ihn von oben. Die vier symbolisch dargestellten Evangelisten, die nach der Vision des Propheten Hesekiel, Kap. 1, 10, die Herrlichkeit Gottes begleiten, halten ein weißes Schriftband, dessen Text wir auf der gegenüberliegenden Seite vorfinden: »Möge, o Kaiser Otto, Gott

Geleitet von zwei Bischöfen, die seine Arme stützen, zieht Heinrich II. in eine Kirche ein. Die Feierlichkeit der Szene wird dadurch unterstrichen, daß die kirchlichen Würdenträger mit ihren Amtszeichen, dem Pallium und dem Bischofstab dargestellt sind, und der König Krone, Zepter und Reichsapfel trägt

Staatsbibliothek, Bamberg, Lit. 23, fol. 2v

dein Herz kleiden durch dies Buch«. Ottos Herz ist erfüllt von der Wahrheit des Buches der Bücher, von der Wahrheit der Evangelien. Und dies trennt ihn, hebt ihn heraus aus der irdischen Welt. Keine der anderen Figuren reicht in seine überirdische Sphäre hinein, weder die weltlichen Großen mit ihren Lehnsfahnen oder die Krieger mit ihren Buckelschilden noch die Geistlichen mit ihren verhüllten Händen. Die antike Personifikation der *terra* selbst, die zusammengekauerte Erde, trägt seinen Thron.

Die Erde ist der Schemel meiner Füße

Weit hinausgehoben über die Hierarchie dieser Welt ist der Kaiser entrückt in die Sphäre der Ewigkeit, die

Mächtigen huldigen ihm. Er herrscht wie der Allmächtige, von dem es bei Jesaja 66,1 heißt: «Der Himmel ist mein Stuhl und die Erde der Schemel meiner Füße.«

Dieser Herrscher ist die Manifestation Christi auf Erden. Er verbürgt den Zusammenhalt von Himmel und Erde, die rechte Ordnung auf der Welt – er, der *vicarius Christi,* der Stellvertreter Christi auf Erden, besitzt das Recht, auch über die Kirche zu verfügen.

Die Aussage, die das Evangeliar Ottos III. in der Bildersprache vermittelt, wurde bei jeder Krönung eines neuen Königs verbalisiert. Nach der Krönung wandte sich der Erzbischof, der die Zeremonie vorgenommen hatte, laut dem Mainzer Krönungsordo mit folgenden Worten an den neuen Herrscher:

»Stehe fest und behaupte nunmehr den Platz [...], auf daß der Mittler zwischen Gott und den Menschen dich als Mittler zwischen Klerus und Volk auf diesem Thron des Königreiches bestärke und im ewigen Reich mit sich herrschen lasse«.

Bischöfe übernehmen Königsgastung

Der Nachfolger Ottos III., der fromme Heinrich II. (1002–1024), den die Kirche später heiligsprach, intensivierte die Zusammenarbeit mit der Kirche noch weit mehr als seine Vorgänger. Alle bisherigen deutschen Könige hatten – wie schon Karl der Große – auf ihren Zügen durch das Reich überwiegend in den eigenen Pfalzen gewohnt. Jetzt trat ein tiefgreifender Wandel ein. Von nun an hatten die Bischöfe die Hauptlast der Königsgastung zu tragen. Die Bedeutung der Pfalzorte trat immer mehr zurück. Der König hielt sich meistens in den Bischofsstädten auf. Hier feierte er nun auch die hohen Kirchenfeste. Die Reichskirche trug damit die ökonomische Hauptlast der Königsgastung. Dies vermochte sie nur, weil sie auch weiterhin vom Herrscher großzügig mit materiellen Gütern und Rechten ausgestattet wurde. Angesichts der politischen Bedeutung der Bischöfe für das Reich wachte Heinrich II. mit Argusaugen darüber, daß bei der Neubesetzung der Bischofsstühle seine eigenen Kandidaten auch sicher zum Zuge kamen.

Der Schrei nach Kirchenreformen

Heinrich II. starb kinderlos. Mit ihm erlosch die Familie der Ottonen. Fast reibungslos ging die Herrschaft an die Salier über, die mit den Ottonen weitläufig verwandt waren. Auch der erste Salier auf dem Thron, Konrad II. (1024–1039), verfügte selbstverständlich über Abteien und Bistümer, und so hielt es auch sein Sohn und Nachfolger Heinrich III. (1039–1056). Dabei war gerade Heinrich III. nicht blind gegenüber den Strömungen seiner Zeit.

Aus Lothringen und dem burgundischen Cluny war schon lange der Ruf nach Reformen ins Reich gedrungen und hatte eine Atmosphäre vertiefter Frömmigkeit geschaffen. Die Regeln des heiligen Benedikt sollten in den Klöstern wieder strikt befolgt werden. Kein Priester sollte mit einer Frau zusammenleben – eine Forderung, die von großen Teilen des niederen Klerus nicht eingehalten wurde. Niemand sollte sich beim Erwerb eines geistlichen Amtes der Simonie schuldig machen, das heißt, wie der Magier Simon aus der Heiligen Schrift versuchen, geistliche Würden mit Geld zu erkaufen.

König Heinrich III. hatte sich der Reform der Kirche an Haupt und Gliedern mit ganzem Herzen verschrieben. Streng achtete er darauf, daß bei

den Bischofsbesetzungen kein Geld floß. Denn: Waren die Sakramente gültig, die ein unwürdiger, simonistischer Priester spendete? Das waren beunruhigende Fragen, die das Seelenheil jedes einzelnen Menschen betrafen.

Ein Zentrum der Verkommenheit

Es war nur konsequent, daß diese geistig-moralische Reform auch vor dem Stuhl Petri, wo die Verkommenheit am größten war, nicht Halt machen konnte. Und so war es Heinrich III. selbst, der in Sutri mit der Absetzung dreier Päpste und der Erhebung des Reichsbischofs von Bamberg zum Papst der Reform auch in Rom zum Durchbruch verhalf – nicht ahnend, in welch atemberaubendem Tempo diese Reform bald diejenigen überholte, die sie ausgelöst hatten.

Reichsbischöfe auf dem Stuhl Petri

Zunächst gestaltete sich die Zusammenarbeit zwischen Reformpapsttum und Kaiser unproblematisch. Dreimal aufeinanderfolgend wurden unter kaiserlichem Einfluß Reichsbischöfe auf den Stuhl Petri erhoben. Keinem war ein langes Leben beschieden und es gab, zumindest im Falle Papst Clemens' II., böse Gerüchte, die besagten, seine stadtrömischen Gegner hätten ihn vergiftet.

Die beiden ersten deutschen Päpste waren wegen der Kürze ihres Pontifikats nicht so recht zum Zuge gekommen, erst der dritte, Leo IX. (1049–1054), trieb die Kirchenreform einen großen Schritt weiter. Als er nach seiner Papsterhebung gekleidet wie eine Pilger in Rom einzog, befanden sich in seinem Gefolge viele Männer, die wenig später an der vordersten Front der Kirchenreform stehen sollten. Darunter der Mönch Hildebrand, der spätere Papst Gregor VII. und große Gegenspieler Heinrichs IV.

Gegen Priesterehe und Simonie

Zunehmend den universalen Anspruch Roms zur Geltung bringend, war Leo IX. rastlos in Europa unterwegs, im Kampf gegen Priesterehe und Simonie. Oft waren Papst und Kaiser monatelang gemeinsam auf Reisen. Man arbeitete im Interesse der Reform freundschaftlich zusammen.

Als Leo IX. 1054 starb, war es wieder ein deutscher Bischof, der als Viktor II. (1055–1057) die Nachfolge antrat. Ein Jahr nach seiner Erhebung stand er in der Pfalz Bodfeld im Harz am Sterbebett des erst 39jährigen Heinrich III. Der sterbende Kaiser wurde in seinen letzten Tagen von schweren Sorgen gequält. Sein Sohn und Nachfolger Heinrich IV. war erst fünf Jahre alt. Heinrich III. nahm dem Papst das Versprechen ab, für den jungen König und das Reich Sorge zu tragen. Aber bereits ein Jahr später befand sich auch Viktor II. nicht mehr unter den Lebenden. Der deutsche König war ein Kind und die Reform entglitt der Krone.

Die Reform entgleitet der Krone

Die Wahl des nächsten Papstes, Stefan IX. (1057–1058), fand bereits ohne Beteiligung des deutschen Königs statt. Die Ereignisse begannen sich zu überschlagen:

1059 schloß Rom ein Bündnis mit den jungen starken Normannenstaaten in Süditalien ab und gewann damit unversehens militärische Bundesgenossen, die es unabhängig machten von der Unterstützung aus Deutschland. Im Jahr 1061 erhob die radikale Reformergruppe um Hildebrand mit normannischer Waffenhilfe Alexander II. (1061–1073) zum Papst – einen Kandidaten, den man in Deutschland keineswegs akzeptieren wollte. Dort entschied man sich für einen Gegenkandidaten, war jedoch unfähig, die Oberhand zu gewinnen. Das König-

tum hatte den Kontakt zur Reform verloren und konnte erstmals in einem Schisma, einer zwiespältigen Papstwahl, den favorisierten Kandidaten nicht durchsetzen. Dies geschah nur 15 Jahre nach Sutri!

Während die Reformen in Rom immer weiter um sich griffen und zunehmend radikaler wurden, war das Deutsche Reich wie gelähmt: Der elfjährige König war gerade Opfer einer Entführung geworden. Seine Mutter, die fromme Agnes, war mit der Regentschaft überfordert. Ihre Reaktion auf die verfahrene Situation bestand in der Flucht: Sie zog sich aus den Reichsgeschäften zurück, nahm den Schleier und vergrub sich in Gebet und Askese. Das Reformpapsttum hatte sich vom kaiserlichen Zugriff befreit. Hinter dem neuen Papst Alexander II. stand bereits sein mächtiger Nachfolger, Gregor VII.

Oben: Krönung Ottos III.; Staatsbibliothek Bamberg, Bibl. 140 fol. 59v

Unten: Krönung Heinrichs II. und seiner Gemahlin Kunigunde; Bayerische Staatsbibliothek München, CLM 4452, fol. 2r

Von Worms nach Canossa

Heinrich IV. – das Reich in der Krise

Endlich« und »Gott sei Dank«, zwei beispielhafte Äußerungen von Hermann von Reichenau bzw. aus den *Annales Althahensis*, gaben der allgemeinen Erleichterung Ausdruck, als Kaiserin Agnes, die zweite Frau Heinrichs III., am Martinstag des Jahres 1050 vermutlich in der Pfalz von Goslar einen Sohn gebar. Vier Mädchen hatte sie schon zur Welt gebracht. Seit Jahren betete man um die Geburt eines Thronfolgers.

Heinrich III., der hier von zwei Bischöfen geleitet wird, starb 1056 mit erst 39 Jahren. Er hinterließ als Nachfolger einen knapp sechsjährigen Sohn, Heinrich IV.

Perikopenbuch Heinrichs III.; Staats- und Universitätsbibliothek, Bremen, Msb. 21, Blatt 3v

Der Säugling, dem man nach einigem Hin und Her den Namen seines Vaters Heinrich gab, war gerade sechs Wochen alt, als sich die Großen des Reiches zu Weihnachten um seine Wiege versammelten und dem noch ungetauften Kind Treue schworen. Normalerweise wurden Neugeborene so rasch wie möglich getauft, denn man fürchtete, daß ein ungetauftes Kind nach seinem Tod Höllenqualen leiden werde und die Gnade Gottes nicht erlangen könne. Bei einer Kindersterblichkeit von etwa 40% war eine rasche Taufe für das Seelenheil des Neugeborenen eine Notwendigkeit. Aber Kaiser Heinrich III. hatte besondere Pläne für seinen so lange ersehnten Sohn. Die größte geistliche Autorität der

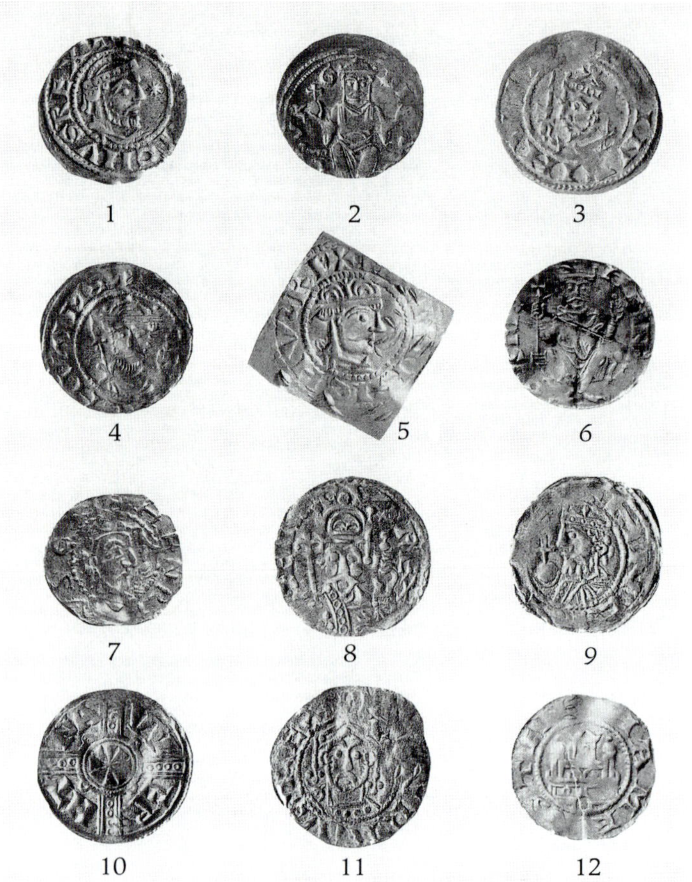

Münzen Heinrichs IV. Bedingt durch die ungewöhnlich lange und politisch sehr wechselvolle Regierungszeit Heinrichs IV. gab es unter ihm besonders viele verschiedene Münztypen. Die Münze links oben läßt zum Beispiel nicht ahnen, daß der abgebildete bärtige Mann damals noch ein Kind war

Münzkabinett der Staatlichen Museen, Berlin (Nrn. 1–4, 8–11) Kungliga Myntkabinettet, Stockholm (Nrn. 5, 6, 7, 12)

Zeit, der Abt von Cluny, sollte die Patenschaft übernehmen und zugleich die enge Verbundenheit des Kaiserhauses mit der mächtigen religiösen Reformströmung der Zeit dokumentieren. Zu Ostern 1051 war es schließlich so weit. In Anwesenheit des Taufpaten Hugo von Cluny wurde der Thronerbe in Köln vom Erzbischof getauft.

Ein Säugling auf Reisen

Die Eltern nahmen den Säugling gleich nach der Geburt mit auf Reisen: Pöhlde – Augsburg – Speyer – Köln – Regensburg. Bereits in seinem ersten Lebensjahr war das Kind schon in Sachsen, Schwaben, Franken, Lothringen und Bayern gewesen. Die Sorge, das Kind könne diese Strapazen nicht überleben, war offenbar geringer als der Wunsch – oder die Notwendigkeit – es in allen Reichsteilen als Nachfolger zu präsentieren.

Kaum drei Jahre alt, wurde Heinrich auf Betreiben seines Vaters zum König gewählt und wenige Monate später in Aachen gekrönt. Damit war er offizieller Teilhaber an der Regierung des Reiches. Und so begleitete er seinen Vater auf dessen Reisen und zog auch – knapp fünfjährig – mit ihm nach Italien. Kaum von dort zurück, wurde das Kind zu Weihnachten 1055 mit Bertha aus dem Hause Savoyen-Turin verlobt. Natürlich war es eine politische Verbindung. Die Familie der kleinen Braut kontrollierte die wichtigsten westlichen Alpenpässe und war somit ein Garant für die kaiserliche Herrschaft in Italien. Das künftige Paar sollte gemeinsam erzogen werden. Die Zukunft schien geregelt. Doch ein dreiviertel Jahr später sah alles anders aus.

Sorge um die Thronfolge

Heinrich war knapp sechs Jahre alt, gerade dem Kleinkindalter entwachsen und an der Schwelle zum eigenen Bewußtsein, als sein Vater, der Kaiser, unerwartet auf dem Sterbebett lag. Eine Woche dauerte der Todeskampf des 39jährigen, der ein öffentliches Sündenbekenntnis ablegte und verzweifelt versuchte, die Zukunft seines Nachfolgers, die Zukunft des Reiches in gesicherte Bahnen zu lenken. Die zahlreich versammelten geistlichen und weltlichen Großen wählten das Kind ein weiteres Mal, um damit die Thronfolge zu bestätigen. Schließlich befahl Heinrich III. seinen unmündigen Sohn dem besonderen Schutz Papst Viktors II. an, der sich ebenfalls am Lager des Todgeweihten befand. Am 5. Oktober 1056 verschied Heinrich III.

Der Tod des Vaters mag das erste tiefe, bestürzende Erlebnis gewesen sein, das sich in die Erinnerung des Kindes eingrub. Nun war er, Heinrich IV., selbständig regierender König. Von diesem Tag an zählte die Kanzlei seine Regierungsjahre.

Auch wenn er mit seinen kaum sechs Jahren natürlich noch nicht zu politischen Entscheidungen in der Lage war, hielt sich die seit dem frühen Mittelalter bestehende Fiktion, auch ein minderjähriger König sei regierungsfähig. Aus diesem Grunde existierte auch keine rechtliche Regelung der Regentschaft. Allein entscheidend war somit, wer faktisch über die Person des Minderjährigen und über die Reichsinsignien verfügte.

Kritik an vormundschaftlicher Regierung

Zunächst übernahm die Kaiserinwitwe Agnes die Vormundschaft für den König. Schon in einem ähnlich gelagerten Fall gut 70 Jahre zuvor, beim Tod Ottos II., war man so verfahren. Kaiserin Agnes wurde in ihrer Funktion als Regentin ohne große Schwierigkeiten akzeptiert, sie unterwarf sich den Regierungsgeschäften jedoch nur notgedrungen aus Pflichtgefühl und hätte sich lieber in ein Kloster zurückgezogen.

Agnes bewies in den Jahren ihrer Regentschaft politisch keine glückliche Hand. Zwei der künftigen Gegenspieler ihres Sohnes, Rudolf von Rheinfelden und Otto von Northeim, wurden von ihr als Herzöge von Schwaben bzw. Bayern investiert. Die Kritik an der vormundschaftlichen Regierung wuchs: Die Kaiserin stehe unter dem Einfluß weniger Berater, die Fürsten fänden kein Gehör bei ihr. Das Recht werde immer geringer geachtet, ohne Geld gebe es keine Gerechtigkeit. War eine Frau überhaupt zur Herrschaft berechtigt?

Auf die dramatischen Veränderungen in Italien – das Erstarken des Reformpapsttums und das Bündnis mit den Normannen – reagierte der Hof kaum. Dann kam es im Jahr 1061 zum Schisma. Ein Kandidat der Reformpartei und ein kaiserlicher Kandidat standen sich als Päpste gegenüber. Der frommen Kaiserin bereitete diese Situation, die sie selbst mit herbeigeführt hatte, solche Gewissensqualen, daß sie den Schleier nahm, ohne freilich die Regentschaft niederzulegen. In dieser Situation griff einer der Mächtigen des Reiches, Erzbischof Anno von Köln ein. Es kam zum »Staatsstreich« von Kaiserswerth.

Ein Stich aus dem 17. Jahrhundert gibt einen ungefähren Eindruck von der Pfalz in Kaiserswerth. Heute stehen nur noch Mauerreste

Oben: Merianstich, um 1645
Unten: Pfalz, Kaiserswerth

Entführung von Kaiserswerth. Der Staatsstreich von Kaiserswerth im März 1062 hat die Gemüter immer beschäftigt. Davon zeugt auch dieses Historienbild. Allerdings weicht die Darstellung der Entführung in einem kleinen Nachen weit vom Bericht der historischen Quellen ab

Historienbild, 19. Jahrhundert

Erzbischof entführt königliches Kind

Der Zeitgenosse Lampert von Hersfeld berichtet: »Als dieser [Heinrich IV.] eines Tages nach einem festlichen Mahl besonders heiter war, redete ihm der Bischof zu, ein Schiff, das er zu diesem Zweck überaus prächtig hatte herrichten lassen, zu besichtigen. Kaum aber hatte er das Schiff betreten, da umringen ihn die vom Erzbischof angestellten Helfershelfer seines Anschlags; rasch stemmen sie die Ruder hoch, werfen sich mit aller Kraft in die Riemen und treiben das Schiff blitzschnell in die Mitte des Stromes. Der König, fassungslos über diese unerwarteten Vorgänge, dachte nichts anderes, als daß man ihm Gewalt antun und ihn ermorden wolle, und stürzte sich kopfüber in den Fluß, und er wäre in den reißenden Fluten ertrunken, wäre dem Gefährdeten nicht Graf Ekbert trotz der großen Gefahr nachgesprungen und hätte ihn nicht mit Mühe und Not vor dem Untergang gerettet und aufs Schiff zurückgebracht.«

Ohne nennenswerten Widerstand von seiten des Hofes wurde Heinrich in Kaiserswerth entführt. Anno brachte ihn zusammen mit den aus der Pfalzkapelle geraubten Reichsinsignien, dem Kreuz und der Heiligen Lanze nach Köln und übernahm nun die Regentschaft und die Erziehung des mittlerweile elfjährigen Kindes.

Buße für politische Entscheidungen

Im Grunde ihres Herzens war Agnes froh, von der unerträglichen Bürde des Regierens befreit zu sein. Sie zog sich ganz aus der Politik zurück, bat bald darauf um Aufnahme in die Bruderschaft des italienischen Reformklosters Fruttuaria und begab sich schließlich nach Rom, um Buße zu tun für ihre politischen Entscheidungen.

Die Entführung von Kaiserswerth, ein Gewaltakt erster Ordnung, wird den elfjährigen König wohl geprägt haben wie kein zweites Erlebnis. Gab es ein krasseres Zeichen für seine Ohnmacht und eine tiefere Wunde für sein Selbstbewußtsein, als in die Gewalt jenes Mannes zu fallen, den er wegen seiner harten, schroffen Art zeitlebens hassen würde? Gerade durch diese Erlebnisse wurde sich Heinrich aber auch seiner Würde als Herrscher besonders bewußt. Und so lernte er aus diesem Ereignis an der Schwelle des Erwachsenwerdens auch, zäh zu sein, nie aufzugeben, eigene Gefühle zu verbergen, sich aus jeder Niederlage wieder hoch zu arbeiten, und sich nie geschlagen zu geben, wie aussichtslos die Lage auch sein mochte.

Portrait Heinrichs IV. auf dem Aachener Karlsschrein

Auf der abschüssigen Bahn des Frevels

Kaum je wurde ein Herrscher aufgrund der dramatischen Ereignisse seiner Regierungszeit so gegensätzlich und emotional beurteilt. Während die einen ihn mit abgrundtiefem Haß verfolgten und in ihm die Verkörperung des Bösen schlechthin sahen, war er für die anderen der Gottgesandte, der gerechte, weise und milde König.

Die Quellen, die uns von der Persönlichkeit Heinrichs IV. ein Bild entwerfen, spiegeln diese Gegensätze äußerst kraß. Seine leidenschaftlichen Gegner, der Mönch Lampert aus dem Kloster Hersfeld und der Sachse Bruno, verzerrten die Gestalt des Salierkönigs völlig ins Bösartige, stellten ihn bloß, machten ihn lächerlich, übergossen ihn mit beißendem Spott und unterstellten ihm alle Laster dieser Welt. Wie »ein zügelloses Pferd auf der abschüssigen Bahn des Frevels« sei der König dahingestürmt, ausschweifend und gewalttätig. »Er, der ein König über viele Völker war, richtete in sich selbst der bösen Lust einen Thron auf, der Königin aller Laster. Zwei oder drei Kebsweiber hatte er zu gleicher Zeit, aber auch damit war er nicht zufrieden. Wenn er hörte, jemand habe eine junge und hübsche Tochter oder Gemahlin, befahl er, sie ihm mit Gewalt zuzuführen, wenn er sie nicht verführen konnte«, notierte Bruno.

Glaubt man Bruno, so habe der König versucht, seiner eigenen Frau, mit der er kein eheliches Leben führte, einen seiner Kumpane als Vergewaltiger ins Schlafzimmer zu schicken, um die Arme dann des Ehebruchs anzuklagen. «Er hat so viele und ungeheuerliche Mordtaten vollbracht, daß es zweifelhaft bleibt, ob er mehr wegen seiner schandbaren Wollust oder wegen seiner unerhörten Grausamkeit verrufen war. Gegen alle war er entsetzlich grausam, am meisten aber gegen seine engste Umgebung«.

Die größten Widerwärtigkeiten breitete Bruno – 900 Jahre vor der Bild-Zeitung – vor den zeitgenössischen Lesern aus:

Karlsschrein, Dom, Aachen

»Nur dies eine möge hier noch angeführt werden, die Schande nämlich, die er seiner Schwester angetan hat, als er sie mit seinen eigenen Händen niederhielt, bis sie ein anderer auf seinen Befehl und in Gegenwart des Bruders entehrt hatte. Es nützte ihr nichts, daß sie durch den heiligen Schleier Christus anverlobt war«.

Wer will heute entscheiden, was an diesen schaurigen Geschichten wahr ist? Offenbar schienen jedenfalls schon damals Berichte über sexuelle Verfehlungen ein besonders geeignetes Mittel zu sein, um einen politischen Gegner zu vernichten.

Die Zierde des Reiches – das Licht der Welt

Heinrich IV., ein Monstrum – das ist die eine Seite. Auf der anderen Seite stehen die leidenschaftlichen, emphatischen Anhänger des Königs. Einer der überzeugtesten ist der Verfasser der *Vita Heinrici,* ein außergewöhnlicher Autor, der mit tiefer Anteilnahme, großer sprachlicher Wucht und mindestens ebenso einseitig rückblickend die Persönlichkeit des Königs in der Form einer Totenklage beweinte:

»Wer gibt Wasser meinem Haupte und einen Tränenquell meinen Augen, damit ich beklagen kann den Tod des erhabenen Kaisers Heinrich. Er war meine Hoffnung und mein einziger Trost, ja, er war der Ruhm Roms, die Zierde des Reiches, das Licht der Welt. Kann noch ein Tag oder eine Stunde ohne Tränen sein? Siehe, während ich niederschreibe, was der leidenschaftliche Schmerz mir eingibt, rinnen die Tränen, benetzt vom Weinen sich die Schrift, und was die Hand aufzeichnet, verlöscht das Auge. Doch nicht ich allein bejammre seinen Tod; Rom beklagt ihn, das ganze römische Reich beweint ihn, es trauern gemeinsam Arm und Reich. Denn da er verschieden ist, verschwand auch die Gerechtigkeit aus der Welt, der Friede ging fort, Lug und Trug traten an die Stelle des Rechts«.

Lieber sterben als unterliegen

»Licht der Welt« oder Inbegriff von »Wollust und Grausamkeit« – es ist schwer, sich im Dickicht von Verherrlichung und Verdammung ein Bild von der tatsächlichen Persönlichkeit Heinrichs IV. zu machen.

Offenbar war der Salier eine große, imponierende Erscheinung, sorgfältig erzogen und kunstsinnig. Aber er war auch stolz, ja hochmütig und mitunter maßlos, unüberlegt und schlecht beraten – ein Mann mit einem ausgeprägten Bewußtsein seiner Rolle als Herrscher, auf die man ihn seit seiner Kindheit vorbereitet hatte. Ein widersprüchlicher, unausgeglichener Mensch, ein Taktiker, ein wenn auch nicht immer kluger, so doch zäher Kämpfer, immer wieder am Boden liegend, aber nie bereit, aufzugeben. Selbst sein Gegner Lampert von Hersfeld attestiert dem König, »er wolle lieber sterben als unterliegen« und habe in allem Unglück »stets einen königlichen Sinn bewahrt«.

Sein Leben war von einer persönlichen Tragik, die heute noch anrührt. Denn das politische Erdbeben verband sich mit den persönlichen Katastrophen: der Entführung als Kind, der Entfremdung der Mutter, dem Verrat des Sohnes und Nachfolgers, der Schlammschlacht der Ehefrau, dem Tod im Kirchenbann. Ein Leben, dem kein Tiefpunkt erspart blieb.

Endlich mündig – der König in Sachsen

Zu Ostern des Jahres 1065 feierte der damals 14jährige Heinrich IV. das Fest seiner Schwertumgürtung. Dies war das Zeichen dafür, daß er nun als mündig galt. Es war bezeichnend, daß er das Schwert, das er nun trug, sofort gegen den Kölner Erzbischof richten wollte. Nur mit Mühe konnte ihn seine Mutter daran hindern. Die Demütigung von Kaiserswerth war unvergessen!

Noch war der König zu unerfahren, um tatsächlich selbständig zu regieren. Rivalitäten zwischen den Großen, Intrigen und Skandale beherrschten das Leben am Hof. Habsucht und Machtgier führten zu einer immer weiter fortschreitenden Verschleuderung des Reichsgutes. Die Politik schlingerte dahin.

Heinrich IV. und seine Gemahlin Bertha

Goldenes Buch von Prüm; Stadtbibliothek, Trier, Cod. Trier 1709

Vergebliches Scheidungsansinnen

Der Ruf des jungen Königs war nicht der beste. Selbst wohlmeinende Beobachter konnten sein ausschweifendes Leben nur mit seiner jugendlichen Unreife entschuldigen. Zum Skandal kam es, als der eben 19jährige sich nach dreijähriger Ehe von seiner Frau Bertha scheiden lassen wollte. Mit der Begründung, er sei unfähig, mit ihr die Ehe zu vollziehen, verlangte der König die Zustimmung der Fürsten zur Auflösung der Ehe. Die Fürstenversammlung war beunruhigt, ja schockiert. Man schaltete den Papst ein. Der sandte einen Vertreter nach Deutschland und stellte dem König mahnend seine Rolle als moralisches Vorbild seines Volkes vor Augen. Bertha hatte sich keines kirchenrechtlichen Vergehens schuldig gemacht. Es gab keinen Grund für eine Ehescheidung. Der Abgesandte des Papstes drohte mit Zwangsmitteln. Da brach der junge König seinen Alleingang ab. Er, der Gesalbte des Herrn, mußte die Sündhaftigkeit seines Ansinnens zugeben – eine erste moralische Niederlage gegenüber den Großen des Reiches und dem Papst. Bald darauf gebar Bertha ihrem Ehemann das erste von mehreren Kindern.

Sozialer Aufstieg für Loyalität

Das Verhältnis zu vielen Reichsfürsten blieb unterkühlt. Zu sehr hatte der Salier in seiner Jugend deren egoistische Machtgelüste zu spüren bekommen. Heinrich baute auf andere, neue Kräfte, die den König so sehr brauchten, wie er sie. Es waren Männer niederer Geburt, Ministeriale, ursprünglich Unfreie. Sie versprachen sich im Königsdienst sozialen Aufstieg und boten dafür absolute Loyalität. Die Bevorzugung dieser *inferiores* schürte das Mißtrauen der Fürsten gegen den König nur weiter.

Vor allem mit Hilfe dieser Ministerialen machte sich der Salier daran, verlorenes Terrain zurückzuerobern. Gerade in Ostsachsen, im Raum rund um den Harz, war viel Reichsgut verschleudert worden. Heinrich gedachte, diese Entwicklung rückgängig zu machen. Der Harzraum sollte wie zu den Zeiten Ottos I. eine Zentrallandschaft des Reiches bleiben.

Bergbau und Münzprägung

Das Zentrum dieses Gebietes war Goslar, Heinrichs Geburtsstadt. Hier finden wir den König wiederholte Male.

Pfalzbezirk von Goslar. Rekonstruktionszeichnung des Pfalzbezirks von Goslar mit dem Kaiserhaus, der Ulrichs- und Liebfrauenkapelle sowie dem Stift Sankt Simon und Juda, in dem Geistliche für den Reichsdienst ausgebildet wurden

Ende des 19. Jahrhunderts wurde die Pfalz von Goslar weitgehend restauriert. Beim Palas, dem sog. »Kaiserhaus«, stammen die Grundmauern noch teilweise aus salischer Zeit

Oben: Historische Rekonstruktionszeichnung, Goslar
Unten: Kaiserhaus und Ulrichskapelle, Goslar

Wunschgemäß war hier das Herz seines Vaters beerdigt, während dessen Gebeine im neu erbauten Dom von Speyer ruhten. Hier gab es eine große, neue Pfalz und ein Klerikerstift, an dem der Bischofsnachwuchs für das Reich ausgebildet wurde. Und nicht zuletzt barg die Erde in dieser Gegend reiche Schätze: Im nahegelegenen Rammelsberg hatte man Blei-, Kupfer- und vor allem Silberadern gefunden. Der Bergbau blühte. Man baute die Bodenschätze zunächst im Tagebau, später dann auch im Untertagebau ab und schmolz die begehrten Erze an zahlreichen Schmelzplätzen aus. Unter anderem in Goslar prägte man Pfennige aus dem gewonnenen Silber. Die Münzprägung war immer ein lukratives Geschäft, denn der sogenannte »Schlagschatz«, die Differenz zwischen Nennwert und Metallwert, wanderte in die Taschen des Münzherrn. Heinrich hatte mit Goslar die ertragreichste Münze auf deutschem Boden in seiner Hand; der

Ort entwickelte sich zu einem wirtschaftlichen Zentrum.

In der ersten Hälfte seiner Regierungszeit kam Heinrich IV. 30mal hierher und blieb teilweise monatelang. Insgesamt neunmal feierte er in Goslar Weihnachten. Die Sachsen fühlten sich durch die vielen, langen Aufenthalte des Hofes und die Feier zahlreicher Kirchenfeste in ihrem Land weniger geehrt als belastet.

Verhaßte Fremde, verhaßte Burgen

Für weit mehr Unruhe sorgte jedoch die Art und Weise, wie der junge König versuchte, in Sachsen die königliche Position wieder auszubauen. Ein System von Burgen sollte helfen, das Land flächendeckend zu kontrollieren. Hoch aufragende, trutzige Burgen, weithin sichtbar auf den Bergkuppen gelegen, kennen wir aus der Stauferzeit in großer Zahl. Zur Regierungszeit Heinrichs IV. waren sie noch ein ganz neues Herrschaftsmittel. Drohend thronten sie über dem Land. Als Burgbesatzungen holte Heinrich IV. Landfremde, schwäbische Ministeriale, nach Sachsen. Sie begannen nun mit aller Schärfe, Abgaben und Dienste einzutreiben und schreckten auch vor Plünderungen und Übergriffen auf die Bevölkerung nicht zurück. Die Burgen wurden zum Symbol der ungeliebten Salierherrschaft. Schlagworte von der Versklavung, ja Ausrottung der Sachsen machten die Runde. Die Sachsen forderten, die Burgen schleifen zu lassen. Der König hingegen war nicht bereit, von seiner schroffen Politik abzugehen.

Im Sommer 1073 entlud sich der Unmut schließlich in einem Aufstand. Quer durch alle Schichten schlossen sich sächsische Bischöfe, die weltlichen Großen des Landes und die Bauern zum Kampf gegen die »Kräfte der Tyrannei« zusammen und griffen zu den Waffen. Heinrich hatte bei seiner harten Politik den Fehler begangen, die Empörung der Sachsen zu unterschätzen. Er mußte sich mitsamt den Reichsinsignien vor dem drohenden Aufstand von Goslar auf die Harzburg retten, die zwölf Kilometer nordöstlich auf einem hohen, schwer zugänglichen Berg thronte. Sie war die erste und größte Anlage des neuen Burgensystems, ein Symbol der verhaßten Salierherrschaft, ausgezeichnet noch dadurch, daß hier der Bruder und der erste Sohn des Königs begraben lagen.

Die Aufständischen bezogen mit einer großen Streitmacht vor der Harzburg Stellung und schlugen dort ihr Lager auf. Der König saß mit geringer Besatzung in seiner Burg fest. Offenbar bekam er es mit der Angst zu tun, denn eines nachts floh er mit kleinem Gefolge heimlich aus der belagerten Burg, nachdem er zuvor im Gepäck die Reichsinsignien vorausgeschickt hatte.

Auf einem Fußpfad durch den Urwald

Heinrichs Reich war damals noch in erheblichen Teilen eine Urlandschaft, von dichten, schier undurchdringlichen Wäldern bedeckt. Gerade fünf bis sieben Menschen lebten auf einem

Oben: Wo unterirdische Grubenbauten zusammengestürzt sind, zeugen noch heute tiefe Erdtrichter, sogenannte »Pingen«, vom mittelalterlichen Erzabbau im Harz

Unten: Die Stellen, an denen im Mittelalter die Erze ausgeschmolzen wurden, weisen oftmals heute noch eine typische Schwermetallvegetation auf

Oben und unten: Landschaft im Harz

Quadratkilometer. Und so berichtet uns Lampert von Hersfeld von der Flucht des Königs und seiner Begleiter:

»Drei Tage zogen sie ohne Essen durch den Urwald auf einem schmalen, bis dahin nur wenigen bekannten Fußpfad, den ein Jäger, ihr Führer, entdeckt hatte, als er in seinem Jagdeifer abgelegene Teile des Waldes durchforschte; dabei spähten sie überall nach einem Schwert umher und erwarteten voll Furcht bei jedem Rauschen des Windes einen feindlichen Angriff und den auf ihre Kehle zielenden Tod. Am vierten Tag langten sie in Eschwege an, bis zum Äußersten erschöpft von Hunger, Nachtwachen und den Anstrengungen der langen Reise«.

Schändung königlicher Gräber

Die Aufstandsbewegung erfaßte das ganze östliche Sachsen und Thüringen, auch die süddeutschen Herzöge stellten sich gegen den König.

Heinrich mußte erkennen, daß er seinen Gegnern militärisch unterlegen war, und so einigte man sich Anfang des Jahres 1074 auf eine Schleifung der verhaßten sächsischen Burgen. Sein Versuch, mit fester Hand alte Positionen in Sachsen erneut zu errichten, war gescheitert. Überraschend kam dem jungen Salier die Unbeherrschtheit seiner Gegner zu Hilfe. Bei der Zerstörung der Harzburg verwüsteten Bauern die Schloßkapelle und schändeten die Gräber der königlichen Familie. Dieser Exzeß ließ die Stimmung kippen. Die meisten Bischöfe und weltlichen Großen wechselten wieder auf die Seite Heinrichs. Im Sommer 1075 konnte Heinrich das ungenügend bewaffnete sächsisch-thüringische Bauernheer bei Homburg an der Unstrut vernichtend schlagen. Der König kostete seinen Triumph aus.

Rache an den Aufständischen

Voll Bitterkeit notierte Heinrichs Feind, der Sachse Bruno:

»Dann rückte er [der König] überfroh in Sachsen ein, denn er glaubte es so geschlagen zu haben, daß es sich nicht mehr erheben werde, und er zog plündernd und sengend seines Weges. Wenn die Heiden so über uns gesiegt hätten, würden sie die Besiegten nicht grausamer behandeln. Es half den Frauen nichts, daß sie sich in die Kirchen geflüchtet und ihre Habe dorthin getragen hatten. Die Frauen schändeten sie noch in den Kirchen, und wenn nach Barbarenweise ihre Lust befriedigt war, verbrannten sie die Frauen mit den Kirchen.«

Königliche Milde und ausgleichende Gerechtigkeit entsprachen nicht der Wesensart Heinrichs. Seine Gegner lagen zwar am Boden, aber Brunos Bericht zeigt, wie tief die aufgerissenen Gräben klafften. Der König verstand es nicht, seinem Reich im Augenblick des Sieges den inneren Frieden zu geben. Äußerlich triumphierte er: Ausgerechnet in Sachsen, in Goslar, versprachen die Großen ihm am Weihnachtstag 1075, im Falle seines Todes den noch nicht zweijährigen Königssohn Konrad zum Nachfolger zu wählen.

Heinrich IV. mochte sich an diesem Festtag in seiner Pfalz Goslar im Vollgefühl seiner Macht wähnen, aber der Sturm braute sich bereits über seinem Kopf zusammen. Nur noch einmal sollte er hierher zurückkommen – dann war Sachsen für immer für ihn verloren.

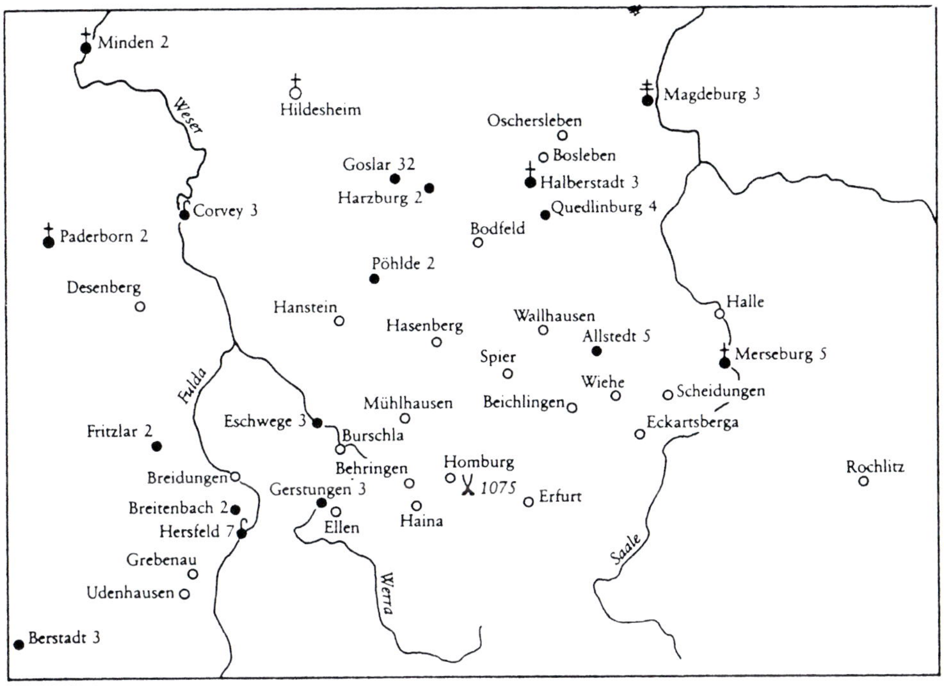

Aufenthaltsorte Heinrichs IV. im sächsischen Raum 1056 bis zum Frühjahr 1076

Bis zum Ausbruch des Investiturstreites zu Beginn des Jahres 1076 hielt sich Heinrich IV. unzählige Male in Sachsen auf, vor allem in Goslar. Seit dem Sommer 1076 brechen diese Besuche schlagartig ab. Sachsen wird zur Hochburg der Opposition gegen den Salierkönig und zum Stützpunkt des Gegenkönigs Rudolf von Rheinfelden. Nur noch ganz wenige Aufenthalte Heinrichs IV. sind bezeugt. Goslar scheint Heinrich IV. in den ihm verbleibenden drei Jahrzehnten gar nicht mehr besucht zu haben

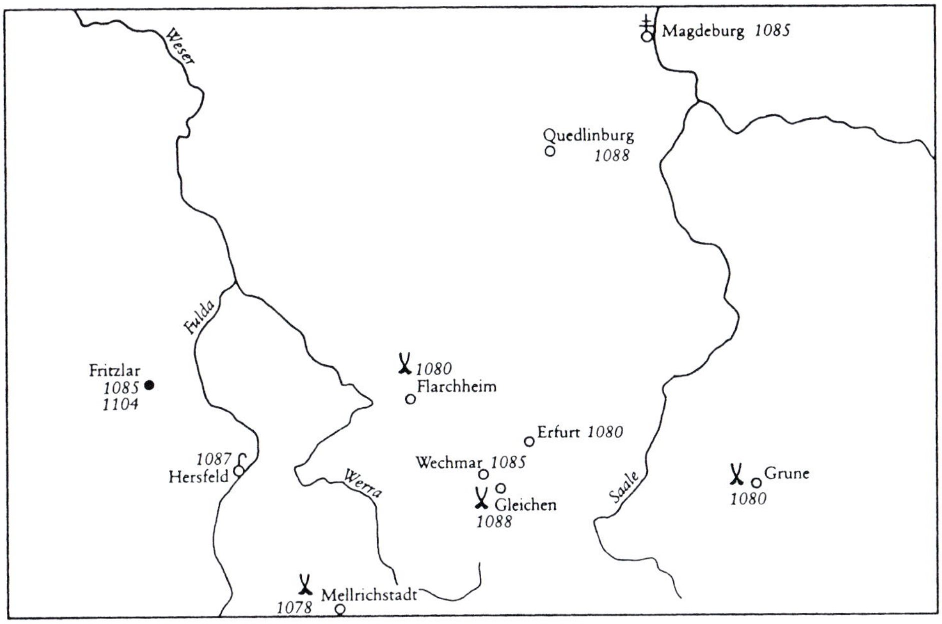

Aufenthaltsorte Heinrichs IV. im sächsischen Raum Sommer 1076 bis zum Tod 1106

Der Verlauf des Schicksalsjahres

Der Reiseweg Heinrichs IV. in seinem Schicksalsjahr vom Januar 1076 bis zum Januar 1077 führte ihn von Goslar nach Worms und wieder nach Goslar zurück, dann an den Niederrhein. Den Frühsommer verbrachte er in Worms und Mainz, bevor er einen erfolglosen Kriegszug gegen die erwachende Fürstenopposition bis nach Böhmen unternahm. An die Verhandlungen mit den oppositionellen Fürsten in Tribur und Oppenheim schloß sich der Weg über die winterlichen Alpen nach Canossa an

Ein heiliger Satan«, » ein Tiger im Sprung«, »wertlos wie Eisen, doch stark wie ein Magnet«, »ein Homunculus«, »ein beißender Nordwind«! Faszination und Abscheu der Zeitgenossen mischten sich, wenn von Gregor VII., dem großen Gegenspieler Heinrichs IV., die Rede war.

Der Gegenspieler – ein Mann der Extreme

Der kleinwüchsige, unansehnliche Toskaner Hildebrand, der immer bleich und düster wirkte, war 1073 im Alter von etwa 50 Jahren zum Papst erhoben worden und hatte den Namen Gregor VII. angenommen. Er war kein Mann, den man liebte – nicht einmal seine Anhänger taten das. Aber er hatte eine Feuerseele, einen unbändigen Willen und eine große Vision. Er war von eiskalter Härte und überwältigender Rastlosigkeit, ein fieberhafter Arbeiter, ein Mann der Extreme, ein bedingungslos Glaubender und unbeugsam Handelnder. Zwar war er kein großer Kommunikator oder geschliffener Denker, dafür aber ein messerscharfer Entscheider, eine leidenschaftliche Führernatur und ein radikaler Willensmensch, der die politischen Erfahrungen eines Vierteljahrhunderts im Dienst der Kurie in seinem Kopf und Herzen trug.

Thronlehne aus der Zeit Heinrichs IV. Solche aus Bronze gegossenen Thronlehnen, die auf der Innenseite wohl gepolstert waren, stammen aus der Zeit zwischen 1060 und 1080. Sie wurden vermutlich nach dem Vorbild des steinernen Kaiserthrones in Aachen geschaffen

Domvorhalle, Goslar

Im März 1075 hatte er seine Leitvorstellungen im *Dictatus papae* inoffiziell und unsystematisch niedergelegt. Darin heißt es unter anderem:

»Der römische Bischof allein kann Bischöfe absetzen und wieder einsetzen. Er allein kann die kaiserlichen Abzeichen führen. Ihm allein sollen alle Fürsten die Füße küssen. Ihm ist es erlaubt, selbst Kaiser abzusetzen. Er selbst darf von niemandem gerichtet werden. Er wird durch die Verdienste des Heiligen Petrus ohne Zweifel persönlich heilig. Er kann die Untertanen ungerechter Fürsten vom Treueid lösen.«

Das war ein Programm, wie es nicht radikaler die unvergleichliche Allgewalt des Papstes zum Ausdruck bringen konnte. Der Anspruch auf absoluten Gehorsam war die logische Konsequenz daraus. Kein Wort gebrauchte Gregor VII. so oft wie das Wort *oboedientia,* das heißt Gehorsam.

Allgewalt und Gehorsam

Gehorsam verlangte er von den Bischöfen, die sich der Vorrangstellung des Bischofs von Rom zu unterwerfen hatten. Gregor zitierte sie kompromißlos zu sich und verlangte Rechtfertigung. Waren sie etwa durch Simonie zu ihrer Würde gekommen? War ihre Amtsführung korrekt? Die Bischöfe von Bamberg, Konstanz und Toul sowie zwei Äbte der Reichenau hatten Simonie-Prozesse am Hals. Die Erzbischöfe von Mainz und Bremen mußten in Rom Rechenschaft ablegen. Der Bischof von Bamberg wurde abgesetzt. Die Reaktion des deutschen Episkopats war heftig. Der Bremer Erzbischof schrieb beispielsweise an einen Amtsbruder: «Dieser gefährliche Mensch will den Bischöfen, so wie Gutsverwaltern, nach Gutdünken befehlen, und wenn sie nicht alles genau ausführen, müssen sie nach Rom kommen, oder sie werden ohne Ge-

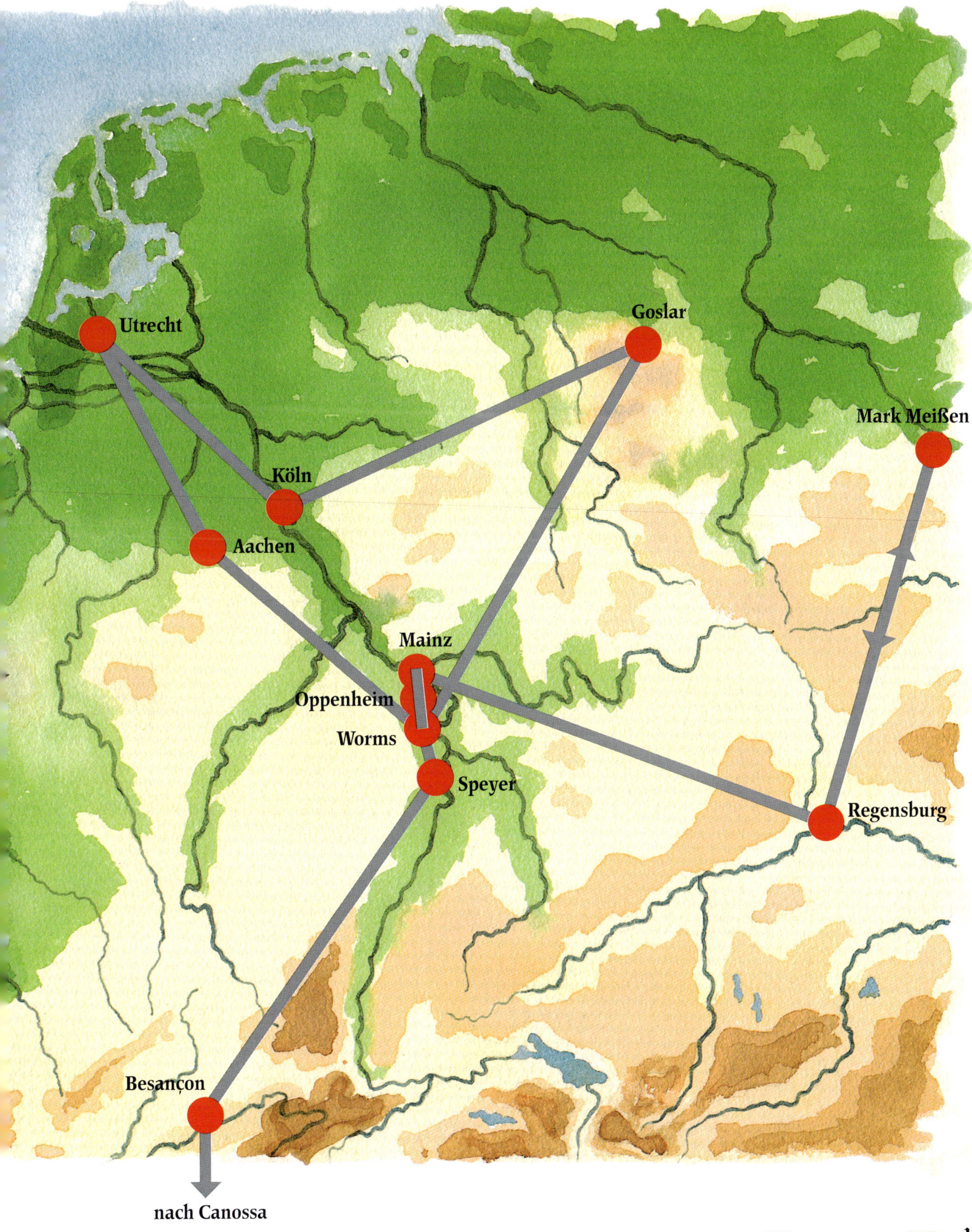
Utrecht
Goslar
Mark Meißen
Köln
Aachen
Mainz
Oppenheim
Worms
Speyer
Regensburg
Besançon
nach Canossa

richtsurteil einfach vom Amt suspendiert«.

Das Verhältnis zu Heinrich IV. schien zunächst ungetrübt. Der König, der in Sachsen in großer Bedrängnis war und gerade bei Nacht und Nebel von der Harzburg hatte fliehen müssen, sandte einen unterwürfigen, mit Schuldbekenntnissen gespickten Brief nach Rom. Der Papst erwog in einem Schreiben an Heinrich, den König als Schutzherrn und Leiter für die römische Kirche einzusetzen, während er selbst an der Spitze eines Heeres ins Heilige Land ziehen wollte. Doch dann schlug die Stimmung um.

Heinrich setzte sich in Sachsen blutig durch und fühlte sich auf dem Höhepunkt seiner Macht, stark genug, um sich auch im fernen Italien, insbesondere im viel umstrittenen Mailand, wieder in die Besetzung der Bischofsstühle einzumischen.

Papst Gregor VII. neben einem Schreiber sitzend

Buchmalerei aus dem 11.Jahrhundert, AKG London

Der König hatte gerade in seiner Pfalz Goslar zu Weihnachten 1075 einen glänzenden Hoftag abgehalten und seinen Triumph über die besiegten Sachsen ausgekostet, da traf am 1. Januar 1076 ein drohender Brief des Papstes ein. Gregor VII. verlangte in scharfem Ton Gehorsam, kritisierte Heinrichs Einmischung in die italienische Kirchenpolitik und machte dem König schwere Vorwürfe, weil dieser sich von mehreren seiner Ratgeber nicht trennen wollte, obwohl diese sich im Kirchenbann befanden. Heinrich fühlte sich stark, auch wenn Gregor in seinem Brief drohend das Beispiel Sauls und dessen Überheblichkeit im Augenblick des Triumphes beschworen hatte. Die Bischöfe standen auf der Seite des Königs. So berief dieser für Ende Januar 1076 eine Reichsversammlung nach Worms und machte sich auf den Weg von Goslar an den Rhein.

Zwei Erzbischöfe und 24 Bischöfe, die Mehrheit des deutschen Reichsepiskopats, versammelten sich am Sonntag, dem 24. Januar, in Worms. Auch wenn es sicher noch Verhandlungsspielraum mit dem Papst gegeben hätte, war man fest entschlossen, den Fehdehandschuh aufzugreifen. Dies um so mehr, als ein Berichterstatter aus Rom die unglaublichsten Geschichten über Gregors Lebenswandel zu wissen glaubte und die politische Stellung des Papstes in Rom als sehr schwach beschrieb.

Dem Papst nicht mehr gehorsam

Und so erging jenes Absetzungsdekret, das wie eine Explosion den schwelenden Konflikt zum Ausbruch brachte. Unter Führung des Mainzer Erzbischofs sagte die Synode dem Papst den Gehorsam auf, da seine Amtserhebung illegal gewesen und seine Lebensführung unmoralisch sei. Das waren die gleichen Vorwürfe, die Rom seit Jahren an die Amtsführung der Bischöfe gerichtet hatte.

Nun drehte man den Spieß um. In einem eigenen Schreiben schloß sich Heinrich mit einem Absetzungsdekret an und forderte vom Papst, von seinem Thron herabzusteigen. Eine Fassung des königlichen Schreibens ging umgehend nach Rom. Eine zweite, schärfere verbreitete man als Propagandaschrift im ganzen Land. Darin heißt es:

»Heinrich, nicht durch Anmaßung, sondern durch Gottes gerechte Anordnung König, an Hildebrand, nicht mehr den Papst, sondern den falschen Mönch [...] Du scheutest dich nicht, die Lenker der heiligen

Januar 1076 – Worms

Der junge Heinrich IV. schenkte dem Kloster Hirsau eine Bibelhandschrift, in der auch er selbst als König dargestellt ist. Das Reformkloster Hirsau war im Investiturstreit einer der entschiedensten Parteigänger Gregors VII. Heinrich muß also die Bibel dem Kloster vor dem Ausbruch des Investiturstreites, vor seinem »Schicksalsjahr« 1076 geschenkt haben

Pergamenthandschrift, drittes Viertel 11. Jahrhundert; Bayerische Staatsbibliothek, München, Clm 13001

Die Evangelienhandschrift von der Reichenau war wohl als Geschenk für den König gedacht und wurde im Bodenseekloster Reichenau angefertigt. Wahrscheinlich ist der dargestellte König Heinrich IV. Kurz vor der Vollendung der Handschrift brach der Investiturstreit aus. Die geistlichen Auftraggeber ließen die Arbeit an der Handschrift einstellen. So blieb der König ohne Gesicht

Pergamenthandschrift, nach der Mitte des 11.Jahrhunderts; Staatliche Museen Preußischer Kulturbesitz, Berlin, Kupferstichkabinett Ms. 78 A 2

Kirche anzutasten, nein, wie Knechte, die nicht wissen, was ihr Herr tut, zertratest du sie unter deinen Füßen. Sie alle erachtest du als unwissend, dich allein aber als allwissend. Du hast unsere Demut für Furcht gehalten und dich daher nicht gescheut, dich sogar gegen die uns von Gott verliehene königliche Gewalt zu erheben. Jesus Christus hat uns zum Königtum, dich aber nicht zur geistlichen Herrschaft berufen. So steige du denn, der du durch das Urteil aller unserer Bischöfe und unser eigenes verdammt bist, herab. Ich, Heinrich, durch die Gnade Gottes König, sage dir zusammen mit allen meinen Bischöfen: Steige herab, steige herab!«

Absetzung des »heiligen Satans«

Dies war nicht das erste Mal, daß ein deutscher König zusammen mit einer Synode einen Papst für abgesetzt erklärte. Wir erinnern uns an das Jahr 1046, als Heinrich III. gleich drei Päpste absetzte. Aber Heinrich III. war damals mit einem Heer in Sutri gestanden, das einen Tagesmarsch von Rom entfernt lag. Glaubte sein Sohn Heinrich IV., es genüge, einen Brief aus dem fernen Worms zu schreiben? Welche Reaktion erwartete er auf sein »Steige herab, steige herab!«? Rom war kein moralisches Tollhaus mehr, sondern das Haupt der Kirche! Das Papsttum war keine Handspielpuppe des römischen Adels mehr, sondern das moralische Schwert in der Hand eines »heiligen Satans«! König und Episkopat hatten in Worms in verhängnisvoller Überschätzung der eigenen Position einen verheerenden Fehler begangen.

Einige Bischöfe mögen es gespürt haben, denn sie konnten nur unter Zwang dazu gebracht werden, mit ihrer Unterschrift die Absetzung des Papstes eigenhändig zu bezeugen.

Ostern 1076 – Utrecht

Man möchte es fast nicht glauben: Statt den donnernden Absetzungsworten Taten folgen zu lassen, betrieb Heinrich IV. *business as usual.* Statt umgehend selbst nach Italien zu ziehen, überließ er es dem Herzog von Niederlothringen, Gottfried dem Buckligen, den königlichen Worten in Italien den notwendigen militärischen Nachdruck zu verleihen.

Heinrich selbst kehrte von Worms wieder nach Goslar zurück und kümmerte sich um den Wiederaufbau der sächsischen Burgen. Schließlich verließ er Goslar – er konnte noch nicht ahnen, daß er nie mehr hierher zurückkommen sollte – und zog nach Köln. Erzbischof Anno, der Entführer von Kaiserswerth, der ungeliebte Erzieher aus Jugendtagen, war tot. Heinrich gedachte, auch gegen heftige Widerstände, einen willfährigeren Nachfolger auf den wichtigen Erzstuhl von Köln zu setzen.

Unwürdiger Tod als Propagandamittel?

Inzwischen war die erste Schreckensnachricht eingetroffen: Gottfried der Bucklige, die treue Stütze des Königs, der für Heinrich nach Italien ziehen sollte, war, noch bevor er dorthin hatte aufbrechen können, ermordet worden. Lampert von Hersfeld berichtet, der Herzog habe nachts vor dem Haus seine Notdurft verrichten wollen, da habe ihm sein Mörder von hinten ein Schwert ins Gesäß gestoßen und es in der Wunde stecken lassen. Vielleicht ist auch diese Geschichte von der unwürdigen Todesart des lothringischen Herzogs bereits Teil der gegen den König gerichteten Propaganda. Jedenfalls konnte sich der schwer verletzte Gottfried noch mit dem Schiff nach Utrecht bringen lassen, wo er verstarb. Auf die Nachricht von Gottfrieds Tod beschloß König Heinrich, von Köln weiter nach Utrecht zu ziehen, um sich um die Neuvergabe des Herzogtums Niederlothringen zu kümmern. Inzwischen war es März geworden und der König gedachte, das Osterfest in Utrecht zu begehen.

Der unglaubliche Bann über den König

Es war der Tag vor Ostern, als die unglaubliche Nachricht am Königshof eintraf: Papst Gregor VII. hatte auf der jährlich stattfindenden Fastensynode im Februar zu Rom den Bann über den König ausgesprochen, ihm die Regierung untersagt und alle Untertanen vom Treueeid gelöst.

Die Fastensynode war gerade Mitte Februar in Rom zusammengetreten, als die Wormser Absetzungsbriefe des Königs und der deutschen Bischöfe im Lateran eintrafen. Ein Sturm der Entrüstung war losgebrochen, Waffen wurden gezogen, ein wildes Getümmel entstand und man wollte den Überbringern der Briefe sogar an die Gurgel. Gregor selbst mußte sich in den Tumult stürzen, um den armen Boten den Händen der Aufgebrachten zu entreißen. Hatte man in Worms geglaubt, in Rom warte man nur darauf, Gregor endlich loszuwerden, so zeigte schon diese erste gewalttätige Reaktion auf die Absetzungsbriefe, daß man sich verhängnisvoll getäuscht hatte. Am nächsten Tag holte der Papst zum vernichtenden Gegenschlag aus.

Absetzung in Form eines Gebets

Gregor VII. kleidete die Verurteilung des deutschen Königs in die feierliche Form eines Gebetes an den Apostel Petrus:

»Heiliger Petrus, Fürst der Apostel, neige, wir bitten dich, gnädig dein Ohr und erhöre mich, deinen Knecht [...] Im Namen des allmächtigen Gottes, des Vaters, des Sohnes und des heiligen Geistes, kraft deiner Gewalt und Vollmacht spreche ich König Heinrich, der sich gegen deine Kirche mit unerhörtem Hochmut erhoben hat, die Herrschaft über Deutschland und Italien ab, und ich löse alle Christen vom Eid, den sie ihm geleistet haben oder noch leisten werden und untersage, ihm fürderhin als König zu dienen [...] Ich als dein Stellvertreter binde ihn mit der Fessel des Fluches und binde ihn im Vertrauen auf dich derart, daß alle Völker es wissen und erkennen, daß du bist Petrus und auf deinen Felsen der Sohn des lebendigen Gottes seine Kirche gebaut hat und die Pforten der Hölle sie nicht überwältigen werden.«

Da erzitterte der ganze Erdkreis

Etwas Unerhörtes, nie Dagewesenes war geschehen. Der Papst hatte es gewagt, den König von Gottes Gnaden, den Gesalbten des Herrn von seinem Thron zu stoßen. Seit den Tagen der Spätantike hatte die Kirche im Karfreitagsgebet den Segen Gottes für den allerchristlichsten Kaiser erfleht. Der Krönungsmantel Heinrichs II., der heute noch in Bamberg liegt, war mit Sonne und Mond, den Zeichen der universalen Herrschaft geschmückt. Die Ordnung der Welt war zerbrochen und die Erde schien zu beben. Nun ging es nicht mehr um einzelne Streitpunkte, sondern um das Verhältnis der beiden höchsten Gewalten zueinander und zu Gott, um die rechte Ordnung auf Erden. »Als die Nachricht vom Bann über den König zu den Ohren des Volkes gelangte, da erzitterte unser ganzer Erdkreis«, schrieb der gregorianisch gesinnte Zeitgenosse Bonizo von Sutri. Und der Biograph Heinrichs IV. fragte fassungslos: »Welcher Wahnsinn hat euch die Waffen gegen euren König und den Lenker des Erdkreises in die Hand gedrückt? Ihn, den Gottes Hand auf den Königsthron erhoben hat, kann eure Hand nicht herunterstoßen!« Noch zwei Generationen später schrieb Otto von Freising, ein Enkel Heinrichs IV.: »Immer wieder lese ich die Taten der römischen Kaiser und Könige und finde nirgends, daß irgendeiner von ihnen vor diesem vom römischen Bischof gebannt oder des Reiches beraubt worden ist.«

Wie mag die verheerende Nachricht am Königshof in Utrecht aufgenommen worden sein? Der König jedenfalls war wütend, und er machte sich bereit zum Kampf. Sein Entschluß zum Gegenschlag stand fest. Der Bischof von Utrecht sollte am nächsten Tag, dem Ostertag, während der Messe in kurzen Ausführungen die Absetzung des Königs durch jenen Hildebrand aus Rom mitteilen und im Gegenzug sogleich über den meineidigen, ehebrecherischen und falschen Papst die Exkommunikation aussprechen. Heinrich IV. zog am Ostermorgen 1076 in vollem Königsornat in die Utrechter Kirche ein. Ein König wie er ließ sich nicht so einfach exkommunizieren und vom Thron stoßen!

Wie geplant exkommunizierte der Bischof von Utrecht während der Messe »Hildebrand, den falschen Mönch.«

Gottes Strafgericht entlädt sich

Doch der Ostertag verlief ganz anders als gedacht. Noch am gleichen Tag traf ein Blitz die Utrechter Kirche und legte sie samt den für den Empfang des Königs festlich geschmückten Gebäuden in Schutt und Asche. Hatte Gott selbst den Blitz geschleudert gegen diejenigen, welche den Apostelfürsten und seinen Stellvertreter in Rom verspotteten? Es sollte jedoch noch schlimmer kommen: Vier Wochen nach jenem Osterfest starb der Utrechter Bischof, der die Exkommunikation Gregors an Ostern verkündet hatte. Es war eine bestürzend rasch verlaufende, von quälenden Schmerzen begleitete Krankheit. War das die Strafe des Himmels für den am Papst begangenen Frevel? Die Gerüchteküche brodelte und bald schon hieß es, nicht vier Wochen später, sondern noch während des Ostergottesdienstes sei Bischof Wilhelm von Utrecht von der Rache Gottes getroffen worden. Unter höllischen Schmerzen, mit dem Gefühl, innerlich zu verbrennen, sei er während des Meßopfers zusammengebrochen. Andere wollten wissen, er habe unter grausamen Schmerzen im Todeskampf die Martern der Hölle gesehen und an Heinrich die Botschaft geschickt, er sei zu ewiger Verdammnis verurteilt.

Oktober 1076 – Oppenheim

Daß seine eigene Mutter, die Kaiserin Agnes, in Rom zu Füßen des Papstes saß, als dieser den Bannfluch gegen ihren Sohn, den König, schleuderte, mag menschlich für Heinrich IV. hart genug zu ertragen gewesen sein. Politisch weit schwerwiegender aber war für ihn, daß sich die Reihen seiner Anhänger in Deutschland sehr bald beängstigend zu lichten begannen.

Schon in Worms hatten einige Bischöfe nur unter Druck ihre Zustimmung zur Absetzung Gregors VII. gegeben. Zu Ostern in Utrecht, als die Exkommunikation des Papstes verkündet werden sollte, hatten zwei Bischöfe fluchtartig den Hof verlassen. Nun bröckelte die Front unaufhaltsam. Gregor agierte sehr geschickt, indem er die Bischöfe, die auf Heinrichs Seite standen, zwar mit dem Kirchenbann belegte, ihnen aber gleichzeitig den Rückweg in den Schoß der Kirche offenhielt.

Nach wenigen Wochen waren die Fronten klar: einerseits eine kleine Gruppe kompromißlos königstreuer Anhänger, andererseits ebenso entschiedene Gegner, und dazwischen die große Zahl der Bischöfe, welche die Herrschaft eines Exkommunizierten nicht anzuerkennen vermochten. War doch selbst der Umgang mit einem Gebannten verboten! Wie konnte man ihn da als König akzeptieren?

Der Einfluß des Königs bröckelt ab

Auch von den weltlichen Fürsten war wenig Hilfe zu erwarten. Der treueste Helfer, Gottfried der Bucklige, war tot. Die Herzöge von Bayern, Kärnten und Schwaben hatten schon früher gegen den König gestanden. Auch in Sachsen gärte es wieder. Eine Reihe sächsischer Adeliger, die Heinrich gefangengesetzt hatte, wurden von ihren Bewachern freigelassen. Man fühlte sich nicht mehr an die Treueeide gebunden, die man einst dem König geschworen hatte. Der Versuch Heinrichs, im Sommer 1076 einen Militärschlag von Bayern kommend über Böhmen nach Sachsen zu führen, schlug fehl. Zum ersten Mal kursierten Überlegungen, an die Stelle des ungeliebten, exkommunizierten Saliers einen anderen König zu setzen.

Neuwahl?

Mitte Oktober trafen sich die Mitglieder der Opposition – Fürsten, Bischöfe und zwei päpstliche Legaten – zu Verhandlungen in Tribur am Rhein. Schräg gegenüber, auf der linken Seite des Flusses, bezog Heinrich IV. in Oppenheim Stellung. Zehn Tage lang gingen Gesandtschaften über den Rhein hin und her. Heinrichs Position war miserabel. Aber auch seine Gegner waren sich uneins. Die Mehrheit der Bischöfe wollte prinzipiell an

Heinrich festhalten. Ihnen ging es vor allem um die Bedingungen seiner Wiederanerkennung. Eine radikalere Gruppe plädierte dagegen gleich für eine Neuwahl. Aber wer sollte der neue König sein? Schließlich setzte sich die gemäßigte Position durch. Heinrich mußte versprechen, dem Papst in allem den schuldigen Gehorsam zu leisten und sich bis zum Jahrestag der Exkommunikation vom Bann zu befreien. Andernfalls wollten die Fürsten zu einer Neuwahl schreiten. Gleichzeitig luden sie den Papst ein, zu Beginn des neuen Jahres nach Augsburg zu kommen und den Streit in Deutschland zu schlichten.

Ist die Krone noch zu retten?

Im Grunde hatte Heinrich damit schon verloren, denn er hatte anerkannt, daß die Absetzung des Papstes in Worms keine rechtmäßige Tat war. Indirekt hatte er auch zugestanden, daß der Papst grundsätzlich einen von Gott eingesetzten Herrscher mit dem Kirchenbann belegen konnte. Eines vermochte er durch die Verhandlungen jedoch zu gewinnen, nämlich Zeit. Die einzige Chance in seiner Situation war, sich so schnell wie möglich vom Kirchenbann zu befreien und, wenn irgend möglich, den spektakulären Auftritt Gregors VII. als Schiedsrichter auf deutschem Boden zu verhindern.

Aber der Papst lehnte es ab, Heinrich IV. in Rom zu empfangen und machte sich seinerseits auf den Weg nach Norden. Heinrich hatte den festen Entschluß gefaßt, den Papst unterwegs abzupassen.

Januar 1077 – Canossa

Der Weg durch Süddeutschland war dem gebannten König durch die opponierenden Fürsten versperrt, so blieb nur die Route über die Westalpen, durch das Herrschaftsgebiet seiner Schwiegermutter, der Markgräfin von Turin. Um den 20. Dezember 1076 machte sich der König mit kleinem Gefolge, in Begleitung seiner Frau Bertha und seines zweijährigen Sohnes Konrad auf den Weg von Speyer über Besançon zum Mont Cenis.

Es war ein extrem harter Winter und schon ab Mitte November war der Rhein für Monate zugefroren und für Fußgänger passierbar. Selbst die Weinstöcke erfroren. In Italien sah es nicht besser aus. Auch der Po und der Tiber waren von Eis bedeckt. Aber der König hatte keine andere Wahl. Die Alpenüberquerung wurde zum lebensgefährlichen Abenteuer. Lampert von Hersfeld berichtet: »Die Berge, über die der Weg führte, starrten so von ungeheuren Schneemassen und Eis, daß beim Abstieg auf den glatten, steilen Hängen weder Reiter noch Fußgänger ohne Gefahr einen Schritt tun konnten. Aber die Nähe des Jahrestages, an dem der König in den Bann getan worden war [15.2.1076], duldete keine Verzögerung der Reise. Daher mietete er [Heinrich] einige ortskundige, mit den schroffen Alpengipfeln vertraute Einheimische. Als sie unter deren Führung bis auf die Scheitelhöhe des Berges [Mont Cenis] vorgedrungen waren, da gab es keine Möglichkeit weiterzukommen, denn der schroffe Abhang des Berges war durch die eisige Kälte so glatt geworden, daß ein Abstieg hier unmöglich schien. Da versuchten die Männer alle Gefahren mit ihrer Körperkraft zu überwinden: sie krochen bald auf Händen und Füßen vorwärts, bald stützten sie sich auf die Schultern ihrer Führer, manchmal auch, wenn ihr Fuß auf dem glatten Boden ausglitt, fielen sie hin und rutschten ein ganzes Stück hinunter, schließlich aber langten sie doch unter großer Lebensgefahr endlich in der Ebene an. Die Königin und die anderen Frauen ihres Gefolges setzte man auf Rinderhäute, und die dem Zug vorausgehenden Führer zogen sie darauf hinab. Die Pferde ließen sie teils mit Hilfe gewisser Vorrichtungen hinunter, teils schleiften sie sie mit zusammengebundenen Beinen hinab, von diesen aber krepierten viele beim Hinunterschleifen, viele wurden schwer verletzt, und nur ganz wenige konnten heil und unverletzt der Gefahr entrinnen.«

Der König tut Buße …

Als Gregor die Kunde erhielt, daß sich der gebannte König auf italienischem Boden befand, zog er sich schnellstens auf die feste Burg Canossa, in der Nähe von Reggio am Nordrand des Apennin, zurück. Aber Heinrich kam waffenlos, als Büßer:
»Da die Burg von drei Mauern umgeben war, wurde er [der König] in den zweiten Mauerring aufgenommen, während sein ganzes Gefolge draußen blieb, und hier stand er nach Ablegung der königlichen Gewänder ohne alle Abzeichen der königlichen Würde, ohne die geringste Pracht zur Schau zu stellen, barfuß und mit

Durch die Jahrhunderte wurde Canossa als tiefer Einschnitt in der Geschichte empfunden. Dieser Holzschnitt aus dem 19. Jahrhundert zeigt den König im verschneiten Burghof in heroischer Pose – gebeugt, aber nicht gebrochen. Im Hintergrund Papst Gregor VII. und seine wichtigste Bundesgenossin, Mathilde von Tuszien, der die Burg Canossa gehörte

Holzstich von 1856,
Archiv Gerstenberg

nüchternem Magen vom Morgen bis zum Abend, das Urteil des Papstes abwartend. So verhielt er sich am zweiten, so am dritten Tag. Endlich, am vierten Tag, wurde er vorgelassen …«

Heinrich mit seinen beiden Fürsprechern in Canossa. Mathilde von Tuszien, die Burgherrin von Canossa, und Abt Hugo von Cluny, der Taufpate Heinrichs IV., setzten sich in Canossa bei Gregor VII. für den hier kniend dargestellten König ein

Vita mathildis; Bibliotheca Vaticana, Rom, Cod. lat. 4933, fol. 49r

… und der Papst gewährt den Friedenskuß

Am 28. Januar 1077, fast auf den Tag genau ein Jahr nach dem Beginn des großen Konflikts zwischen Papst und König, hob der Papst den König, der mit ausgebreiteten Armen, also in Kreuzesform, vor ihm auf dem Boden lag, auf und gewährte ihm den Friedenskuß. Mit der Feier des Abendmahls wurde Heinrich wieder in den Schoß der Kirche aufgenommen. Leicht fiel dies dem Papst nicht. Doch als Seelsorger war er verpflichtet, dem Reuigen Vergebung zu gewähren. Und als Politiker entschied er sich, es mit Heinrich noch einmal zu wagen. Schließlich hatte der Salier, wie die Kirche es verlangte, seinen bußfertigen Gehorsam unter Beweis gestellt – drei Tage lang, unbeschuht und im wollenen Gewand.

Heinrich IV. hatte mit seinem Bußgang von Canossa unter übermenschlichen Anstrengungen zunächst seine Krone gerettet. Aber war es wirklich ein Sieg?

In erster Linie hatte Heinrich damit einen hart erkämpften, taktischen Erfolg errungen. Es war ihm gelungen, wieder in die Kirchengemeinschaft aufgenommen zu werden und den Zusammenschluß seiner Gegner, der Fürsten und des Papstes aufzubrechen. So betonte sein Biograph: »Mit einem Schlag erreichte er zwei Dinge: er empfing die Lösung vom Bann und unterband durch sein persönliches Dazwischentreten die für ihn bedenkliche Zusammenkunft des Papstes mit seinen Widersachern«.

Der »Gesalbte des Herrn« unterwirft sich der geistlichen Gewalt

Die öffentliche, spektakuläre Buße, die alle Anwesenden tief bewegte, war jedoch ein katastrophaler Schlag für die Idee des Königtums. Die oberste weltliche Gewalt, der »Gesalbte des Herrn«, der keinen irdischen Richter kannte, hatte sich der höchsten geistlichen Gewalt unterwerfen müssen. Konnte der König nach Canossa noch mehr sein als ein sündiger Laie? Die untrennbare frühmittelalterliche Einheit von geistlicher und weltlicher Sphäre, die der König als *rex et sacerdos,* als König und Priester, verkörperte, war zerbrochen. Natürlich gaben die Könige auch nach Canossa den Anspruch auf das Gottesgnadentum ihrer Herrschaft nicht auf. Sie konnten jedoch nie mehr wieder, wie noch ihre Vorgänger, darauf bauen, daß jeder dies selbstverständlich akzeptierte. Für das Königtum wurde der Bußgang von Canossa zur großen Wende.

Nur das Unbeständige ist beständig

Heinrich IV. war 26 Jahre alt, als er vor der Burgmauer von Canossa stand. Ihm blieben noch fast 30 Herrschaftsjahre. In diesen drei Jahrzehnten gab es kein einziges »normales« Jahr. Seine Regierungszeit war angefüllt mit Schlachten, Siegen, Niederlagen, Erfolgen und Katastrophen. Dies begann bereits wenige Wochen nach dem Bußgang des Königs am Rande des Apennin:

Im Frühjahr 1077 wählte die Fürstenopposition, obwohl Heinrich ja nun die geforderte Buße geleistet hatte, Rudolf von Rheinfelden, den Herzog von Schwaben, zum Gegenkönig. Heinrich eilte auf die Nachricht hin nach Deutschland zurück, um den Kampf aufzunehmen. Kriegszüge, Plünderungen, Waffenstillstand und neue Kämpfe, Sengen und Brennen, Verluste auf beiden Seiten folgten aufeinander ohne Unterlaß.

Im Jahr 1080 traf den König ein neuer Bannfluch Gregors VII. aus Rom, ohne freilich die verheerende Wirkung des ersten zu haben. Die Wiederholung machte diese Waffe stumpf und unglaubwürdig. Noch im gleichen Jahr kam es zur entscheidenden Schlacht gegen Rudolf von Rheinfelden. Der Gegenkönig verlor im Kampf die rechte Hand, mit der er einst dem König Treue geschworen hatte, und starb noch am gleichen Tag an dieser Verletzung. Diesmal schien sich Gott sichtbar auf die Seite Heinrichs gestellt zu haben.

Vom Gegenpapst gekrönt

Zwar wählte die Fürstenopposition einen neuen Gegenkandidaten, der aber war zu schwach, um eine ernsthafte Bedrohung für den Salier zu sein. So zog Heinrich für drei Jahre nach Italien und ließ sich hier im Jahre 1084 von seinem eigenen (Gegen-) Papst die Kaiserkrone aufs Haupt setzen. Aus Italien zurück, gelang es Heinrich endlich, die Opposition, die in Sachsen nach wie vor ihr Zentrum hatte, auszuschalten.

Ein neuer Italienzug sollte auch südlich der Alpen der kaiserlichen Sache endlich zum Sieg verhelfen. Da wechselte Heinrichs ältester Sohn und Thronerbe Konrad im Jahr 1093 zur päpstlichen Seite über. Heinrich IV. saß jahrelang in Oberitalien fest, zur Untätigkeit verdammt. Der Rückweg nach Hause war ihm abgeschnitten.

Münzen des zweiten Gegenkönigs Hermann von Salm (1081 –1088). Während von dem ersten Gegenkönig Rudolf von Rheinfelden keine Münzen überliefert sind, haben sich aus der Zeit des kleinen Grafen von Salm etliche Stücke erhalten. Sie stammen alle aus Goslar, wo sich der Gegenkönig längere Zeit behauptete und es eine wichtige Münzstätte gab

Staatliche Museen Preußischer Kulturbesitz, Berlin, Münzkabinett

Während inzwischen die ersten Kreuzfahrerheere – fast ohne deutsche Beteiligung – gegen Jerusalem zogen, gelangte Heinrich nach einer ungeduldigen Zeit des Wartens im Jahr 1097 nach Deutschland zurück. Alle Versuche, mit der Kirche zu einem Ausgleich zu kommen, blieben vergeblich. Wenigstens gelang es Heinrich, seinen jüngeren Sohn, der ebenfalls Heinrich hieß, 1098 zu seinem Nachfolger wählen zu lassen. Ruhe sollte aber auch damit noch nicht in das Leben des inzwischen fast 50jährigen Königs und Kaisers einkehren. Das Bitterste stand ihm noch bevor.

Für den Salierkönig Heinrich IV. spielte zunächst, wie für seine Vorgänger, Sachsen eine wichtige Rolle auf dem Reiseweg – allerdings nicht mehr das exponiert liegende Magdeburg, sondern das zentralere Goslar. Mit dem Ausbruch des Investiturstreites 1076 endete diese Rolle abrupt. Sachsen wandelte sich nun von der »Küche des Kaisers« zum Hort der innenpolitischen Opposition und spielte auch in der Zukunft für die deutschen Herrscher keine entscheidende Rolle mehr im Itinerar. Im Zentrum seiner Reisetätigkeit stand für Heinrich IV. der Rhein-Main-Raum mit den Bischofsstädten Mainz, Worms und Speyer, wo die Salier einen prachtvollen Dom und die Grablege für ihr Geschlecht errichteten. Im großen Konflikt mit dem Papst und mit der deutschen Fürstenopposition waren es vor allem aufstrebende Städte wie Köln, Worms, Mainz oder Würzburg, die sich auf die Seite des Saliers stellten, ja in einigen Fällen sogar den eigenen, päpstlich gesonnenen Bischof aus ihren Mauern vertrieben

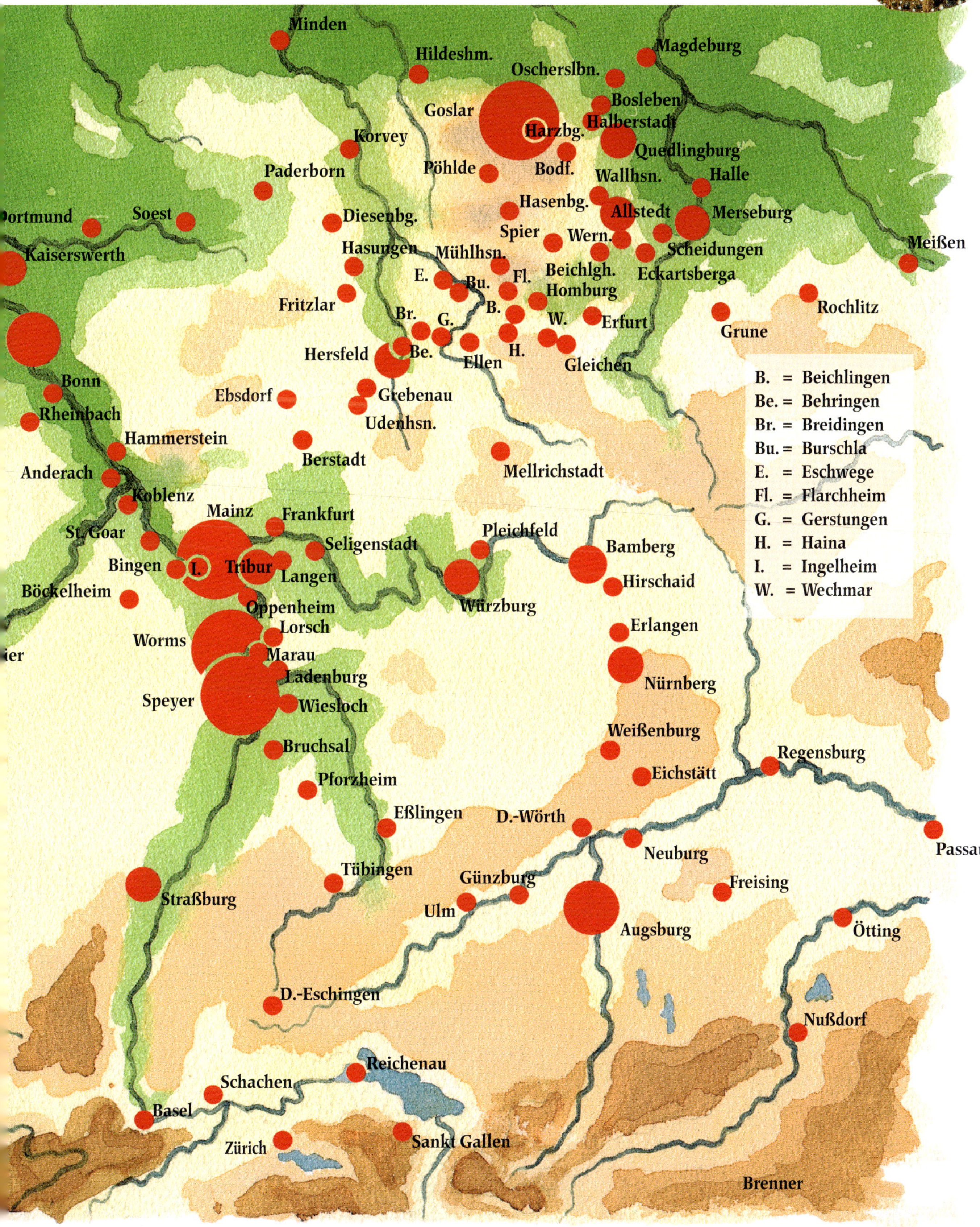
Minden
Hildeshm.
Magdeburg
Oscherslbn.
Bosleben
Goslar
Halberstadt
Korvey
Harzbg.
Quedlingburg
Paderborn
Pöhlde
Bodf.
Wallhsn.
Halle
Hasenbg.
Allstedt
Merseburg
ortmund
Soest
Diesenbg.
Spier
Wern.
Meißen
Kaiserswerth
Hasungen
Mühlhsn.
Scheidungen
E.
Fl.
Beichlgh.
Eckartsberga
Bu.
Homburg
Fritzlar
B.
Rochlitz
Br.
G.
W.
Erfurt
Grune
Hersfeld
Be.
H.
Ellen
Gleichen
Bonn
Ebsdorf
Grebenau
Rheinbach
Udenhsn.
Hammerstein
Berstadt
Mellrichstadt
Anderach
Koblenz
Mainz
Frankfurt
St. Goar
Pleichfeld
Seligenstadt
Bamberg
Bingen
I.
Tribur
Langen
Hirschaid
Böckelheim
Oppenheim
Würzburg
Lorsch
Erlangen
Worms
ier
Marau
Ladenburg
Nürnberg
Speyer
Wiesloch
Bruchsal
Weißenburg
Regensburg
Eichstätt
Pforzheim
Eßlingen
D.-Wörth
Passau
Neuburg
Tübingen
Günzburg
Freising
Straßburg
Ulm
Augsburg
Ötting
D.-Eschingen
Nußdorf
Reichenau
Schachen
Basel
Zürich
Sankt Gallen
Brenner
B. = Beichlingen
Be. = Behringen
Br. = Breidingen
Bu. = Burschla
E. = Eschwege
Fl. = Flarchheim
G. = Gerstungen
H. = Haina
I. = Ingelheim
W. = Wechmar

Grabplatte des Gegenkönigs Rudolf von Schwaben (gest. 1080). Rudolf hat sein Grab in der Vierung des Domes von Merseburg gefunden. Das Relief, das seine sächsischen Anhänger anfertigen ließen, war ursprünglich vollständig vergoldet, in den Augenhöhlungen und der Krone funkelten Edelsteine. Es zeigt Rudolf wie selbstverständlich mit den Insignien des Königs – Krone, Zepter und Reichsapfel. Es ist das älteste Grabmal mit einem Reliefbild in Zentraleuropa und von hohem künstlerischem Rang. Die Grabplatte zeigt den Verstorbenen in Lebensgröße. Erstmals bemühte man sich, den Dargestellten als ein Individuum mit unverwechselbaren Merkmalen zu zeigen. In der Umschrift heißt es unter anderem: »Er fiel für die Kirche«

Dom, Merseburg

Ungewöhnlicher Lebens- und Reiseweg

In diesem Leben, in dem anscheinend nichts normal verlief, konnte auch der Reiseweg des Königs kein gewöhnlicher sein. Und so läßt sich dieser verschlungene Weg im Grunde mit keinem seiner Vorgänger und Nachfolger vergleichen. Die Kämpfe und Kriege gegen die deutsche Fürstenopposition und das Reformpapsttum, die ständig sich verändernden Kräftekonstellationen ließen die Reisen des Königs durch sein Reich hektisch und oft wenig planvoll geraten – geprägt von sich rasch ändernden politischen Notwendigkeiten und militärischen Zwängen. Und dennoch gab es auch auf dem Reiseweg dieses nie zur Ruhe kommenden Königs Konstanten, Bastionen.

Bischofssitze gewinnen an Bedeutung

Sachsen war seit dem Ausbruch des Investiturstreites für den Salier verloren, Goslar wurde nie mehr betreten. Entlang des Rheines aber, von Köln am Niederrhein bis zum Mittelrhein mit seinen Hochburgen Mainz, Worms und Speyer, hielt sich Heinrich wiederholte Male auf. Auch der Süden mit Augsburg und vor allem Regensburg spielte im Itinerar eine wichtige Rolle. Es waren vor allem Bischofsstädte, die Heinrich IV. aufsuchte. Das mag auf den ersten Blick verwundern in diesen in religiöser Hinsicht so aufgewühlten Zeiten; aber seit Heinrich II. (1002 –1024) hatte die königliche Gastungspolitik einen tiefgreifenden Wandel erlebt. Die Herrscher wälzten die Last der Königsgastung zum großen Teil von ihrem Eigengut auf die Reichskirche ab. Während die Pfalzorte immer weiter zurücktraten, gewannen die Bischofssitze im königlichen Itinerar an Bedeutung. Unter Heinrich IV. betrug das Verhältnis etwa 2:1. Allerdings gestalteten sich die Beziehungen des Königs zu den einzelnen Mitgliedern des Reichsepiskopats ganz unterschiedlich. Von bedingungsloser Gefolgschaft über schwankendes Kantonistentum bis zur entschiedenen Gegnerschaft gab es alle Formen der Parteinahme. Auch davon wurde Heinrichs Reiseweg in unterschiedlichster Weise bestimmt.

Mainzer Bürger verjagen Erzbischof

Den ersten Rang unter den Aufenthaltsorten des Königs nahm Mainz ein. Es gehörte damals zu den großen Handelsstädten Deutschlands. Der Mainzer Erzbischof war der vornehmste im Reich und beteiligte sich an führender Stelle an der Absage der deutschen Bischöfe gegen Gregor VII. zu Beginn des Jahres 1076. Schon drei Monate später freilich stand er auf der Seite der Gegner Heinrichs IV., ja er war es, der den Gegenkandidaten Rudolf von Rheinfelden im Mainzer Dom zum König krönte. Die Bürger von Mainz aber jagten ihren Erzbischof mitsamt dem Gegenkönig noch am Krönungstag aus der Stadt und öffneten Heinrich die Tore. Wieder und wieder kam dieser hierher – 15mal allein in seinen letzten acht Regierungsjahren. Als es zum letzten Konflikt Heinrichs mit seinem Sohn kam, erklärten die Mainzer unzweideutig, auf wessen Seite sie standen. Sie ließen Heinrich wissen:
«Deine Feinde sind auch unsere Feinde«.

Schatz der Kaiserin Agnes. Bei Kanalbauarbeiten fand man im Jahr 1880 in Mainz einen Schatz aus 25 Schmuckstücken, der wahrscheinlich der Kaiserin Agnes gehörte. Der Schmuck wurde im historischen Judenviertel gefunden und man vermutet, daß Heinrich IV. den Schmuck seiner Mutter aus Geldmangel kurz vor 1090 an einen reichen Juden verpfändet hat. Die meisten Schmuckstücke wurden in deutschen Goldschmiedewerkstätten gefertigt, zeigen aber deutlich byzantinische Einflüsse. Besonders bedeutend ist die Fibel, die ein Mischwesen aus Adler und Pfau darstellt. Beide Tiere galten als Sinnbilder für die Auferstehung und Himmelfahrt Christi und waren zugleich kaiserliche Hoheitsabzeichen

Staatliche Museen Preußischer Kulturbesitz, Berlin, Kunstgewerbemuseum

Worms und Würzburg stehen in nichts nach

Auch die Wormser Bürger stellten sich im Zweifelsfall auf die Seite des Königs. Im Jahr 1073 vertrieben sie ihren bischöflichen Stadtherrn und nahmen den König in ihren Mauern auf. Dieser machte in den folgenden Jahren immer wieder Station in Worms, erhob die Stadt zu einem wichtigen Stützpunkt seiner Herrschaft und honorierte die Parteinahme der Bürger durch ein großzügiges Privileg.

Ähnlich sah es in Würzburg aus. Zwar gehörte der Würzburger Bischof zu den profiliertesten Gegnern Heinrichs IV., aber die Bürger zwangen ihren Bischof dennoch, die Stadt zu verlassen und akzeptierten stattdessen einen Gegenkandidaten als Bischof, der auf Heinrichs Seite stand.

Konstanz – Stadt der Königsgegner

Anders verhielt es sich mit der Stadt Konstanz. Heinrich war zwar des öfteren ganz in der Nähe, in den Klöstern Sankt Gallen und Reichenau. Trotzdem mied er die Stadt am Bodensee. Der bischöfliche Stadtherr war entschiedener Königsgegner – und die Bürger hielten zu ihm. Zwar versuchte Heinrich, wie auch in anderen Städten, gegen den Konstanzer Bischof einen königstreuen Kandidaten durchzusetzen. Diesen verjagten die Konstanzer Bürger jedoch. Wenig später beschrieb ein Annalist mit knappen Worten die tragische Situation des Reiches: «O beklagenswertes Antlitz des Reiches! Alle sind wir gedoppelt, so sind die Päpste gedoppelt, die Bischöfe gedoppelt, die Könige gedoppelt, die Herzöge gedoppelt!«

Junge Städte als Bundesgenossen

Die großen Konflikte der Zeit wirkten sich in jeder Stadt aus, in Mainz genauso wie in Worms, Würzburg oder Konstanz. Sämtliche Bischöfe und selbst jeder einzelne Bürger waren gezwungen, sich darüber klar zu werden, auf wessen Seite sie sich stellen wollten.

Heinrich IV. suchte und fand in den schweren Konflikten seiner Regierungszeit mit sicherem Instinkt für

Historiker, Archäologen und Kunstgeschichtler haben versucht, das Aussehen einer Stadt um 1100 zu rekonstruieren. Das Modell soll eine durchschnittliche Stadt in Südwestdeutschland oder am Mittelrhein darstellen. Auffallend ist die Lage an einem Fluß und an der Kreuzung von zwei Straßen. Typisch für das 11. Jahrhundert ist das uneinheitliche, locker bebaute Erscheinungsbild mit freien Wirtschaftsflächen, steinernen Kaufmannshäusern und ländlich wirkenden Handwerkersiedlungen

Gemälde, Rekonstruktion einer mittelalterlichen Stadt

künftige Entwicklungen neue Bundesgenossen. So wie er in Sachsen zielsicher die aufstrebende Schicht der Ministerialen für seine Burgenpolitik in Dienst genommen hatte, so erkannte er auch, daß dem Königtum – mit wenigen Ausnahmen – in den jungen Städten wichtige Bundesgenossen zuwuchsen, die dem König finanzielle und militärische Hilfe boten – eine Hilfe, die Heinrich im Gegenzug durch Privilegien entlohnte.

Viele Orte noch unbefestigt

Noch waren diese relativ wenigen, planlos gewachsenen Städte unfertige Gebilde, Inseln in einer ländlichen Umwelt, die wenig gemein hatten mit den stolzen spätmittelalterlichen Reichsstädten, wie wir sie kennen. Viele Orte waren damals noch unbefestigt, allenfalls umgeben von einem Wall und Graben oder einem Palisadenzaun, um sich nach außen zu schützen. Nur die großen Städte zeigten sich schon mauer- und turmbewehrt. Oft gründete sich neues städtisches Leben auf den Steinen der alten Römerstädte, zumal die alten römischen Verwaltungszentren als Bischofssitze weiterlebten, so in Köln, Trier, Mainz, Augsburg und Regensburg.

Entscheidend für das Aufblühen einer Stadt war die räumliche Lage an einer wichtigen Fernhandelsstraße, noch besser an einem Fluß. Da die meisten Straßen unbefestigte Feldwege waren, boten schiffbare Gewässer die einzige Möglichkeit, Waren in größerer Menge über weite Strecken zu transportieren. Die wichtigste Verkehrslinie war der Rhein. Hier – vor allem am Niederrhein – entfaltete sich städtisches Leben am frühesten. Mit an der Spitze stand dabei Köln. Die Stadt und ihr Erzbischof erwiesen sich während der gesamten Regierungszeit Heinrichs als treue Bundesgenossen des Königs. Häufig führte ihn deshalb sein Weg zu Besuchen hierher.

Handel und Handwerk in den Städten

Die Städte, in die der König kam, waren, wie gesagt, planlos wachsende, noch ländlich wirkende Siedlungen, oft mit vielen unbebauten Flächen innerhalb des Mauerringes. Kleingärten und Weideflächen für Schweine und Federvieh lagen zwischen den Häusern. Zur geschlossenen Bebauung mit dem Gassengewinkel des Spätmittelalters war es noch ein weiter Weg.

Doch schon jetzt waren Handel und Handwerk die Stützpfeiler des städtischen Lebens. Manche Städte spezialisierten sich schon in dieser frühen Phase: Augsburg auf die Wollindustrie, Nürnberg auf Metallerzeugnisse und Köln auf Metalle, Tuche und Gold. Handel und Gewerbe sorgten für Reichtum – Reichtum, der auch dem König zugute kommen konnte.

So gewährten die reichen Bürger von Regensburg dem König finanzielle Unterstützung. Auf das Geld der Stadt, welche er so häufig besuchte wie kaum eine andere, war er durchaus angewiesen, um seine Rüstungen finanzieren zu können. Die Stadt war wohlhabend, eine der bevölkerungsreichsten im Reich und gleichzeitig eine Drehscheibe des Handels in sämtliche Himmelsrichtungen. Man schlug Waren aller Art um: Seide aus Byzanz, Glas aus Oberitalien, Wein, Salz und Eisen, Vieh und heidnische Sklaven. Die Stadt investierte in Heinrichs Politik, weil sie im Gegenzug Friede, Freiheit des Handels und die Offenhaltung ihrer Märkte erwartete.

Salier-Grablege in Speyer

In vielen der aufstrebenden Städte zeichnete sich ein Bauboom ab. Nicht

Modell von Dom und Pfalz in Speyer in salischer Zeit. Unter den salischen Herrschern seit Konrad II. wurde Speyer zu einer glänzenden Residenz ausgebaut. Unter Heinrich IV. wurde der gesamte Ostteil der Kirche neu errichtet. Der Dom war damals das größte Kirchenbauwerk des Abendlandes. An ihn schlossen sich der Kreuzgang der Domherren und die dreigeschossigen Pfalzgebäude an. Die Pfalz von Speyer war die größte und eindrucksvollste der Zeit

nur die steinernen Häuser der Reichen und die palastähnlichen Höfe der Domherrn verlangten eine Planung durch Spezialisten, auch die Kirchenbauten, an denen Generationen arbeiteten, brachten wandernde Bauhandwerker aus fernen Ländern in die Städte. So ließen Heinrichs Großvater und Vater in Speyer einen gewaltigen Dom errichten. Auch Heinrich IV. kam häufig hierher und ließ die Kirche zu einem der eindrucksvollsten Bauwerke des Abendlandes ausbauen. Etwas Neues, im Mittelalter noch nie Dagewesenes entstand hier: die Grablege für ein Herrschergeschlecht. Die sterblichen Überreste Konrads II. und Heinrichs III. lagen bereits hier. Heinrich IV. ließ auch die Leiche seiner Frau Bertha in diese Kirche überführen, ebenso die Gebeine seines Bruders und seines Sohnes, die zunächst auf der Harzburg ihre Ruhe gefunden hatten, bis die Gräber dort, wie wir gehört haben, verwüstet wurden. Am Tag vor der entscheidenden Schlacht mit dem Gegenkönig Rudolf von Rheinfelden im Jahr 1080 machte Heinrich der Kirche von Speyer eine überaus reiche Schenkung und stellte sich unter den Schutz der Gottesmutter, der diese Kirche geweiht war. Heinrichs Sieg kam einem Gottesurteil gleich. Wiederholte Male kam er in der darauffolgenden Zeit auf seinen rastlosen Zügen nach Speyer. Hier, in einer ungeweihten Seitenkapelle des Speyrer Doms, sollte nach seinem Tod 1106 sein Sarg jahrelang stehen, bevor man die Leiche des Gebannten endlich im Dom würdig beisetzen konnte.

Römisch-Germanisches Zentralmuseum, Mainz

Weihnachten 1105 – wo hatte Heinrich IV. in den letzten Jahrzehnten seiner Regierung nicht überall die Geburt des Herrn gefeiert! Mindestens siebenmal war er über Weihnachten in Goslar gewesen, neunmal in Mainz, je dreimal in Köln und Worms, zweimal in Speyer und einmal sogar in Sankt Peter in Rom. Immer verbrachte man diese Tage mit besonderer Feierlichkeit und Repräsentation. Der König hatte sich im Herrscherornat dem Volk gezeigt, war unter Glockengeläut zum festlichen Gottesdienst in die Kirche gezogen, hatte im Kreise der Großen des Reiches gespeist und oft genug auch Beratungen abgehalten.

Böckelheim als königliches Gefängnis

In diesem, seinem letzten Jahr, war alles ganz anders. Heinrich IV. saß als Gefangener seines Sohnes auf der Burg Böckelheim an der Nahe. In Briefen an den französischen König und an seinen Taufpaten, den Abt von Cluny, beklagte er voll Bitterkeit sein Los: Sein eigener Sohn hatte ihn mit einer List in die Burg Böckelheim gelockt, ihm seine Begleiter genommen und nicht einmal einen Priester zurückgelassen. Hungernd, durstend und in Todesangst mußte er die Festtage verbringen.

Festtage in Todesangst

»Ich möchte schweigen von den Widerwärtigkeiten, den Beleidigungen und Drohungen, von den Schwertern, die über meinem Nacken schwebten; ich möchte auch schweigen von dem Hunger und Durst, den ich ausstand. Aber eins werde ich niemals vergessen, daß ich in jenen hochheiligen Tagen ohne jede christliche Gemeinschaft in diesem Kerker blieb«, so schrieb er in einem Brief an Philipp von Frankreich. Gegenüber Hugo von Cluny klagte er: »Diesen Verrat hat, was kaum zu begreifen ist, nicht etwa die Hand eines Freundes oder Feindes, sondern vielmehr unser leiblicher, einzig geliebter Sohn begangen. Daher können wir nur mit Schmerz und völliger Fassungslosigkeit zu Gott rufen …«

Wie hatte es so weit kommen können?

Der Sohn des Kaisers, der seinem Vater als Heinrich V. auf dem Thron folgen sollte, war zu diesem Zeitpunkt knapp 20 Jahre alt. Im Alter von zwölf Jahren hatte man ihn zum König gesalbt und gekrönt, nachdem sein älterer Bruder Konrad 1093 auf die päpstliche Seite übergelaufen und 1098 abgesetzt worden war. Nach den Erfahrungen mit dem älteren Sohn verlangte der Kaiser nun von seinem Zweitgeborenen bei der Krönung die eidliche Zusicherung, sich zu Lebzeiten des Vaters nicht gegen dessen Willen in die Regierung einzumischen. Der heranwachsende Sohn, den man

»Wer gibt Wasser meinem Haupte und einen Tränenquell meinen Augen« – das Ende der Reise

Der Kampf zwischen Heinrich IV. und seinem Sohn Heinrich

Die Weltchronik Ottos von Freising, 12. Jahrhundert; Universitätsbibliothek, Jena, Cod. Jenensis Bose q. 6, fol. 91 b

Eine zeitgenössische Zeichnung stellt das Haus der Salier symbolhaft dar. In einem Haus sitzt Kaiser Konrad II. auf dem Thron. In seiner Rechten hält er die Medaillons seiner Nachkommen, die alle untereinander verbunden sind: Heinrich III., darunter Heinrich IV. mit seiner zweiten Frau Adelheid (oder Praxedis), ganz unten König Konrad, der 1093 abgefallen ist und dem 1098 die Krone aberkannt wurde. Schließlich der letzte Salier, Heinrich V. Das Bild will eindrucksvoll die Zusammengehörigkeit der salischen Dynastie demonstrieren und die Familientragödien um die beiden Söhne, die sich gegen Heinrich IV. gestellt haben, vergessen machen

Chronik des Ekkehard von Aura; Staatsbibliothek Preußischer Kulturbesitz, Berlin, Ms. lat. 2i295, fol. 81ᵛ

vom politischen Tagesgeschäft fernhielt, sah mit Mißtrauen und Sorge, daß Jahr um Jahr vergingen, ohne daß der Vater den Konflikt mit dem Papsttum beilegen konnte. Noch immer war Heinrich IV. im Kirchenbann! Der Hochadel, der mit Mißtrauen beobachtete, wie sich der Kaiser mit den jungen, aufstrebenden Kräften von Ministerialität und Bürgertum verbündete, stützte den Kaisersohn.

Offenbar war der junge Heinrich der Überzeugung, daß nur er das Reich aus der seit Jahrzehnten politisch verfahrenen Situation herausführen konnte. Skrupel kannte er dabei nicht. Zuviel hatte er in seinen jungen Jahren an Doppelzüngigkeit, Intrigen und wüsten Verleumdungen erlebt. Die jahrzehntelangen Konflikte im Reich schienen alle moralischen Normen ins Wanken gebracht zu haben. Wer wollte in dieser Orientierungslosigkeit, in den Parteiungen und Wirren der Zeit noch entscheiden, wer und was gut oder böse war? Sein eigener älterer Bruder hatte sich gegen den Vater erhoben. Auch seine Stiefmutter, die russische Praxedis, die zweite Frau Heinrichs IV., hatte ihren Gatten verlassen, war auf die päpstliche Seite übergelaufen und hatte auf einer kirchlichen Synode die wüstesten Beschuldigungen gegen ihren Ehemann geäußert, nicht zuletzt, um ihn moralisch zu vernichten.

In Ingelheim zur Abdankung gezwungen

So hatte der Sohn keine Bedenken, den Vater mit einer List gefangenzunehmen. Heinrich IV. verbrachte das letzte Weihnachtsfest seines Lebens im Kerker. Man zwang ihn, die Reichsinsignien – Krone, Zepter, Kreuz, Heilige Lanze und Schwert – als äußere Symbole der Herrschaft an seinen Sohn auszuliefern und brachte ihn am 31. Dezember 1105 nach Ingelheim. Dort nötigte man ihn dazu, vor den versammelten Fürsten und Bischöfen seine Abdankung auszusprechen. Nach außen sollte es wie ein freiwilliger Thronverzicht aussehen. Doch an den König von Frankreich schrieb Heinrich IV.:

»Ihm [Heinrich V.] schien es auf die Dauer sicherer, wenn sie mich persönlich zwängen, das Reich und alle Reichsrechte aufzugeben, und so drohten sie mir denn alle, es gebe keine Aussicht mehr auf mein Leben, wenn ich nicht alle Befehle ausführte.

Ich erwiderte darauf: Da es um mein nacktes Leben geht, das mein kostbarster Besitz ist, will ich tun, was ihr befehlt, um wenigstens in diesem Leben noch vor Gott bereuen zu können«. Dies war »der schrecklichste Verrat, wie ihn die Welt noch nicht vernommen hat«. Der abgedankte Kaiser saß gefangen in Ingelheim.

Der König auf der Flucht

Doch noch war seine Reise nicht zu Ende. An den französischen König schrieb er weiter: »Mir wurde die Botschaft einiger meiner Getreuen überbracht, die mich warnten, daß ich entweder in dauernde Gefangenschaft kommen oder sogar an diesem Ort enthauptet werden würde, wenn ich auch nur einen Augenblick dort bliebe. Am Leben verzweifelnd entfloh ich auf diese Meldung hin sofort, kam auf der Flucht nach Köln, blieb einige Tage dort und gelangte schließlich nach Lüttich«.

Ein schneller Tod in Lüttich

Heinrich IV. war wieder frei. Sein Sohn hatte den Kampfgeist des Vaters unterschätzt und ihn mit geringer Bewachung in Ingelheim gelassen, so daß der Kaiser fliehen konnte. Der Vater gab nicht auf. Als demonstratives Zeichen seiner Frömmigkeit, welche die Kirche ihm, dem Gebannten, immer wieder abgestritten hatte, zog er in der Februarkälte des Jahres 1106 barfuß von Köln, dessen Bürger noch immer zu ihm hielten, nach Aachen. Daraufhin begann er, Streitkräfte um sich zu sammeln, um mit Waffengewalt gegen den eigenen Sohn zu ziehen. Doch dazu sollte es nicht mehr kommen. Während der militärischen Vorbereitungen ist Heinrich IV. am 7. August 1106 in Lüttich gestorben. Vom Sterbebett aus hatte er seinem Sohn und Nachfolger Schwert und Ring übersandt, ihn für seine Anhänger um Gnade und für sich selbst um ein Grab im Dom von Speyer gebeten.

Übergabe der Reichsinsignien von Heinrich IV. an seinen Sohn Heinrich V. Die Darstellung entspricht nicht der historischen Realität, denn die Übergabe der Reichsinsignien geschah keineswegs freiwillig. Hier sollen im Nachhinein (etwa um 1125) die tatsächlichen Vorgänge verschleiert und die Herrschaftsübergabe als ein normaler Akt dargestellt werden

Chronik des Ekkehard von Aura; Staatsbibliothek Preußischer Kulturbesitz, Berlin, Ms. lat. 2°295, fol. 99r

Noch als Leichnam auf Reisen

Normalerweise endet das Itinerar eines Herrschers mit dessen Tod. Selbst der Leichnam Heinrichs IV. jedoch kam nicht zur Ruhe. Zunächst ließ der Bischof von Lüttich den toten Kaiser in der Lütticher Domkirche bestatten. In den Augen der päpstlichen Parteigänger aber wurde ein Gotteshaus durch die Bestattung eines Gebannten entweiht, man konnte hier keine Gottesdienste mehr abhalten. So grub man den Leichnam wieder aus und brachte ihn in eine ungeweihte Kapelle nicht weit von Lüttich. Dort lag der Leichnam ein paar Tage, doch dann trafen Boten Heinrichs V. ein, die den Verstorbenen, dessen Wunsch und der Familientradition entsprechend, nach Speyer bringen sollten. So holte man den toten Körper zunächst wieder in die Stadt Lüttich zurück. Als der Leichnam in der Stadt eintraf, kam es zu Tumulten. Das Volk wollte den Toten offenbar nicht herausgeben. Man bemächtigte sich des Leichnams und trug ihn wieder in den Lütticher Dom. Fast schien es, als sei kein Gebannter, sondern ein Heiliger gestorben. Menschen scharrten die Erde von Heinrichs Grab zusammen und streuten sie über ihre Felder. Andere legten Saatkörner auf die Totenbahre, um sie später für eine fruchtbare Ernte mit dem Korn zu mischen. Nur mit Mühe konnten die Gesandten des Königs schließlich den Leichnam in ihre Gewalt bringen und endlich nach Speyer überführen. Man wollte den Toten in die Domkirche tragen, für deren Ausbau der Verstorbene so viel getan hatte. Aber auch der Bischof von Speyer sah sich außerstande, einen aus der kirchlichen Gemeinschaft Ausgeschlossenen in seiner Kirche zu bestatten. So brachte man den Sarg in eine ungeweihte Kapelle neben dem Dom. Erst fünf Jahre später wurde Heinrich IV. nachträglich vom Kirchbann gelöst und endlich seinem Wunsch gemäß im Speyrer Dom bestattet. Seine Reise war endlich zu Ende. Heinrich hatte, wie sein Biograph schreibt, endlich »das Reich der Unruhe mit dem Reich der Ruhe, das endliche mit dem unendlichen, das irdische mit dem himmlischen vertauscht.«

Man kann nachempfinden, daß der zeitgenössische Biograph Heinrichs IV. am Ende dieses unruhigen, von den dunkelsten Tiefen und unerbittlichsten Kämpfen geprägten Weges sein Werk mit den folgenden Worten schließt: »Da hast du nun die Schilderung der Taten Kaiser Heinrichs. Wie ich sie nicht ohne Tränen aufzuzeichnen vermochte, so wirst auch du sie nicht ohne Tränen lesen können«.

Grabkrone Heinrichs IV. Unter Konrad II. († 1039) kam der Brauch auf, für den verstorbenen Herrscher eine eigene Grabkrone anzufertigen, um ihn für alle Zeiten auch im Tod als Herrscher kenntlich zu machen. Dies ist die Krone Heinrichs IV., die man im Jahr 1900 aus seinem Sarkophag im Speyrer Dom entnommen hat

Vergoldetes Kupferblech mit bandförmigem Bügel und vier Lilien, Dom- und Diözesanmuseum, Speyer

Zwischen Wahl- und Erbreich

Wahl- oder Geblütsrecht?

Heinrich V., der seinem Vater die Krone mit äußerster Härte entwunden hatte, starb seinerseits im Jahre 1125 ohne männlichen Nachkommen. Damit erlosch das Herrschergeschlecht der Salier im Mannesstamm. An wen sollte nun die Krone fallen? Das Deutsche Reich war seit seiner Entstehung zu Beginn des 10. Jahrhunderts ein Wahlreich gewesen. Dennoch hatte in den letzten 200 Jahren immer auch der Geblütsgedanke eine starke Rolle gespielt und so war die Wahl immer auf einen Sohn des vorherigen Herrschers gefallen. War kein unmittelbarer Erbe vorhanden, dann hatte man den Nachfolger doch wenigstens in der weiteren Familie gesucht. So war vor 100 Jahren auf die Familie der Ottonen die mit ihnen weitläufig verwandte Dynastie der Salier gefolgt.

Wahlrecht gegen Geblütsrecht

Nun war die Situation ähnlich wie vor einem Jahrhundert: Heinrich V. hatte bei seinem Tod 1125 keinen Sohn hinterlassen, nur einen Neffen – einen Staufer und dieser sah sich gemäß der Tradition bereits als künftigen König. Aber diesmal fiel die Wahl der Fürsten auf einen anderen, auf den sächsischen Herzog Lothar von Supplinburg (1125–1137). Der Gedanke des freien Wahlrechtes hatte sich gegenüber dem Geblütsrecht durchgesetzt und Deutschland versank im Krieg, denn der Staufer war nicht bereit, diese Entscheidung anzuerkennen.

Unter umgekehrten Vorzeichen wiederholte sich die Situation zwölf Jahre später, als Lothar söhnelos starb. Zu diesem Zeitpunkt sah sich sein Schwiegersohn, ein Welfe, bereits auf dem Königsthron. Doch bei dieser Königswahl konnte sich schließlich ein Staufer, Konrad III. (1138–1152), durchsetzen. Jahrelang kämpften Staufer und Welfen gegeneinander um die Macht.

Es war durchaus ein Glücksfall, daß sich die Fürsten nach dem Tod Konrads III. im Jahre 1152 auf die Wahl des Staufers Friedrich Barbarossa (1152–1190), einigen konnten. Dieser hatte einen staufischen Vater und eine welfische Mutter. Es gelang ihm, »wie ein Eckstein den klaffenden Riß der beiden Wände

Friedrich I. Barbarossa mit seinen beiden Söhnen. Zur Rechten des Kaisers steht sein älterer Sohn, Heinrich VI. (1190–1197), zu seiner Linken der jüngere Sohn Philipp, der 1208 in Bamberg ermordet wurde

Historia Welforum; Hessische Landesbibliothek, Fulda, Cod. D 11, fol. 14 r

Die Buchmalerei mit dem Kampf zweier Ritterpaare zeigt detailgenau Bewaffnung und Kampfweise in der Zeit des Thronstreites: Der Körper ist vollkommen gepanzert. Ein geschlossener Ringelpanzer wird ergänzt durch Handschuhe und einen Topfhelm mit Sehschlitzen. Darüber wird ein repräsentativer Waffenrock getragen. Da die Ritter vollständig maskiert sind, ist eine Kennzeichnung mit Schildzeichen nötig, um Freund und Feind unterscheiden zu können

Speculum virginum; Kestner-Museum, Hannover, Inv.-Nr. 3984

zu vereinigen«, so Otto von Freising, und das Reichsgebäude wieder zu konsolidieren. Das Reich erlebte eine Zeit der Blüte und weitgehender Ruhe.

Königswahlrecht als Machtinstrument

Als Friedrich I. nach fast 40jähriger Regierung auf dem Weg ins Heilige Land in den Fluten des Saleph ertrank, war es keine Frage, daß ihm sein ältester Sohn Heinrich VI. (1190–1197) auf den Thron folgte. Doch auch diese unproblematische Nachfolge des Sohnes auf den Vater bedeutete noch lange nicht, daß sich der Gedanke des Erbrechtes nun endgültig gegen das Wahlrecht durchgesetzt hätte. Heinrich VI. erkannte zwar klar, wie wichtig diese Frage für das staufische Haus war, die Fürsten ließen sich aber selbst durch das Angebot erheblicher Zugeständnisse nicht dazu bewegen, der Umwandlung des Reiches in eine Erbmonarchie zuzustimmen. Zu wertvoll war das Königswahlrecht als Machtinstrument in ihren Händen.

Sizilien als Erbe

Und so war alles offen, als Heinrich VI. – noch keine 32 Jahre alt – im Jahr 1197 in Süditalien an der Malaria starb. Sein frühes Ende markierte einen tiefen Einschnitt. Man hat seinen Tod sogar als »die schwerste Katastrophe in der Geschichte des deutschen Mittelalters« bezeichnet.

Heinrich VI. hinterließ, als er starb, einen dreijährigen Sohn – Friedrich II. Dieses Kind war zwar bereits zu Lebzeiten des Vaters von den Fürsten zum Nachfolger gewählt worden, es lebte jedoch in Italien, hatte noch nie deutschen Boden betreten und war zugleich Erbe des Königreiches Sizilien, denn Heinrich VI. hatte in einem genialen Coup Konstanze, die Erbin des Königreiches Sizilien, geheiratet.

Wir haben bei Heinrich IV. gesehen, welch schwierige politische Probleme sich daraus ergaben, wenn die Königsnachfolge von einem kleinen Kind angetreten wurde. Damals hatte zunächst die Königinmutter, Agnes, für ihren Sohn die Regentschaft übernommen. Nun aber, im

Jahr 1198 schmiedete Konstanze von Sizilien keinerlei derartige Pläne für sich und ihren Sohn. Sie ließ vielmehr das Kind zu sich nach Palermo bringen, ließ ihn zum Herrscher über das Königreich Sizilien, zu dem außer der Insel auch noch Unteritalien gehörte, krönen und auf den deutschen Königstitel verzichten. Damit war das Kind Friedrich II. im Deutschen Reich als Nachfolger aus dem Rennen – so schien es zumindest zunächst.

Zwei Könige im Reich

Im Reich ereignete sich inzwischen im Jahr 1198 eine verhängnisvolle Doppelwahl: Aus der staufischen Familie kam als einziger Kandidat noch Philipp, der jüngere Bruder des verstorbenen Kaisers Heinrich VI. und Onkel des kleinen Friedrich von Sizilien, in Betracht. Zunächst widerstrebend, ließ er sich schließlich doch zum König wählen, als deutlich wurde, daß er den Thron nicht für seinen kleinen Neffen sichern konnte. Doch nicht alle Fürsten hatten ihn gewählt – ein Teil von ihnen entschied sich für Otto IV., einen Welfen. Damit gab es zwei Könige im Reich und der alte staufisch- welfische Konflikt loderte erneut auf. Zugleich symbolisierten die zwei rivalisierenden Könige auch die zwei Prinzipien, die von Anfang an im Reich die Königswahl bestimmt hatten. Der Staufer stand für das Gewicht des Geblütsrechts einer angestammten Herrscherfamilie, der

Pfalzgraf Otto von Wittelsbach tötet im Juni 1108 den Stauferkönig Philipp in Bamberg

Miniatur (Ausschnitt) aus der Sächsischen Weltchronik; Staatsbibliothek Preußischer Kulturbesitz, Berlin, Ms. Germ. fol.129

Welfe stand für das Prinzip der freien Wahl. Der Staufer hatte zwar den größeren Teil des Reiches hinter sich, dafür erklärte sich Papst Innozenz III., die überragende politische Gestalt dieser Zeit, schließlich für den Welfenkönig. Die großen Fürsten des Reiches nützten die Situation in dem von Thronstreit und Bürgerkrieg gebeutelten Reich rücksichtslos für ihre eigenen Interessen aus. Einige wechselten mehrfach die Fronten zwischen Welfen und Staufern – je nachdem, wo der größere Lohn zu erwarten war. Diese verzweifelten Jahre voller Gewalt, Bestechung, Intrigen, Elend und Rechtlosigkeit bewogen den berühmtesten Dichter der Zeit, Walther von der Vogelweide, zu den Zeilen:

»Schlimm stehest, Welt, du sondergleichen, daß ich's zu sagen nicht vermag. Auf Treu und Wahrheit hört man jetzt nur schelten: Der Ehr ist das ein harter Schlag«.

Mord und Intrige herrschen

Nach Jahren der Zwietracht senkte sich die Waage schließlich zu Gunsten des Stauferkönigs Philipp. In geheimen Verhandlungen bereitete auch die Kurie schon ihren Übergang auf die staufische Seite vor. Da wurde König Philipp aus privaten Motiven in der Pfalz von Bamberg im Juni 1208 ermordet.

Das Land war der Konflikte müde und so wurde der Welfe Otto IV., dessen Spiel schon verloren schien, im Reich nun allgemein als Herrscher anerkannt. Ein Jahr später krönte ihn Innozenz III. in Rom zum Kaiser. Doch dann tat Otto etwas, womit niemand gerechnet hatte: Statt nach Deutschland zurückzukehren, wandte er sich plötzlich nach Süden, Richtung Sizilien. Er wollte dort den einzigen, der ihm noch gefährlich werden konnte, den halbwüchsigen Staufer Friedrich II. aus seinem Königreich vertreiben. Der Papst war darüber entsetzt, wie sehr er sich doch in seinem Protégé getäuscht hatte: »Das Schwert, das wir selbst geschmiedet, schlägt uns schwere Wunden«, so klagte er. Otto IV. als Herrscher über Deutschland, Norditalien und nun auch noch über Unteritalien und Sizilien – das hätte den Papst in eine unangenehme, ja höchst gefährliche Umklammerung von Norden und Süden gezwungen – ein Alptraum! Es gab nur eine Karte, auf die Innozenz jetzt noch gegen den nicht mehr kontrollierbaren Otto IV. setzten konnte: den jungen Staufer Friedrich II. von Sizilien.

Von Sizilien nach Hagenau

Friedrich II. – das Staunen der Welt

Im Sommer des Jahres 1212 bewegte sich ein merkwürdiger Zug über die Alpen. Tausende von Kindern waren unterwegs, angeführt von einem zwölfjährigen Jungen. Sie kamen aus den Rheinlanden und Niederlothringen und wollten über die Alpen nach Italien und zu Schiff weiter ins Heilige Land. Niemand hatte sie aufhalten können, weder die Eltern noch die kirchlichen oder staatlichen Institutionen. Fragte man die Kinder nach dem Ziel ihres Marsches, so antworteten sie: »Zu Gott«. Sie wollten das Heilige Grab aus den Händen der Ungläubigen zurückerobern, waffenlos und zerlumpt wie sie waren. Sie hatten weder Geld noch Ausrüstung, aber sie waren sicher, das Meer werde sich vor ihnen teilen wie einst das Rote Meer vor den Kindern Israels und sie könnten trockenen Fußes in Palästina ankommen. Viele starben in der Sommerdürre auf dem Weg über die Alpen an Hunger und Erschöpfung. Dennoch kamen noch etwa 7000 im August 1212 in Genua an. Aber das Wunder blieb aus. Das Meer teilte sich nicht, niemand war bereit, die

Friedrich II. als thronender Kaiser. Dieses Bild entstammt dem »Falkenbuch«, welches Friedrich selbst verfaßt hat

Bibliotheca Apostolica Vaticana, Rom, Pal. lat. 1071, fol. v

Kinder zu unterstützen. Eine kleine Gruppe soll angeblich noch weiter nach Süden gezogen sein, einige hat man in den italienischen Hafenstädten offenbar aufgegriffen und als Sklaven nach Nordafrika und Ägypten verkauft. Die Spuren der meisten Kinder verloren sich im Ungewissen – ein menschliches Drama in emotional aufgewühlten Zeiten. Ein Drama besonders für die Eltern, das wohl auch noch in der Sage vom Rattenfänger von Hameln nachklingt. Danach soll ein Mann mit Hilfe seiner Flöte die Kinder in einen Berg gelockt haben, aus dem sie nie mehr wiederkehrten.

Die Wege kreuzen sich

Zur gleichen Zeit, im Sommer 1212, als die Kinder in ihrem tragischen und geradezu grotesken Kinderkreuzzug über die Alpen nach Genua unterwegs waren, zog ein anderer Halbwüchsiger auf dem Weg von Genua nach Norden und es ist gut möglich, daß der 17jährige, der da Richtung Norden ritt, den Tausenden von Kindern, die nach Süden unterwegs waren, begegnet ist. Sein Vorhaben war abenteuerlich, vielleicht sogar aberwitzig und mit wenig Aussicht auf Erfolg. Auch ihn hatte niemand aus seiner Umgebung zurückhalten können. Friedrich II. war auf dem Weg nach Deutschland.

Schuld daran trugen Kaiser Otto IV. und Papst Innozenz III. Der Welfe Otto IV. war nun eigentlich endlich am Ziel seiner Wünsche angekommen und nach Jahren des Thronstreites in

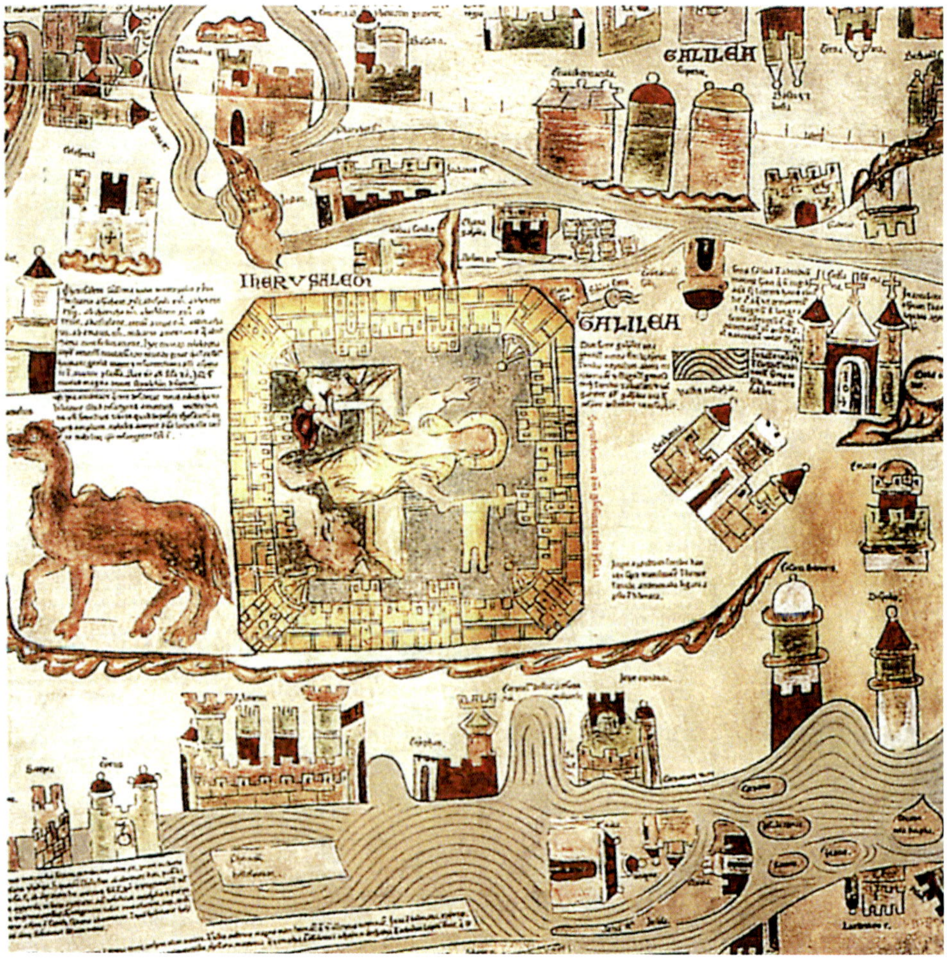

Auf den Landkarten der Zeit liegt Jerusalem im Mittelpunkt der Erde. Jerusalem war mehr als eine irdische Stadt, es war Schauplatz des Heils und Abbild des Himmels. So zeigt auch die Ebstorfer Weltkarte, eine der berühmtesten Karten des Mittelalters, Jerusalem mit goldenen Mauern und dem auferstandenen Christus im Mittelpunkt der Welt. Zu dieser mythischen Stadt war auch der Kinderkreuzzug von 1212 unterwegs

Plassenburg, Kulmbach, Inv.-Nr. 3913

Die Sage vom Rattenfänger von Hameln hat ihren Ursprung möglicherweise im Kinderkreuzzug von 1212, als Tausende von Kindern sich gegen den Willen ihrer Eltern auf den Weg ins Heilige Land machten und die meisten von ihnen von dieser Reise ins Ungewisse nie zurückkehrten

Deutschland alleiniger, allgemein anerkannter König, der Papst hatte ihn eben im Jahr 1209 zum Kaiser gekrönt. Da wandte er sich – statt von Rom nach Deutschland zurückzukehren – in einem plötzlichen Richtungswechsel nach Süden, gegen Sizilien, um seine Laufbahn zu krönen und dort auch noch den jungen Staufer Friedrich zu vertreiben. Der Papst, der nichts so fürchtete, wie eine Umklammerung des eben erst entstehenden Kirchenstaates von Norden und Süden, schleuderte sofort den Bann gegen Otto IV. Aber Otto ließ sich nicht aufhalten. Der junge Friedrich soll im Hafen von Palermo schon ein Schiff für seine Flucht nach Afrika bereitgehalten haben. Da griff der Papst zum letzten, verzweifelten Mittel. Es gab nur eine Möglichkeit, Otto IV. zum Rückzug zu zwingen: die Wahl eines Gegenkönigs in Deutschland. Und wiederum gab es nur einen, den man mit Aussicht auf Erfolg ins Spiel bringen konnte, einen für den immer noch das staufische Geblütsrecht sprach, einen, der als Kind schon einmal von den Fürsten zum König gewählt worden war – Friedrich II.

Kaisersiegel Ottos IV. Das Siegel zeigt den einzigen welfischen Kaiser nach seiner Krönung 1209 in Rom mit Krone, Zepter und Reichsapfel. Auffallend sind Sonne und Mond neben seinem Kopf. Dies war Ottos propagandistische Antwort auf die Behauptung des Papstes, das Kaisertum (Mond) empfange sein Licht vom Papst (Sonne). Otto beanspruchte dagegen die volle, nur von Gott abgeleitete Herrschaftsgewalt, die er hier mit beiden Symbolen darstellen ließ. Schon hierin wird erkennbar, daß Otto IV. nicht das leicht lenkbare Instrument in den Händen des Papstes war, das sich dieser erhoffte

Oben: Älteste Darstellung des Auszuges der Kinder aus Hameln mit dem Rattenfänger (1592)
Unten: Rotes Wachs, an grünen, gelben und braunen Seidenfäden anhängend; Niedersächsisches Staatsarchiv, Wolfenbüttel, 25 Urk 46

Friedrich II., der letzte staufische Kaiser, hat nicht einmal ein Drittel seiner Regierungszeit nördlich der Alpen verbracht. Als Kandidat des Papstes nach Deutschland gekommen, mußte er hier erst einmal seine allgemeine Anerkennung durchsetzen. Den entscheidenden Rückhalt fand er dabei in Süddeutschland, vor allem bei den aufstrebenden Städten. In den Nordteil Deutschlands kam er nur selten und zumeist in kriegerischer Absicht. Im Anschluß an seine Krönung 1215 hat er Aachen nicht mehr besucht. Nach Sachsen führten ihn lediglich die Auseinandersetzungen mit seinem welfischen Rivalen Otto IV. Die Nordhälfte des Deutschen Reiches ist somit dem Einfluß des Staufers fast völlig entglitten. Von größter Bedeutung für Friedrich war das Elsaß. Ganz an der Spitze steht dabei die neu erbaute Pfalz Hagenau mit ihren wildreichen Forsten. Aber auch die Städte im Rhein-Main-Raum, das schwäbische Ulm und Augsburg und das fränkische Nürnberg spielten eine wichtige Rolle. Vergleicht man die Herrscheritinerare seit der Karolingerzeit, so wird deutlich, daß der zentral gelegene Rhein-Main-Raum von Speyer über Worms und Mainz bis Frankfurt die einzige Gegend war, die über Jahrhunderte hinweg in ihrer Bedeutung als Kernlandschaft für die reitenden Herrscher unangetastet blieb

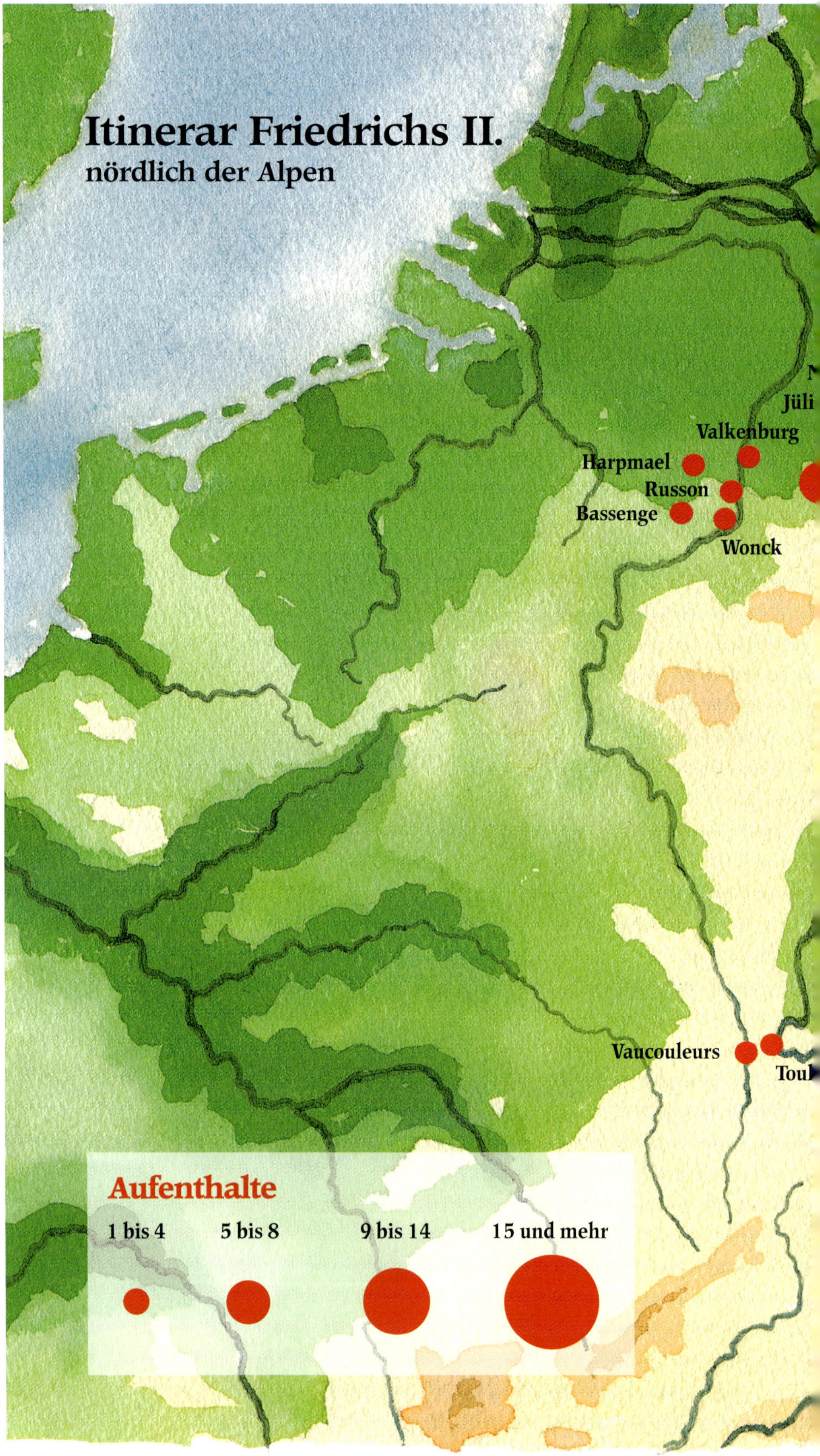

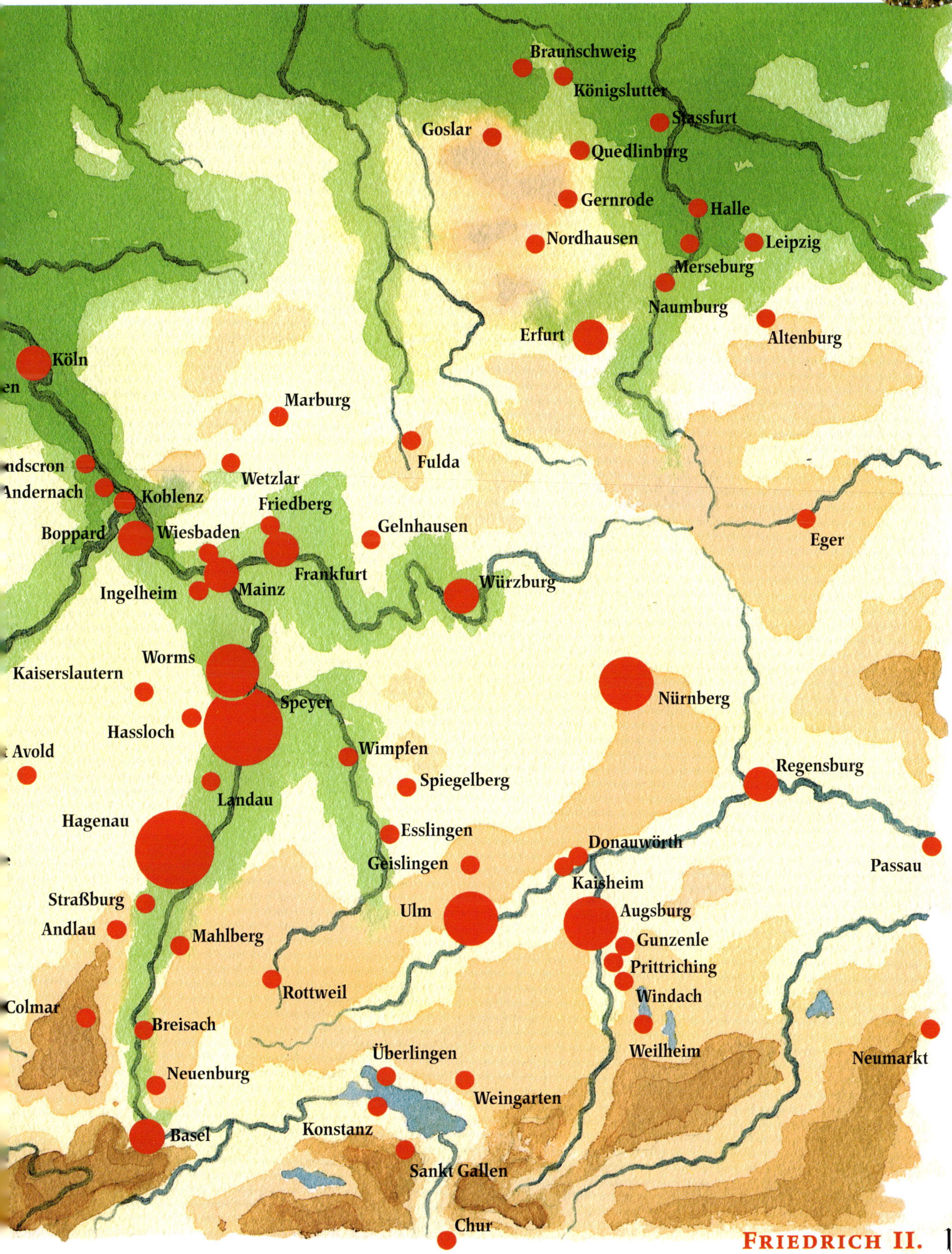

Braunschweig
Königslutter
Stassfurt
Goslar
Quedlinburg
Gernrode
Halle
Nordhausen
Leipzig
Merseburg
Naumburg
Erfurt
Altenburg
Köln
Marburg
Fulda
Wetzlar
Andernach
Koblenz
Friedberg
Boppard
Wiesbaden
Gelnhausen
Eger
Frankfurt
Würzburg
Ingelheim
Mainz
Worms
Kaiserslautern
Nürnberg
Speyer
Hassloch
Wimpfen
Regensburg
Spiegelberg
Landau
Hagenau
Esslingen
Donauwörth
Geislingen
Passau
Kaisheim
Straßburg
Ulm
Augsburg
Andlau
Gunzenle
Mahlberg
Prittriching
Rottweil
Windach
Colmar
Breisach
Überlingen
Weilheim
Neumarkt
Neuenburg
Weingarten
Basel
Konstanz
Sankt Gallen
Chur

Auf dem Weg über die Alpen – eine Reise ohne Chancen?

Im September 1211 wählten einige Fürsten in Nürnberg unter päpstlichem Einfluß Friedrich II. in dessen Abwesenheit zum künftigen Kaiser. Diese alarmierende Nachricht veranlaßte Otto, sofort sein Sizilienunternehmen abzubrechen und nach Deutschland zurückzukehren. Friedrich II. machte sich ebenfalls auf, um die Wahl in seinem fernen Vaterland, das er nie gesehen hatte, anzunehmen. Der Papst war bereit, das Abenteuer zu finanzieren. Friedrichs Umgebung riet dem Jüngling jedoch mit Entschiedenheit ab. Nach anarchischen Jahren begann sich die Herrschaft Friedrichs über das Königreich Sizilien eben erst zu festigen. Einerseits brauchte man dort eine starke Herrscherhand, und andererseits stellte sich die Frage, ob man dieses reiche, blühende, von den unterschiedlichsten Kulturen durchpulste Sizilien verlassen sollte, um in das kalte Land jener Deutschen zu ziehen, die den Sizilianern seit der kurzen grausamen Herrschaft Heinrichs VI. verhaßt waren? Auch Friedrichs Ehefrau beschwor ihren jugendlichen Mann, in Sizilien zu bleiben. Sie war zehn Jahre älter als Friedrich, schon einmal verwitwet und wollte dieses Schicksal nicht noch einmal erleiden. Außerdem hatte sie ihrem 17jährigen Ehemann eben einen Sohn geboren. Friedrich war trotz aller Bedenken und düsterer Warnungen nicht umzustimmen. Mit wenigen Begleitern brach er im März 1212 nach Norden auf, »arm und abgerissen wie ein Bettler«. Er sollte erst neun Jahre später wieder zurückkehren.

Ein gefahrvoller Ritt

Es wurde ein abenteuerlicher Ritt. In Rom traf er das erste und einzige Mal mit Papst Innozenz zusammen. In Genua wurde er glanzvoll empfangen. Auch in Pavia nahm man den jungen Staufer noch herzlich auf. Doch dann begann der gefährlichste Teil der Reise. Die stauferfeindlichen Städte Mailand und Piacenza sperrten den Weg durch die Poebene. In der Abenddämmerung verließ Friedrich, gedeckt von der Reiterei Pavias, die Stadt. Man ritt die ganze Nacht hindurch und erreichte in der Morgendämmerung den Fluß Lambro. Doch die Mailänder waren dem kleinen Trupp dicht auf den Fersen. Es heißt, Friedrich und seine Begleiter hätten gegen Morgen am Ufer des Lambro Rast gemacht, als die Mailänder nahten. Da habe sich Friedrich im letzten Moment auf ein ungesatteltes Pferd geworfen und in eiliger Flucht den Fluß durchschwommen. Während die Mailänder ihm nach-

Portrait Papst Innozenz III. (1198–1216), eines der bedeutendsten Päpste des Mittelalters in der Unterkirche von Subiaco. Innozenz stellte sich im deutschen Thronstreit zunächst auf die Seite des Welfen Otto IV., begünstigte dann aber den jungen Staufer Friedrich II.

Unterkirche »Sacro Speco«; Subiaco (Latium)

höhnten, »der Knabe« habe »seine Hosen im Lambro gebadet«, empfing man den Fliehenden in Cremona, »als sähe man den Engel des Herrn«.

Irgendwo in der Poebene mag Friedrich auf jene Scharen von Kindern getroffen sein, die sich wie er auf ein Abenteuer mit ungewissem Ausgang eingelassen hatten. Hier, zwischen Cremona und Piacenza, waren sie um den 20. August 1212 unterwegs: Der junge Staufer, um ins Land seiner Väter zu ziehen, und die Kinder auf dem Weg ins Heilige Land.

Wie stark das Idealbild des Ritters das Denken der Zeit beschäftigt hat, zeigen unzählige sogenannte »Aquamaniles« aus Ton oder Bronze, die man in Burgen, Städten, Klöstern und selbst ländlichen Siedlungen gefunden hat. Man bewahrte darin Wasser auf, mit dem man sich vor und nach dem Essen die Hände wusch

Ritter-Aquamanile, Frankreich, 13. Jahrhundert; Danmarks Nationalmuseet, Kopenhagen, Inv.-Nr. 9094

Pfade über einsame Bergjoche

Von Cremona ging es ohne Probleme das Etschtal hinauf bis Trient. Aber der bequemste Übergang über die Alpen, der Brenner, war durch Fürsten versperrt, die auf der Seite Ottos IV. standen. Friedrich war gezwungen, nach Westen auszuweichen. Durch den Vintschgau und das Engadin, durch kaum bewohnte Alpengegenden und über einsame Bergjoche ging der Ritt. Endlich erreichte man Chur, dann das Kloster Sankt Gallen. Papst Innozenz hatte für seinen jungen Schützling nach allen Kräften Vorarbeit geleistet und den deutschen Bischöfen schriftlich nahegelegt, den jungen Staufer bei seiner Ankunft ehrenvoll zu empfangen und militärisch zu unterstützen. So wuchs dessen spärliches Gefolge auf stattliche 300 Reiter. Der Ritt ging weiter Richtung Konstanz.

Gerade noch rechtzeitig in Konstanz

Inzwischen waren die Gerüchte vom abenteuerlichen Herannahen des staufischen Rivalen zu Otto IV. gelangt und dieser machte sich schleunigst auf Richtung Süden. Es galt, von allem Anfang an dem Staufer den Zutritt zum Herzogtum Schwaben, dem alten staufischen Stammland, zu verwehren. So eilte auch Otto IV. an den Bodensee. Von Überlingen aus verhandelte er mit dem Bischof von Konstanz über seine Aufnahme in der Stadt. Der Bischof war bereit, ihn in die Stadt einziehen zu lassen. Es heißt, die Diener und Köche des Welfen hätten in Konstanz schon alles für den Empfang des Kaisers vorbereitet, da erschien von Süden her kommend Friedrich II. vor der Stadt. Auch er verlangte vom Bischof, in die Stadt aufgenommen zu werden. Dieser weigerte sich jedoch. Da wiederholte der päpstliche Legat, der Friedrich begleitete, die Exkommunikation, die der Papst gegen Otto IV. ausgesprochen hatte. Diesem geistlichen Argu-

konnte sich der Bischof nicht entziehen und so öffnete er dem Staufer die Tore. An einem Septembertag des Jahres 1212 ritt Friedrich in die Stadt ein, die für den Empfang seines Gegners schon festlich geschmückt war. Drei Stunden später stand Otto IV. vor den Toren. Die Rheinbrücke war befestigt. Man öffnete ihm nicht. Wenige Stunden hatten über Friedrichs Schicksal entschieden. Wäre er einen halben Tag später vor Konstanz angekommen, wäre die Stadt in welfischer Hand gewesen und sein Abenteuer wohl gescheitert.

Eine Fügung des Schicksals?

War dies alles nicht eine wunderbare Fügung des Schicksals? Noch vor kurzer Zeit hatte Friedrich fast vor dem herandrängenden Otto IV. mit dem Schiff aus Palermo nach Afrika fliehen müssen. Und jetzt hatte er noch eine Chance auf sein väterliches Erbe, auf die Krone des Imperiums bekommen. Obwohl ihm die Mailänder dicht an den Fersen hingen, war er ihnen in letzter Minute durch die Fluten des Lambro entkommen. Ohne eigene Waffen und ohne eigenes Geld war er aufgebrochen und hatte nun mit einem Vorsprung von drei Stunden den ersten Brückenkopf im Reich, die Stadt Konstanz, ohne einen Schwertstreich in seine Hände gebracht. Das übertraf alles von Menschen Vorhersehbare. *Mirabiliter,* einem Wunder gleich war dieser Weg nach Norden gewesen. Gott selbst hatte Friedrich für diesen Weg berufen, er war ein Auserwählter, zu Außerordentlichem bestimmt, davon war Friedrich zutiefst überzeugt. Das bestärkte ihn in seinem Selbstbewußtsein, seiner Tatkraft und Entschlossenheit, aber auch in seiner Selbstüberschätzung.

Nun stand Friedrich der Weg rheinabwärts, in das Reich hinein offen. Die Nachricht von seiner Ankunft verbreitete sich in Windeseile. Der staufische Name hatte seinen Glanz noch nicht verloren. Zudem war Otto IV. in seiner schroffen, undiplomatischen und herrischen Art nie beliebt gewesen.

Friedrichs Anhängerschaft wuchs von Stunde zu Stunde. Burgen und Weiler am Wegrand ehrten den Ankömmling mit festlicher Beleuchtung. Als Friedrich nach einer Woche in Basel einritt, trat er schon ganz als König auf: Äbte und Bischöfe in seinem Gefolge und 500 Berittene als Begleitung. Menschen strömten zusammen, man bestaunte »das Kind aus Apulien«. Friedrich war – gleich jenen anderen Kindern – waffenlos ausgezogen und hatte doch durch himmlische Kräfte den Stärkeren bezwungen. Schön war dieses *chint von Pulle,* auf das die Troubadoure ihre Reime machten. Ihn nur anzusehen, war eine Freude, vermerkt ein Chronist – ein Gesicht »von anmutiger Schönheit«, die Augen »von strahlender Heiterkeit«, trotz seiner Jugend voll »gebieterischer Majestät des Herrschers«. Man bestaunte sein fremdes Äußeres, die bräunliche Hautfarbe und das rötlich-blonde Haar, das Erbe seiner Väter. Aber was wußte man über diesen 17jährigen »Knaben Apuliens«, den man so begeistert empfing? Wohl ebensowenig wie dieser über sein neues Reich.

Kindheit ohne Eltern

Am zweiten Weihnachtstag des Jahres 1194 war er in dem kleinen Ort Jesi bei Ancona geboren worden. Seine Mutter Konstanze war damals bereits 40 Jahre alt und es gab viele böse Gerüchte über diese späte Schwangerschaft. Fast von Geburt an wuchs der kleine Friedrich ohne seine Eltern auf. Seine Mutter fungierte als Regentin in Sizilien, sein Vater Heinrich VI. war teils in Deutschland, teils in Italien unterwegs und sah seinen kleinen

Sohn nur zweimal flüchtig. Als Friedrich knapp vier Jahre alt war, waren seine beiden Eltern bereits tot. Der Vater erlag bei den Vorbereitungen eines Kreuzzuges der Malaria, die Mutter folgte ihm ein Jahr später nach. Im Deutschen Reich war der Thronstreit ausgebrochen, das Königreich Sizilien versank in Anarchie. Für den Waisen, der da in Palermo heranwuchs, war es eine Zeit der Intrigen, der Unsicherheit und Gewalt. Jeder neue Machthaber Siziliens war bestrebt, den kleinen Erben des Reiches in seine Gewalt zu bringen – ein Faustpfand, das von Hand zu Hand wanderte. Er war »ein Lamm unter Wölfen«, so hat er selbst seine Situation charakterisiert und

Kaiserin Konstanze übergibt den neugeborenen Friedrich II. an seine Betreuerin

Aus: Petrus de Ebulo, Liber ad Honorem Augusti; Burgerbibliothek, Bern, Cod. 120, fol. 44

geklagt: »Das tägliche Brot wird mir nach Gewicht, der Trank becherweise, die Freiheit quentchenweise zugemessen. Unter dauerndem Mißbrauch des königlichen Namens werde ich mehr regiert, als daß ich regiere, mehr geheißen, als daß ich heiße, muß ich mehr erbitten, als ich bekomme«. An liebevolle Zuwendung oder systematische Erziehung des Heranwachsenden war unter diesen gewalttätigen, anarchischen Umständen nicht zu denken. Die Bezugspersonen wechselten ständig und von einem behüteten Umfeld konnte keine Rede sein, auch wenn die Erzählungen, der Junge sei völlig unbeaufsichtigt im Menschengewühl der Straßen Palermos herumgestreunt und mitleidige Bürger hätten ihn zum Essen eingeladen, sicher übertrieben.

An Majestät schon ein Herrscher

Friedrich wuchs zu einem hochintelligenten, selbstbewußten, kritischen, ja mißtrauischen und sehr eigenwilligen Kind heran, geprägt von den ungewöhnlichen, unruhigen Jahren seines Heranwachsens und den vielfältigen kulturellen Einflüssen, die sich damals in Sizilien aus Morgen- und Abendland verwoben. Ein Zeitgenosse beschrieb den 13jährigen, Licht und Schatten in dessen Charakter klar erkennend: Ein widerstandsfähiger und ausdauernder Junge – frühreif, äußerst selbstbewußt und unbändig, mit Freude am Waffenhandwerk und an schnellen Pferden, mit Scharfsinn und Sprachtalent. Aber auch ein Kind mit rüden Manieren, heftigen Temperamentsausbrüchen und gänzlich unzugänglich für Ermahnungen. »An Wissen schon jetzt ein Mann und an Majestät ein Herrscher«, so lautete der Schlußkommentar des Berichterstatters.

Ein Jahr nach dieser Charakterisierung war der 14jährige Friedrich volljährig und übernahm selbständig die Regierung in Sizilien. Abermals ein Jahr später heiratete er die zehn Jahre ältere Konstanze von Aragon und wiederum nach zwei weiteren Jahren machte er sich schließlich nach Deutschland auf, auf jenen abenteuerlichen Weg über die Alpen, in das Land seiner Väter, das er bislang nicht gekannt hatte.

Der Ritt an die Spitze

Jahrelang war jener staufische Junge, der im fernen Sizilien aufwuchs und den die Fürsten einst als Zweijährigen zum König gewählt hatten, aus dem politischen Gesichtskreis der Deutschen verschwunden gewesen. Nun jubelte man ihm zu. Zwar war er ein Sprachgenie, dennoch wird er bei seiner Ankunft in Deutschland wohl noch kaum der deutschen Sprache mächtig gewesen sein. Auch über dieses Land, über welches er nun regieren wollte, kann er nicht viel gewußt haben: Nach welchen traditionellen Regeln mußte sich ein Herrscher bei seiner Regierungsausübung richten? Welche Rechts- und Besitzansprüche galt es zu wahren? Wo befanden sich die wichtigsten Zentren der Königsherrschaft? Welche Personengruppen waren von Bedeutung? Auf welchen großen Straßen zog der König durch sein Reich? Und die erste und momentan wichtigste Frage: Wie konnte man den Welfenkaiser Otto IV. verdrängen?

Friedrichs Werdegang als Herrscher war so ungewöhnlich wie der keiner seiner Vorgänger. Fern seines neuen Reiches aufgewachsen, kannte er weder das Land noch seine Gewohnheiten. So war er zumindest in der ersten Zeit sicher mehr als andere auf Rat und Hilfe angewiesen.

Ein Kreis von Helfern

Bald schon formierte sich ein Kreis staufertreuer Berater. Unter ihnen spielten Ministeriale eine besonders wichtige Rolle – jene ursprünglich Unfreien, die im Königsdienst allmählich sozial aufgestiegen waren und in denen das Königtum schon unter Friedrichs Vater Heinrich VI. besonders ergebene Helfer fand. Bedeutsam war des weiteren, daß die hohe Geistlichkeit sich für den jungen Friedrich II. erklärte – Papst Innozenz III. hatte hier wichtige Vorarbeit geleistet. So finden wir schon zwei Wochen nach Friedrichs Ankunft in Deutschland Bischof Konrad von Metz und Speyer am königlichen Hof. Dies war äußerst wichtig, da Bischof Konrad zugleich Kanzler des Reiches war, Chef der einzigen Zentralbehörde des Reiches – der Kanzlei, die für den gesamten Schriftverkehr zuständig war und deren geschultes Personal dem Staufer nun auf seinen Reisen zur Verfügung stand.

Wohl durchdachte Reisepläne

All diese Personen mögen den jungen Staufer besonders in seiner ersten Zeit intensiv beraten haben. Aber Friedrich war scharfsichtig und selbstbewußt genug, die notwendigen Entscheidungen, die nun anstanden, letztlich selbst zu treffen. Der Weg, den er in den nächsten Wochen und Monaten durch sein neues Reich nahm, zeigt, daß der junge König nicht planlos und zufällig umherritt, sondern daß jeder Schritt, oder besser jeder Ritt, Teil eines politischen Konzeptes war. Systematisch wurde dabei Zug um Zug die staufische Machtbasis ausgebaut. So durchdacht ist das Reisekonzept der ersten Monate, daß man geneigt ist, es mit dem »100-Tage-Sofort-Programm« einer neuen Regierung unserer Tage zu vergleichen.

Eine taktische Reise

Werfen wir – in Auszügen – einen Blick auf das Reiseprogramm während dieser ersten Monate nördlich der Alpen:

18. Nov. 1212	Vaucouleurs
5. Dez. 1212	Frankfurt
9. Dez. 1212	Mainz
Mitte Dez. 1212	Speyer
2. Febr. 1213	Regensburg
27. März 1213	Augsburg

Jede Etappe war wohl kalkuliert. Zunächst mag es überraschen, daß der erste Weg des Neuankömmlings nicht in die alten Machtzentren, sondern nach Vaucouleurs, das heißt an die französische Grenze an der Maas führte. Dort traf er sich mit dem französischen Thronfolger und schloß mit diesem ein Freundschaftsbündnis. Frankreich war damals in einen schweren Konflikt mit England verwickelt. Otto IV., der mit dem englischen Königshaus verwandt war, unterstützte die englische Seite. Für Frankreich war es daher von größter Bedeutung, den neuen staufischen Thronkandidaten auf seine Seite zu ziehen. Und so wandte sich das neue Freundschaftsbündnis auch ausdrücklich gegen »den ehemaligen Kaiser Otto« und gegen König Johann von England. Die Reise nach Vaucouleurs erwies sich für Friedrich als äußerst lukrativ, da ihm der französische König als Dank für das Freundschaftsbündnis 20 000 Mark Silber überreichen ließ. Als der Bischof von Speyer den jungen König fragte, wo man denn jetzt diese gewaltige Summe verstecken sollte, erwiderte dieser, das Geld solle nicht versteckt, sondern an die Fürsten verteilt werden. Die Folge dieser Politik beschrieb ein Chronist folgendermaßen: »Als man von der Freigebigkeit des Königs hörte, erhob sich allgemeiner Jubel zu seinen Gunsten«.

Immer wieder hat man versucht, den Bamberger Reiter mit einer historischen Person zu identifizieren. So wollen viele den jungen, in Bamberg ermordeten Philipp von Schwaben in dem Standbild erkennen. Auch wenn diese Frage nicht zu klären ist, zeugt der Bamberger Reiter doch vom hohen künstlerischen Niveau der späten Stauferzeit

Bamberger Reiter (vor 1237); Dom, Bamberg

»Milte« als wichtigste Tugend

Friedrich hatte klar erkannt, daß Geld und Gunstbeweise das wirksamste Mittel darstellten, um die Fürsten des Reiches für seine Sache zu gewinnen. An königliche Freigebigkeit hatten sich die Großen in den Parteiungen des Thronstreites gewöhnt. »Milte« zählte außerdem zu den wichtigsten Tugenden, die man von einem wahren Herrscher verlangte. Und nichts warf man Friedrichs Gegner Otto IV. so sehr vor wie seine Knausrigkeit. Friedrich war sich völlig darüber im klaren, daß man in Deutschland zunächst einmal Geschenke von ihm erwartete. In einer der ersten Schenkungen, die er beurkunden ließ, heißt es ausdrücklich: »Die Vernunft selbst rät uns dazu und es veranlaßt uns das Nachsinnen über unseren Gegner, der, weil er anders gehandelt hat, die Feindschaft der Menschen auf sich zog und die Ungnade Gottes«.

Die Reise nach Vaucouleurs hatte Friedrich also außenpolitischen Rückhalt und vor allem viel Geld verschafft. Nun wandte er sich der Innenpolitik zu. Sein nächster Weg führte ihn in die ehrwürdigen Zentren des Reiches am Mittelrhein. Noch einmal ließ er sich auf einem Hoftag in Frankfurt zum König wählen und wenige Tage später in Mainz zum König krönen.

Aachen und die Insignien in welfischer Hand

Wiederholte Wahl und Krönung hatten seinen Herrschaftsanspruch ein Stück weiter gefestigt. Zufrieden konnte er freilich damit noch nicht sein, denn in den Augen der Zeit wies diese Erhebung Mängel auf: Die Krönung war in Mainz und nicht am rechten Ort, nämlich in Aachen, erfolgt, da das Niederrheingebiet noch welfisch war – dort hielt sich zu dieser Zeit Otto IV. auf. Und auch die echten Insignien hatte man nicht benützen können, denn auch diese waren noch in gegnerischer Hand. Aachen bedeutete deshalb ein wichtiges Reiseziel für die Zukunft.

Zunächst aber mußte Friedrich sich im traditionell stauferfreundlichen Süddeutschland etablieren. Die nächste Etappe nach Frankfurt und Mainz war Speyer – auch dies war ein symbolischer Akt. Hier stand eine der mächtigsten Kirchen des Reiches und zugleich die Grablege der salischen Könige, mit denen die Staufer verwandtschaftlich verbunden waren. Die große Tradition des Reiches wurde hier sichtbar – eine Tradition, in die sich der junge Staufer mit seinem Besuch demonstrativ stellte und die sein welfischer Gegenspieler nicht für sich reklamieren konnte. So war es nur folgerichtig, daß Friedrich schon nach kurzer Zeit anordnete, daß auch der Leichnam seines 1208 ermordeten Onkels Philipp von Bamberg in die Herrschergrablege nach Speyer überführt werden sollte.

Die Früchte der geschickten Reisezüge

Um die Jahreswende zog Friedrich weiter nach Bayern. Zu Lichtmeß des Jahres 1213 hielt er einen Hoftag in Regensburg ab und blieb über zwei Wochen in der Stadt. Danach führte ihn sein Weg über Nürnberg nach

Schwaben. Nach einem Besuch in Augsburg erreichte Friedrich Ende März das schon vertraute Konstanz. Auch hier fand ein Hoftag statt.

Wenige Monate nach seiner abenteuerlichen Ankunft in Konstanz konnte Friedrich am gleichen Ort eine durchweg positive Bilanz ziehen. Er hatte sich durch das französische Bündnis reiche finanzielle Mittel verschafft, seine Königserhebung nochmals bestätigen lassen und Reichsversammlungen in Frankfurt, Regensburg und Konstanz abgehalten. In allen drei südlichen Herzogtümern, in Franken, Bayern und Schwaben hatte er königliche Präsenz gezeigt und nicht zuletzt darin an eine lange Herrschaftstradition angeknüpft: Seit 200 Jahren gab es im Reich nämlich den Brauch des »Königsumritts«, bei dem der neue Herrscher während eines Umrittes durch sein Reich die Huldigung und Anerkennung der einzelnen Stämme entgegennahm.

Noch aber war Friedrich nicht am Ziel: Den Norden seines Reiches hatte er noch nie betreten und Aachen, das symbolische Haupt des Reiches, befand sich noch in feindlicher Welfenhand.

Am Ziel

Zwei Jahre später, am 25. Juli 1215, dem Jabobstag, war Friedrich am Ziel. Sein Gegner Otto war besiegt, er selbst stand in Aachen, am Sarg Karls des Großen.

Erneut war »das Glück«, oder besser die Vorsehung, auf seiner Seite gewesen. Eine erste Heerfahrt gegen Otto IV., der sich nach Sachsen zurückgezogen hatte, war im Spätherbst 1213 gescheitert. Der Hunger und der hereinbrechende Winter zwangen Friedrich mit seinen Truppen zum Rückzug aus Norddeutschland. Der Kampf um die Krone war immer noch offen, da brachte ein internationaler Konflikt – ohne Zutun des Staufers – die Entscheidung.

Die entscheidende Schlacht

Der Kampf zwischen England und Frankreich, bei dem es vor allem um den riesigen Festlandsbesitz des englischen Königs in Frankreich ging, trieb auf eine Entscheidung zu. Am 27. Juli 1214 fand bei Bouvines, in der Nähe von Lille, die Entscheidungsschlacht statt. Friedrich, der ja mit dem französischen König verbündet war, nahm daran nicht teil, wohl aber Otto IV., der auf der Seite des englischen Königs, seines Onkels, kämpfte. Der Tag endete mit dem Sieg der französischen Seite – für alle Beteiligten eine Entscheidung von historischer Bedeutung. England verlor den größten Teil seiner Festlandsbesitzungen und König Johann, den man fortan »Ohneland« nannte, mußte im Folgejahr seinen Untertanen die *Magna Charta Libertatum* zugestehen. Der französische König konnte einen enormen Gebietsgewinn verzeichnen und hatte damit einen gewaltigen Vorsprung vor seinen Kronvasallen errungen, der Aufstieg der französischen Monarchie begann. Zugleich war – ohne Beteiligung Friedrichs! – der deutsche Thronstreit entschieden worden. Otto IV. hatte in der Schlacht von Bouvines fliehen müssen und dabei den Wagen mit dem vergoldeten Reichsadler,

Siegel Friedrichs II. Unmittelbar nach seiner Krönung in Aachen, die ihn nun endgültig zum rechtmäßigen König machte, ließ Friedrich II. ein neues Siegel zur Beglaubigung seiner Urkunden anfertigen. Mit dem langgestreckten Oberkörper und dem schmalen, hoch erhobenen Kopf unterscheidet sich das Siegel von allen anderen Herrschersiegeln und betont ganz besonders Größe und Hoheit des Dargestellten

Unten: Zweites Siegel Friedrichs II., Deutschland, 1215; Niedersächsisches Staatsarchiv, Wolfenbüttel, 25 Urk 46

In der gotischen Apsis des Aachener Münsters steht noch heute der Karlsschrein, den Friedrich II. anläßlich seiner Krönung 1215 eigenhändig verschloß. Der Schrein gehört zu den wichtigsten Werken staufischer Goldschmiedekunst und zeigt 16 Könige von Karl dem Großen über Ludwig den Frommen bis zu Friedrich II.

Detail aus dem Karlsschrein: Figur Friedrichs II.

Oben und unten: Karlsschrein; Dom, Aachen

den er mit sich führte, auf dem Schlachtfeld zurückgelassen; die Schwingen des Adlers waren zerbrochen. Der französische König ließ den erbeuteten Reichsadler reparieren und sandte ihn an Friedrich.

Mit Bouvines war Ottos IV. Position im Reich zusammengebrochen. Monatelang saß er untätig und wie gelähmt in Köln. Schließlich zog er sich nach Braunschweig, dem Stammsitz seiner Familie, zurück. Aus dem Bewußtsein der Öffentlichkeit verschwand er vollkommen, so daß die Quellen seinen Tod auf der Harzburg im Jahr 1218 nur noch am Rande vermerkten.

Nach zwei vergeblichen Versuchen stand Friedrich nun endlich auch der Weg nach Aachen, das lange noch in welfischer Hand geblieben war, offen.

Dank für göttliche Führung

Am Jabobstag 1215 setzte ihm der Mainzer Erzbischof in der Pfalzkirche Karls des Großen die Krone auf und geleitete ihn zum steinernen Thronsitz Karls. Friedrich war am Ziel seines waghalsigen Unternehmens angekommen. Unmittelbar nach der Krönungsmesse tat er einen unerwarteten Schritt. Er gelobte die Teilnahme an einem Kreuzzug. Seine Begründung lautete: »Voller Demut sannen wir darüber nach, was wir dem Herrn für die uns erwiesenen unendlichen Wohltaten darbringen sollten. Als wir dann sofort nach Empfang der Krone des Reiches zu Aachen unsere Schultern mit dem Kreuzeszeichen schmückten, boten wir damit unsere Person dem Herrn dar, nicht als ein gewöhnliches Opfer, sondern als ein holocaustum, als echte, vollständige Hinopferung«.

Friedrich stattete mit dieser Kreuznahme seinen persönlichen Dank ab für die göttliche Führung auf seinem abenteuerlichen Weg an die Spitze des Reiches. Er demonstrierte damit zugleich, daß er und nur er, der künftige Kaiser, das weltliche Haupt dieser abendländischen Bewegung sein wollte.

Noch aber blieb er fünf Jahre in Deutschland, um seine Herrschaft zu konsolidieren.

Karl der Große hatte sich in seinem Riesenreich weitaus am häufigsten und längsten im Raum zwischen Maas und Rhein aufgehalten. Mit Beginn der deutschen Geschichte hatte sich der Schwerpunkt des Reiches nach Osten verlagert: Unter den sächsischen Ottonen wurde Sachsen das Herz des Reiches. Mit den Saliern rückte die Landschaft an Mittelrhein und Untermain in den Mittelpunkt. Mit den Staufern schließlich gewann der Südwesten Deutschlands zusehends an Bedeutung. Immer hatten die machtmäßigen Grundlagen, die Herkunft und Hausmacht des Königsgeschlechts für den Reiseweg des Königs eine wichtige Rolle gespielt. Wie sah dies unter Friedrich II. aus? Trotz aller glücklichen Umstände war seine Lage in Deutschland extrem schwierig: Was er vorfand, war ein von fast 20jährigen Thronkämpfen zerschundenes Land. Fürsten, die nur zu gerne die Hand aufzuhalten gelernt hatten und vom Reichsdienst entwöhnt waren. Verschenktes, verschleudertes Reichsgut. Keine zentralen Reichsinstitutionen, außer der mit dem König umherreisenden Kanzlei. Keine feste Hauptstadt und keine regelmäßigen Einkünfte für die Krone.

Braunschweig mit der Pfalz, dem Dom und dem Bronzelöwen, den der Vater Ottos IV., Heinrich der Löwe, um 1166 hatte aufstellen lassen. Vergeblich versuchte Friedrich II. in zwei Feldzügen, den welfischen Stammsitz seinem Gegner zu entwinden

Reisestationen – Pfalzen und Städte

Einzug des Kaisers. Es gibt nur wenige Abbildungen aus dem Mittelalter, die das alltägliche Reisen und Umherziehen der Herrscher zeigen. Auf dieser reitet Kaiser Heinrich VI., der Vater Friedrichs II., hoch zu Roß in Rom ein

Oben: Burgpfalz mit Burg Dankwarderode, ehemaliger Stiftskirche Sankt Blasius und Johannes (Dom) und dem Bronzlöwen, Braunschweig
Unten: Aus: Petrus de Ebulo, Liber ad honorem Augusti; Burgerbibliothek, Bern, Cod. 120

Unter Barbarossa entstanden Pfalz und Stadt Gelnhausen. Die Pfalz gehört zu den am besten erhaltenen staufischen Anlagen. Auch Friedrich II. hielt sich hier mehrfach auf

Pfalz, Gelnhausen

Ein schweres Erbe, dem man nur in kleinen Schritten Verlorenes zurückgewinnen konnte!

Reisen in die Zentren staufischer Macht

Friedrich konnte längst nicht mehr überall präsent sein. Viele Teile seines Reiches hat er nie betreten, wie den ganzen Nordwesten, Norden und Nordosten sowie Böhmen. Nach seiner Krönung in Aachen, bei der er persönlich die ersten Nägel in den neuen silbernen Schrein Karls des Großen geschlagen hatte, sollte er auch nie mehr in den Raum am Niederrhein kommen. Ebenso begab er sich nach Sachsen nur notgedrungen, denn hier hielt sich der Rivale, Otto IV. auf. Zwei erfolglose Feldzüge führten Friedrich bis vor Braunschweig. In der Folgezeit kam er nur noch einmal hierher, um nach dem Tod des Welfen endlich die echten Reichsinsignien in Empfang zu nehmen. Der Schwerpunkt der Aufenthalte lag in den traditionellen Verdichtungsräumen staufischer Macht: in Schwaben, Franken, am Mittelrhein und Untermain, und mehr als je zuvor im Elsaß. Ulm und Augsburg, Nürnberg, Worms und Speyer wurden wieder und wieder besucht. An der Spitze der Reiseziele stand das elsässische Hagenau.

Die Zukunft liegt in den Städten

Soviel wir wissen, war der Staufer kein einziges Mal auf seinem Ritt durch das Reich zu Gast bei einem weltlichen Großen. Darüber hinaus hatte sich die Rolle der Kirche verändert. Zwar blieb sie auch nach dem Erdbeben des Investiturstreites noch ein enger Partner der Krone, aber erst jüngst hatte sich der Papst mit einem umfangreichen Privileg entschädigen lassen für Geld und gute Worte, die er für den Staufer eingesetzt hatte. Damit hatte Friedrich die noch verbliebenen Befugnisse der Krone gegenüber der Reichskirche aufgeben müssen. Nicht als Herrscher, sondern lediglich als Kirchenvogt und Privaterbe alter Rechte konnte er in Bischofsorten wie Worms, Speyer und Augsburg noch Einfluß nehmen.

Was tun angesichts dieser desolaten Lage? Friedrich setzte auf eine neue Kraft. Eine Kraft von ungeheurer Dynamik, auf eine Kraft, der die Zukunft gehörte – auf die Städte.

Überall schossen sie wie Pilze aus dem Boden und der König förderte sie mit aller Macht. Im heutigen Baden-Württemberg geht etwa ein Drittel der Städte auf die staufische Zeit zurück. Mehr als 50 Städte in Schwaben und im Elsaß hat allein Friedrich II. gegründet.

Menschen gab es genug für die neuen Städte. Die Bevölkerung wuchs unaufhörlich, denn diese Zeit war frei von großen Seuchen und die landwirtschaftlichen Methoden hatten sich so weit verbessert, daß immer mehr Menschen ernährt werden konnten. Man rodete die Wälder im Altsiedelland und arbeitete sich auch in unwirtliche Gegenden vor. Der Siedlungsraum dehnte sich immer weiter nach Osten aus. Man strömte in die Städte. Diese boten den Menschen eine völlig neue Lebensqualität. Den unfreien Bauern verhießen sie

Markttag in einer mittelalterlichen Stadt um 1300, schriftlichen und archäologischen Quellen nachempfunden: Man drängt sich an den Verkaufsständen in den Gassen. Holz- und Steinbauten stehen nebeneinander. Eine Mauer grenzt die Stadt als eigenen Lebens- und Rechtsbezirk vom Umland ab

Frieden, das Ende ihrer Unfreiheit und nicht zuletzt die Gleichheit vor dem Gesetz. Die Städte versprachen Möglichkeiten zu wirtschaftlichem Wohlstand und sozialem Aufstieg und ein leichteres, abwechslungsreicheres Leben. Wie den neuen Bewohnern, so boten sich auch den Städtegründern vielfache Vorteile. Die Städte, die sich nach und nach mit Mauern umwehrten, waren Großfestungen, von denen aus man das Umland militärisch und administrativ beherrschen konnte. Steuern und Abgaben, Münzen und Zölle lockten mit ansehnlichen Einnahmen.

Pfalzen und Städte verbinden sich

Schon Friedrichs Großvater Barbarossa hat deshalb die Städte in kluger Voraussicht gefördert. Heinrich VI. und Friedrich II. setzten diese Politik fort. Und was lag näher, als die neuen Pfalzen, die man bauen wollte, mit den aufblühenden Städten zu verbinden?

Die Karolinger hatten das Leben auf ihren ländlichen Pfalzen bevorzugt und auch die Ottonen hatten über eigene Pfalzorte verfügt. Seit den Saliern hatte sich das Schwergewicht hin zu den Bischofssitzen verlagert. Nun entwickelte sich die typische Verbindung aus Pfalz und Stadt: In Hagenau, Gelnhausen und Kaiserslau-

Rekonstruktion einer mittelalterlichen Stadt

Links: Zu den Orten, die Friedrich II. am häufigsten besucht hat, gehört Nürnberg. Die Kaiserburg reicht vom Palas im Vordergrund über die sich anschließende doppelgeschossige Burgkapelle bis zum runden Sinwell-Turm

Rechts: Die Pfalz Wimpfen bei Heilbronn ist die größte staufische Pfalz in Deutschland. Sie wurde vielleicht noch von Barbarossa errichtet, spätestens jedoch von Friedrich II. vor 1220 vollendet. Zeitgleich mit der Pfalz entstand die Stadt Wimpfen

Links: Kaiserburg, Nürnberg
Rechts: Wimpfen am Neckar

tern, in Eger, Frankfurt und Wimpfen entstanden neue Pfalzen und gleichzeitig förderte der König die Stadtentwicklung. In den neuen Städten konnte der Herrscher nach Gutdünken bauen, die Stadtmauer bot seiner Pfalz Sicherheit und die Bürger waren ihm loyale und finanzkräftige Verbündete.

Die staufischen Pfalzen waren mit ihren repräsentativen steinernen Saalbauten, den prächtigen Burgkapellen, den steinernen Arkaden und ornamentgeschmückten Kapitellen sehr aufwendig ausgestattet. Sie waren mit allen Bequemlichkeiten der Zeit versehen und boten Platz für Feste und Repräsentation. Viele lagen an wichtigen Fernstraßen, so Kaiserslautern, Gelnhausen, Wimpfen oder Hagenau, und waren auch aus diesem Grund immer wieder Dreh- und Angelpunkte auf den Reisewegen.

Kurze Rast und flüchtiges Verweilen

Eine der schönsten neuen Pfalzen stand in Kaiserslautern. An den prunkvollen Palas des Königs aus rotem Porphyr schlossen sich Fischgewässer und ein Tiergarten an. Besucher berichteten staunend vom »herrscherlichen Glanz all dieser Dinge«. Keine Stadt, keine Pfalz hat Friedrich II. jedoch so geliebt und so häufig besucht wie das elsässiche Hagenau. Manchmal hielt er sich wochenlang hier auf und vor allem im Winter scheint er an diesem Ort wenigstens für kurze Zeit ausgeruht zu haben – an ein gänzliches Einstellen der Reisetätigkeit wie in der Karolingerzeit war freilich längst nicht mehr zu denken. Das fast schon südliche Klima des Elsaß mag dem von klein auf Sonnenverwöhnten gutgetan haben. Die Pfalz von Hagenau – auf einer Insel in der Moder gelegen – hatte Friedrichs Großvater Barbarossa erbauen lassen. Sie war eines der großen staufischen Repräsentationszentren, von dem heute leider so gut wie nichts mehr erhalten ist. Wie auch in Kaiserlautern oder Frankfurt schloß sich an die Pfalz Hagenau ein weitläufiges Forstgebiet an, in dem Friedrich seiner Jagdleidenschaft frönen konnte. Hier empfing er diplomatische Ehrengäste, lud zu den Festen und Turnieren der adeligen Gesellschaft und ritt mit seiner Begleitung zur Jagd auf Hirsche, Wildstiere, Wildschweine und Bären.

Auch einige Wochen des beginnenden Jahres 1220 verbrachte er in dieser Pfalz, zwischen Frankfurt und Hagenau pendelnd. Nach achtjährigem Aufenthalt in Deutschland befand er sich erneut im Aufbruch – hinunter nach Süden in sein sizilisches Reich, um endlich den versprochenen Kreuzzug zu verwirklichen. Doch zuvor mußte die Nachfolgefrage in Deutschland geregelt werden. Innozenz III. hatte sich noch kurz vor seinem Tod 1216 versprechen lassen, Friedrich werde gleich nach seiner Kaiserkrönung zugunsten seines Sohnes, der schon zum König von Sizilien gekrönt war, auf Sizilien verzichten. Die gefährliche Verbindung zwischen dem staufischen Nord- und Südreich sollte endlich durchtrennt werden. Aber kaum war Innozenz tot, ließ Friedrich seine Frau Konstanze und seinen fünfjährigen Sohn Heinrich nach Deutschland holen und griff zu einem ebenso durchsichtigen wie wirkungsvollen Trick. Er berief eine große Fürstenversammlung nach Frankfurt, machte den geistlichen Fürsten weitgehende Zugeständnisse und verließ dann für kurze Zeit die Fürstenversammlung. Während seiner Abwesenheit wählten die Fürsten den kleinen Staufer Heinrich zum König. Friedrich II. aber konnte harmlos-entrüstet an den Papst schreiben, diese Wahl sei ohne sein Wissen erfolgt, ja er habe sich zunächst geweigert, diese anzuerkennen, da sie ja ohne Wissen des Heiligen Vaters vonstatten ging.

Friedrich verläßt Deutschland

Nun war das geschehen, was Innozenz III. mehr gefürchtet hatte als alles andere. Die *unio regni ad imperium,* die Umklammerung des Kirchenstaates durch die Staufer lebte in der Person des kleinen Heinrich fort. Innozenz war jedoch bereits tot. Sein Nachfolger zeigte sich zwar tief getroffen von dieser politischen Niederlage, aber ihm ging es vor allem um den Kreuzzug – und dafür brauchte er Friedrich II. Den hielt nun, da die Nachfolgefrage gelöst war, nichts mehr im Norden. Ein letzter Ritt auf mittlerweile vertrauten Straßen zu den großen Zentren des staufischen Reiches folgte: nach Hagenau, Speyer, Ulm und Augsburg – Orte, die ihm aus jenen wunderbaren Anfängen vertraut waren, als er als Fremder hier angekommen war. Dann, im Sommer 1220, sammelte sich das Heer wie seit jeher bei Augsburg zum Zug über die Alpen.

Talarkaden der Pfalz von Wimpfen

Pfalz, Wimpfen am Neckar

Das Staunen der Welt – der Kaiser kehrt zurück

Von jeher war es ein ganz besonderes Ereignis, wenn der Herrscher auf seinem Ritt durch das Reich eine Stadt besuchte. Rat und Bürgerschaft bemühten sich, den hohen Besuch möglichst würdig und ehrenvoll zu empfangen. Der *adventus regis* folgte einem feierlichen Ritual. Schon vor der Stadt, an einer Straßenkreuzung, einer Brücke oder einer Kapelle empfing eine Deputation der Stadt mit Fahnen und Emblemen den Herrscher mit seinem Troß und geleitete ihn bis ans Stadttor. Hier wartete bereits die Geistlichkeit mit Vortragekreuzen und den wichtigsten städtischen Reliquien. Der Magistrat der Stadt übergab die Schlüssel an den König oder Kaiser und dann zog man in einer feierlichen Prozession unter Glockengeläut in die festlich geschmückte Stadt ein. Der Ordnungsdienst drängte mit langen Stangen die Schaulustigen zurück, Gaukler unterhielten das Publikum, Handwerkszünfte warteten mit großen Stabkerzen, Trompeter und Pfeifer begleiteten den Zug. Der König ritt mit dem ganzen Gefolge über die wichtigsten Straßen und Plätze der Stadt und zeigte sich dem Volk. Auch er war um ein möglichst feierliches Auftreten bemüht, denn solche Umritte wiesen ihn immer wieder neu als rechtmäßigen Herrscher aus. Nicht selten erschien er daher im königlichen Ornat und ließ das Reichsschwert vor sich hertragen. Der Umzug endete vor der Hauptkirche der Stadt. Hier erwartete der Bischof oder ein anderer ranghöchster Geistlicher den Gast. Dieser stieg vom Pferd und begab sich zum Gottesdienst in die Kirche. Feierliche, auf den kommenden Messias bezugnehmende Hymnen empfingen ihn. Bisweilen streute man dem Herrscher sogar Palmen. Ganz bewußt stellte man den königlichen Ritt damit in die Nähe des Einzuges Christi in Jerusalem. Nach dem Verlassen der Kirche wurden dem Herrscher Ehrengeschenke überreicht – Pokale mit Gold oder eine Auswahl an heimischen Produkten. Stadtherr, Geistlichkeit und Rat baten um die Bestätigung ihrer Privilegien und schließlich ritt der König in Begleitung seines Gefolges zur Unterkunft.

Einzug Heinrichs VI., des Vaters von Friedrich II., in Palermo

Aus: Petrus de Ebulo, Liber ad Honorem Augusti; Burgerbibliothek, Bern, Cod. 120, fol. 44

15 Jahre fern von Deutschland

Inzwischen waren 15 Jahre vergangen, seit Friedrich II. im Sommer 1220 vom Lechfeld bei Augsburg nach Italien aufgebrochen war. Nun, im Jahr 1235, erwartete man den Kaiser aus Italien zurück. Ungeheuerliches hatte man in den letzten Jahren von ihm gehört: In Rom hatte er sich zum Kaiser krönen lassen, hatte Sizilien zu einem modernen Staat umgebaut und für eine einheitliche Gesetzgebung und Verwaltung gesorgt, eine sarazenische Leibgarde, die immun gegen päpstliche Bannsprüche war, am Rande des Apennin angesiedelt und eine Fülle von Kastellen und Schlössern gebaut. In Neapel hatte er die erste Staatsuniversität Europas gegründet und namhafte Wissenschaftler – egal ob Juden, Mohammedaner oder Christen – an seinen Hof gezogen. Obwohl er sich im Kirchenbann befand, hatte er einen Kreuzzug unternommen, mit dem ägyptischen Sultan nicht nur verhandelt, sondern auch philosophiert und sich in der Grabeskirche selbst die Krone aufgesetzt. Seine Kanzlei hatte er zu einer sprachgewaltigen Institution ausgebaut und selbst an einem Buch über die Falkenjagd geschrieben. Er hatte grausame Ketzergesetze erlassen und die berühmtesten Wissenschaftler der Zeit mit komplizierten mathematischen Aufgaben und bohrenden Fragen bombardiert: Wo Gott sitze, wo genau die Hölle und das Fegefeuer sei und womit die Engel und Heiligen im Himmel beschäftigt seien? In Sizilien hatte er die Gottesurteile abgeschafft und sich einen Harem zugelegt. Er hatte romantische Kanzonen für eine orientalische Geliebte verfaßt und seinen Geburtsort Jesi als zweites Bethlehem feiern lassen. Nun kehrte er nach Deutschland zurück.

Der Grund für die Rückkehr

Nie waren die Reisen der deutschen Könige und Kaiser planlos und willkürlich verlaufen. Stets bestimmten politische Erwägungen, militärische Zwänge, ökonomische Voraussetzungen und die Forderungen der Tradition den Reiseweg

Oben: Dieser rote, mit Gold bestickte Krönungsmantel aus Seide wurde 1133/34 für den sizilischen König Roger hergestellt und ging dann in den Besitz der Staufer über. Er zeigt auf jeder Seite einen stilisierten Löwen, der ein Kamel schlägt; in der Mitte erhebt sich der Lebensbaum. Seit 1220 gehört der Mantel zum Reichsschatz und liegt heute in Wien

Unten: Auch diese Handschuhe gehören zum Reichsschatz. Friedrich II. ließ sie 1220 in Palermo für seine Kaiserkrönung anfertigen. Sie sind mit Goldfäden, Perlen, Rubinen, Saphiren und Plättchen bestickt, auf denen Sirenen, Palmetten und Adlerköpfe dargestellt sind

Oben: Rote Seide, reich mit Gold bestickt; Kunsthistorisches Museum, Wien
Unten: Roter Seidenstoff mit Goldstickerei, Perlen, Rubine, Saphire, Zellenschmelzplättchen; Kunsthistorisches Museum, Wien

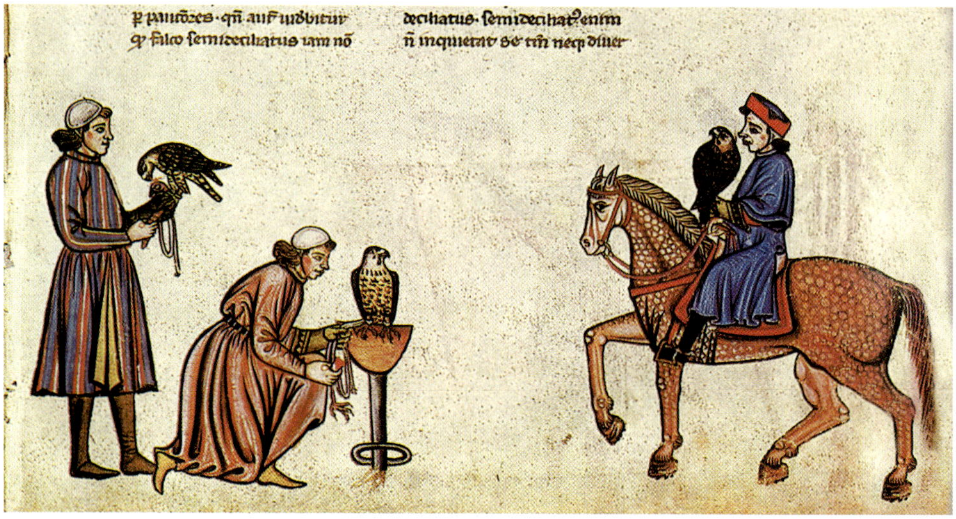

**Oben und unten:
Als Ergebnis jahrzehntelanger Beobachtung verfaßte Friedrich II. das Buch »Über die Kunst mit Vögeln zu jagen«, das sogenannte Falkenbuch. Er schuf damit ein jahrhundertelang gültiges Fachbuch, das nicht nur über die Falkenjagd, sondern auch über Anatomie, Nistgewohnheiten und Flugtechniken der Vögel unterrichtet**

und führten die Herrscher auf ihre mühevollen, endlosen Ritte von Pfalz zu Pfalz, von Bischofssitz zu Bischofssitz, von Stadt zu Stadt. So kam auch Friedrich II. nicht ohne Grund nach so langer Zeit wieder in sein Nordreich zurück:

Als Friedrich 1220 Deutschland verließ, hatte er dort seinen kleinen Sohn Heinrich zurückgelassen. Nach mehreren Jahren der fürstlichen Regentschaft übernahm der Kaisersohn 1229 selbst die Regierungsgeschäfte in Deutschland. Schon bald zeigte sich, daß sich die politischen Ziele von Vater und Sohn nicht miteinander vereinbaren ließen: Heinrich versuchte, die wachsende Macht der Fürsten zurückzudrängen und als Gegengewicht die Bürger und den niederen Adel zu fördern. Aus der Sicht eines deutschen Königs war das sicher ein richtiger Grundgedanke. Aus dem Blickwinkel des Kaisers und seiner universalen Politik erschien dies unannehmbar – er brauchte Ruhe im

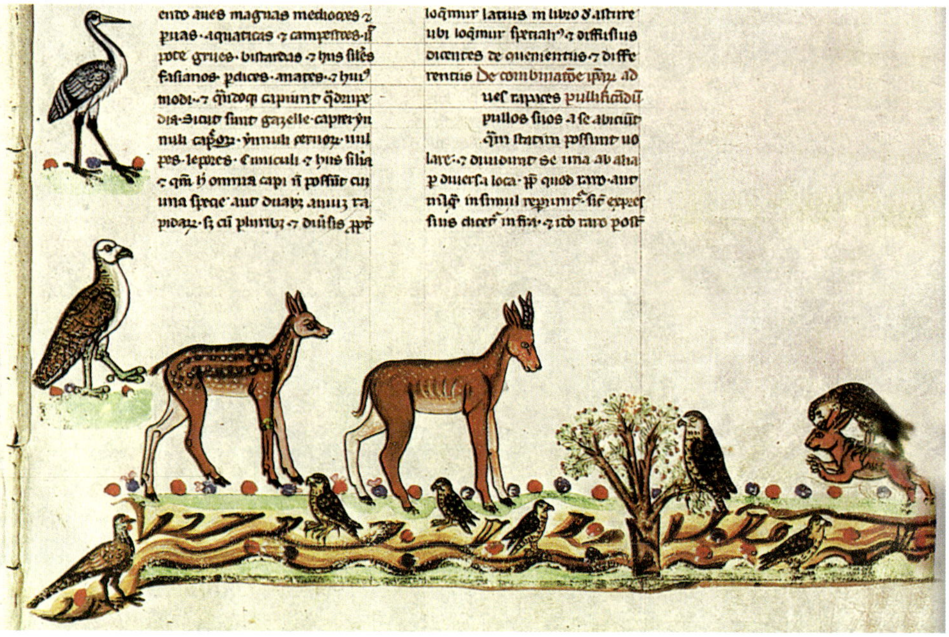

Oben und unten: Biblioteca Apostolica Vaticana, Rom, Pal. lat. 1071

Norden und das Einverständnis mit den Fürsten, um seine imperialen Ziele zu verwirklichen. Im Jahr 1232 kam es zu einem ersten Eklat zwischen Vater und Sohn. Friedrich bestellte seinen Sohn nach Italien und ließ ihn vor den versammelten Fürsten schwören, seinem Vater in Zukunft gehorsam zu sein und nichts mehr gegen die Fürsten zu unternehmen. Doch trotz dieser öffentlichen Demütigung versuchte Heinrich nicht nur seine Politik in Deutschland fortzusetzen, er wandte sich auch gegen die maßlose und brutale Ketzerverfolgung, die damals in Deutschland im Gange war. Damit brachte er seinen Vater zusätzlich gegen sich auf, denn Friedrich mochte zwar persönlich ein ambivalentes Verhältnis zur christlichen Kirche haben, aber er war gerade zu dieser Zeit auf das Wohlwollen des Papstes angewiesen.

In der Tradition antiker Kameen hat Friedrich II. eine ganze Anzahl von Adlerkameen schneiden lassen. Der Adler als kaiserliches Wappentier und Symbol der Herrschermacht hält hier mit den Fängen eine hochzüngelnde Schlange am Boden fest

Residenz-Schatzkammer, München, WAF, Kat.-Nr.11

Friedrichs fremdartiger Zug

Schließlich ließ sich Heinrich zu einer Verzweiflungstat hinreißen. Er empörte sich ganz offen über seinen Vater und verbündete sich mit dessen Todfeinden, den lombardischen Städten. Damit war sein Schicksal besiegelt. Friedrich selbst bezeichnete den Entschluß seines Sohnes als »Wahnwitz« und kam im Frühjahr 1235 persönlich über die Alpen, um dem Spuk ein Ende zu machen. Er war sich seiner Überlegenheit so sicher, daß er nicht einmal ein Heer mit sich brachte, sondern nur ein Gefolge, das ihn wie ein Wesen aus einer anderen Welt erscheinen ließ. Staunend berichtet eine Quelle:

»Er zog daher in großer Glorie und es folgten ihm die vielen Quadrigen mit Gold und mit Silber beladen, mit Bysuss und Purpur, mit Gemmen und köstlichem Gerät. Er führte mit sich Kamele, Maultiere und Dromedare, Affen und Leoparden, auch viele Sarazenen und dunkle Äthiopier, die sich auf mancherlei Künste verstanden und als Wache dienten für Gelder und Schätze.«

Nie hatte man derartiges in Deutschland gesehen – die Schätze, die fremdartigen Menschen, die andalusischen Pferde und die wilden Tiere. Ja, der Kaiser führte sogar eine Giraffe im Gefolge – die erste, die man im Abendland je sah. Das ganze Staunen über diesen fremdartigen Zug konzentriert sich am eindrucksvollsten in dem lapidaren Satz eines Zeitgenossen, der als einziges politisches Ereignis für das Jahr 1235 vermerkte:

»Kaiser Friedrich kam nach Kolmar mit einer Menge Kamelen.«

Der Kaiser vertraute allein auf seine beeindruckende Persönlichkeit, auf den Glanz nie gesehener Schätze, auf die Magie einer fremdartigen, schillernden Welt, die schon nicht mehr aus dem Diesseits zu kommen schien. Und wenn man ihn in Deutschland *stupor mundi,* das Staunen der Welt nannte, dann schwang darin nicht nur Bewunderung, sondern auch Furcht mit.

So zog Friedrich II. durch sein Nordreich von Regensburg über Nürnberg bis zur Pfalz Wimpfen.

Von Wimpfen nach Worms

In der Pfalz über dem Neckar wollte sich Heinrich seinem Vater zu Füßen werfen und um Verzeihung bitten. Der aber ließ ihn festnehmen und erklärte, man werde in Kürze in Worms über sein weiteres Schicksal entscheiden. Der Triumphzug des Kaisers führte weiter den Neckar und Rhein hinunter bis nach Worms. Im Gefolge Friedrichs führte man dessen gefangenen Sohn.

Am 4. Juli 1235 zog der Kaiser in Worms ein. War schon ein normaler Königsbesuch ein Ereignis, um wieviel mehr muß sich dieser wahrhaft »fabel«-hafte Einzug des Kaisers mit all dem fremdländischen Pomp den Menschen in ihrer kleinen Welt ins Gedächtnis gegraben haben! Zwölf Bischöfe empfingen den Herrscher am Portal des Doms. Darunter war natürlich auch der Bischof der Stadt, Landolf, einer der Anhänger des rebellischen Heinrich. In der festlich geschmückten Stadt vor dem Dom sollte es zu einem öffentlichen Eklat kommen: Der Kaiser blieb vor der Kirche stehen und befahl, der Bischof von Worms möge ihm aus den Augen gehen und man möge ihm das Bischofsgewand ausziehen. Erst daraufhin zog Friedrich in den Wormser Dom ein.

Kerkerhaft für den eigenen Sohn

Schließlich saß der Vater öffentlich zu Gericht über seinen eigenen Sohn. Heinrich warf sich ihm zu Füßen, es herrschte eisiges Schweigen bis endlich einige Fürsten um Gnade baten und Heinrich sich aufrichten durfte. Schließlich fällte Friedrich sein Urteil: Während Heinrichs Anhänger – so auch Bischof Landolf von Worms – in Gnaden wieder aufgenommen wurden, traf den Sohn die ganze Schärfe des väterlichen Zorns. Das Urteil lautete auf lebenslange Kerkerhaft wegen Hochverrats. Die Begründung gab der Kaiser selbst: Es würde »ein vernichtendes Beispiel« geben, »wenn das Kaisertum, dem die Leitung der Welt obliegt, ein so offensichtliches Ver-

Blick vom Palas der Pfalz Wimpfen ins Neckartal. Hier wurde Heinrich (VII.) festgehalten, bevor man ihn als Gefangenen nach Worms brachte

Pfalz, Wimpfen am Neckar

gehen kindlichen Ungehorsams mit tauben Ohren und blinden Augen übergangen hätte«.

Man brachte den jungen Mann erst nach Heidelberg und dann weiter nach Apulien. Sechs Jahre lang wurde er dort in unterschiedlichen Gefängnissen in Haft gehalten. Als er im Jahr 1242 wieder in ein neues Kastell gebracht werden sollte, stürzte der 31jährige mit seinem Pferd in eine Schlucht und starb. Man sagte, er habe seinem unglücklichen Leben selbst ein Ende machen wollen.

Liebender Vater und unerbittlicher Richter

In mehreren Schreiben zeigte sich Friedrich vom tragischen Ende seines Erstgeborenen tief berührt und beklagte den Zwiespalt zwischen Vater und Richter in seinem Inneren:

»Das Leid des liebenden Vaters hat die strenge Stimme des Richters verstummen lassen. Tief müssen wir das Geschick unseres erstgeborenen Sohnes Heinrich bedauern, und die Natur trieb eine Flut von Tränen aus Unserem Innersten, die bisher der Schmerz über die Kränkung und die Starre der Gerechtigkeit zurückgehalten hatte«.

Die Geschichtswissenschaft führt den unglücklichen Staufersohn als Heinrich (VII.) in ihren Büchern. Die Klammern um die Ordnungszahl bezeichnen, daß er nie selbständig regiert hat.

Politische Heiratspläne

Während König Heinrich noch im Turm »Luginsland« gefangen saß, gab es in Worms neben der bitteren Gerichtsszene zwischen Vater und Sohn aber auch Grund zum Feiern für den Kaiser: Er wollte sich zum dritten Mal vermählen. Es entsprach völlig den Gebräuchen der Zeit, daß er diese Ehe, wie auch die beiden früheren Verbindungen, nicht aus persönlicher Sympathie, sondern aus politischem Kalkül schloß.

Die erste Ehefrau, Konstanze von Aragon, war zehn Jahre älter, als Friedrich sie als 14jähriger auf Vermittlung des Papstes geheiratet hatte. Konstanze hatte ihm den unglücklichen Heinrich geboren und war Friedrich bis zu ihrem Tod im Jahr 1222 eine geschätzte Ratgeberin gewesen. Neben dieser, seiner ersten Frau, liegt Friedrich II. in Palermo begraben.

Lockte bei der ersten Ehe eine Mitgift von 500 Rittern, so verschaffte die zweite Ehe dem Kaiser einen Anspruch auf das Königreich Jerusalem. Die ansonsten völlig verarmte Isabella von Jerusalem war die Kronerbin Jerusalems, und so nahm Friedrich noch am Tage der Eheschließung am 9. November 1225 den Titel eines Königs von Jerusalem an. Isabella zählte erst 13 oder 14 Jahre, als sie den doppelt so alten Friedrich heiratete. Sie starb drei Jahre später, 1228, bei der Geburt ihres Sohnes Konrad – ein trauriges Frauenschicksal wie unendlich viele

Friedrichs II. erste Frau Konstanze ist die einzige seiner Frauen, die neben dem Kaiser im Dom von Palermo begraben liegt. Als sie 1222 starb, gab er ihr diese Krone mit in den Sarg. Konstanzes Grabinschrift lautet: »Ich war Siziliens Königin und Kaiserin, Constantia. Hier wohn ich nun, Friedrich, deine Frau.«

Krone der Kaiserin Konstanze; Dom, Palermo

Mitte des 19. Jahrhunderts entstand dieses Gemälde, das in idealisierter Form den Empfang der schönen Isabella durch den Kaiser darstellt. Der Maler hat das Geschehen auf die romantische Burg Stolzenfels am Rhein verlagert, während Friedrich in Wirklichkeit in Worms wartete

Kunstmuseum, Düsseldorf, Kupferstichkabinett Inv.-Nr. 14/11 (Entwurfszeichnung von Hermann Stilke)

in dieser Zeit. Alleine auf jenem Kind Konrad ruhten nun – nach dem Drama um Heinrich (VII.) – alle Hoffnungen und Erwartungen in ein Fortbestehen der staufischen Dynastie. Gerade unter diesem Aspekt war es geradezu eine Notwendigkeit, daß Friedrich noch eine weitere Ehe schloß. Die Wahl fiel diesmal auf Isabella, die Schwester des englischen Königs. Sie war mit den Welfen verwandt, mit denen der Kaiser endlich zu einer Aussöhnung kommen wollte – und sie war schön, jung und reich.

Feierliches Brautgeleit

In Stellvertretung des Kaisers reisten Gesandte nach London und steckten der jungen Frau den Brautring an. Ein prunkvolles Geleit brachte sie zum Hafen von Sandwich, dann setzte sie nach Antwerpen über und kam schließlich in Köln an, wo ihr Tausende Bürger mit Blumen und Palmzweigen entgegenzogen, um sie unter Glockengeläut und Gesängen in die geschmückte Stadt zu geleiten. Sechs Wochen verbrachte sie in Köln, bis der Kaiser – nachdem das bittere Geschäft der Absetzung Heinrichs (VII.) vollzogen war – nach ihr schicken ließ. Ein feierlicher Zug brachte sie nach Worms, wo man vier Tage lang Hochzeit feierte. Die schöne junge Frau, die halb so alt war wie er selbst, gefiel dem Kaiser außerordentlich. Dennoch vollzog er die Ehe, so wird berichtet, nicht in der ersten Nacht, sondern erst gegen Morgen, denn diesen Zeitpunkt hatten Astrologen als besonders günstig errechnet – ein weiterer »rationaler« Zug im Wesen des Kaisers, den die Zeitgenossen mit größter Verwunderung registrierten.

Der Abschied

Von Worms aus zog Friedrich II. mit Isabella direkt weiter nach Hagenau, seiner Lieblingspfalz. Sicher wollte er dort auf die Jagd gehen und mit seiner jungen Ehefrau ein paar ruhige Tage verbringen. Die englische Begleitung, welche die junge Kaiserin mitgebracht hatte, schickte Friedrich direkt nach der Hochzeit bis auf zwei Dienerinnen nach London zurück und übergab seine Ehefrau nach orientalischer Sitte, wie der englische Chronist Roger von Wendover mit Abscheu feststellte, »mehreren maurischen Eunuchen und ähnlichen alten Ungetümen zur Obhut«. Eine politische Rolle, wie sie etwa Otto I., Heinrich II. oder Barbarossa ihren Gattinnen eingeräumt hatten, war für die Frauen an der Seite des Kaisers nicht vorgesehen. Er hielt sich seine orientalischen Geliebten und seine Ehefrauen gebaren ihm legitime Nachkommen. Sie lebten im Luxus, aber fern jeder Bedeutung. So beschwerte sich der englische König, daß seine Schwester, die Kaiserin, nach Jahren der Ehe noch niemals öffentlich unter der Krone gegangen sei.

Becher für die heilige Verwandte

In erster Linie war der Kaiser aber während der vier Wochen, die er in Hagenau Station machte, mit der Vorbereitung wichtiger politischer Aktionen beschäftigt: Vom Elsaß ritt er mit seinem Gefolge den Rhein wieder hinab bis Mainz, um dort eine glanzvolle Reichsversammlung zu eröffnen. Sechs Erzbischöfe, 21 Bischöfe, sechs Herzöge, fünf Land- und Markgrafen und unzählige Grafen und Ministerialen nahmen daran teil. Ein erster Landfrieden in deutscher Sprache wurde erlassen und endlich die Aussöhnung mit den Welfen erreicht. Den Abschluß der Verhandlungen bildete ein glanzvolles Fest. Der Kaiser schritt unter der Krone in den Dom zu Mainz und gab nach dem Gottesdienst ein Festessen für alle anwesenden Fürsten und, so die Quellen, für 12000 Ritter.

Die nächsten Monate verbrachte Friedrich im Südwesten Deutschlands, bestrebt, die staufische Position zu festigen. Nur einmal machte er sich auf die weite Reise nach Marburg.

Dort sollten die Gebeine der heiligen Elisabeth, die der Papst fünf Jahre

Der Sarg der heiligen Elisabeth hat die Gestalt einer Kirche mit Langhaus und Querschiff. Unter Giebeln sitzen die zwölf Apostel, Maria und der thronende Christus; auf dem Dach des Schreins sind Szenen aus dem Leben der heiligen Elisabeth dargestellt. Der Sarg ist heute leer, der Verbleib der im 16. Jahrhundert entnommenen Gebeine ist ungeklärt

Goldschmiedearbeit aus dem 13. Jahrhundert; Elisabethkirche, Marburg

Friedrich II. und seine Hofhaltung in Palermo. Die fremdartige Persönlichkeit und Lebensweise Friedrichs, der durch seine Jahre in Sizilien, im Schnittpunkt von Orient und Okzident, geprägt war, hat die Menschen über die Jahrhunderte fasziniert. Auf diesem Gemälde des 19. Jahrhunderts empfängt er eine orientalische Gesandtschaft

Arthur Georg Freiherr von Ramberg,
Gemälde, zwischen 1860 und 1866,
Leinwand, 383 × 520 cm;
Neue Pinakothek, München
Photo: Bayer & Mitko – Artothek

nach ihrem Tod heiliggesprochen hatte, in einen neuen kostbaren Schrein umgebettet werden. Elisabeth, die Landgräfin von Thüringen, hatte ihr kurzes Leben ganz den Armutsidealen des Franz von Assisi gewidmet, die Wartburg und ihre Kinder verlassen, in einer Lehmhütte gehaust und sich bis zur Selbstzerstörung der Sorge um Arme und Kranke gewidmet. Schon kurz nach ihrem Tod geschahen Wunder an ihrem Grab. Nun sollte die Heiliggesprochene königlich beigesetzt werden. Die Kanonisationsfeierlichkeiten hatten einen enormen Zulauf, Tausende strömten zusammen. Nicht nur viele Bischöfe und Fürsten, sondern auch der Kaiser erschien. Für ihn hatte diese Erhebung auch einen politischen Aspekt, denn Elisabeth war eine Blutsverwandte des staufischen Hauses. Der Glanz ihrer Wundertätigkeit gab zugleich dem Kaiserhaus eine höhere Weihe. Friedrich selbst nahm in der grauen Kutte der Zisterzienser an den Feierlichkeiten teil und hob den ersten Stein von ihrem Grab. Als man die Heilige in den kostbaren Schrein umgebettet hatte, legte er einen Goldbecher, aus dem er zu trinken pflegte, in ihren Sarg und setzte ihr – der Heiligen der Ärmsten – eine goldene Krone auf das Haupt.

Abschied und Vermächtnis

Nach den festlichen Tagen von Worms, Mainz und Marburg brach Friedrich im Sommer 1236 für einige Monate nach Oberitalien auf. Er kehrte nur noch einmal für wenige Monate des Jahres 1237 nach Deutschland zurück, denn ehe er sich wieder ganz den schweren Problemen, die es mit den oberitalienischen Städten gab, widmen konnte, mußte noch eine entscheidende Frage geklärt werden – die Frage der Nachfolge im Reich. Im Februar 1237 war es in Wien endlich so weit: Die Fürsten wählten den einzigen legitimen Staufersproß, den achtjährigen Konrad aus Friedrichs zweiter Ehe mit Isabella von Jerusalem zum König. Auf eine Krönung aber verzichtete man vorläufig. Das Beispiel Heinrichs (VII.) schreckte noch zu sehr.

Im Tod den anderen gleich?

Wenige Monate später verließ Friedrich an der Spitze eines Heeres sein Nordreich Richtung Italien. Er sollte nie wieder zurückkommen.

An seinen kleinen Sohn Konrad, den er in Deutschland zurückließ und an dem er mit besonderer Liebe hing, schrieb er wenig später einen sehr persönlichen Brief, eine Art Abschiedsbrief und zugleich ein politisches Vermächtnis:

»Es genügt den Großen der Erde und den Königen nicht ihre berühmte Herkunft, wenn ihrer hervorragenden Abstammung nicht adliges Wesen entspricht und erlauchte Tatkraft das Fürstentum erhebt. Auch nicht deshalb allein unterscheidet man Könige und Kaiser von anderen, weil sie höher thronen, sondern weil sie tiefer blicken und tüchtiger handeln. Außer dem nämlich, daß sie den Menschen durch ihre Menschlichkeit gleich sind, können sie nichts Besonderes für sich in Anspruch nehmen, wenn nicht jeder einzelne von ihnen durch die Tugend der Klugheit die übrigen Menschen überstrahlt. So wie Menschen nämlich werden sie geboren, und wie Menschen sterben sie. Also, mein Sohn, achte die Weisheit und leihe der Klugheit Dein Ohr. Liebe das Wissen und verabscheue die Zucht nicht. Und es genüge Dir nicht, lediglich durch die Würde des Namens ein König zu sein, sondern sei durch die Tüchtigkeit der Herrschaft ein Herrscher!« Dreizehn Jahre nach seinem Aufbruch aus Deutschland war

Friedrich, das »Staunen der Welt«, tot. Die letzten Lebensjahre hatten ihn in den Strudel eines von abgrundtiefem Haß geprägten Kampfes mit dem Papst gerissen, in dem für deutsche Politik kein Raum mehr blieb.

Auf dem Totenbett ließ sich der Kaiser in die graue Kutte der Zisterzienser kleiden. Nun im Tod war er, wie er an seinen Sohn geschrieben hatte, den anderen Menschen wieder gleich – und doch nicht.

Das Ende: Warten auf den Kaiser

Schon zu seinen Lebzeiten hatte ihn die kaiserliche Kanzlei mit Worten umschrieben, die an die Wiederkunft Christi erinnerten. So kündigte man der Stadt Piacenza im Jahr 1236 die Ankunft des Kaisers mit den Worten an: »Das Volk, das im Finstern wandelt, sieht ein großes Licht, und über denen, die da wohnen im finsteren Lande, scheint es hell«.

Schon bald nach dem jammervollen Ende des letzten Staufers, des 16jährigen Konradin, der im Kampf um sein Erbe unterlag, von den gegnerischen Anjou gefangengenommen wurde und im Jahr 1268 auf dem Schafott in Neapel starb, schien der Nimbus jenes fremdartigen Kaisers, den man gefürchtet und bewundert hatte, immer heller zu strahlen.

Dieser Kaiser durfte nicht tot sein …

Sein abenteuerlicher Lebensweg, der luxuriöse, fremde Glanz des Orients und die bewußt gepflegte Aura des Übermenschlichen hoben den verstorbenen Kaiser in eine andere Welt. Er konnte nicht tot sein, nicht in jenem fernen Palermo in einem Porphyrsarg begraben liegen – nein, er schlief nur. Einst würde er wiederkommen, zum letzten Kreuzzug rüsten, übers Meer fahren, das Heilige Land erobern und seinen Schild an einem dürren Baum aufhängen, weil das anbrechende Reich des Friedens nun keiner Herrschaft mehr bedurfte.

Bald tauchten falsche Friedriche auf, die sich für den wiederkehrenden Kaiser ausgaben. Und mochte man sie auch aus den Städten jagen, als Irrsinnige einsperren, ja als Ketzer verbrennen – der Glaube war fest verwurzelt, daß der Kaiser zurückkommen werde. Er, der Hoffnungsträger, würde von neuem ein mächtiges, glänzendes Reich aufbauen. Erst zu Beginn des 16. Jahrhunderts mußte Friedrich II., jener fremde widersprüchliche Mann aus dem Süden, seine Rolle an den vertrauteren Barbarossa abtreten. Der war es nun, der als alter Mann mit langem Bart im Kyffhäuser saß und zum Fixstern ruhmreicher Vergangenheit und zum Vorbild kommender nationaler Einheit und Größe wurde.

… denn mit Zepter und Zügel würde er zurückkehren

Und so erschallte über Friedrich Rückert, die Gebrüder Grimm bis in die Wirren der sterbenden Weimarer Republik der Ruf:

»Kaiser Friedrich, auf, erwache
mit dem heilgen Reichspanier
Komm zu der gerechten Sache
Gott der Herr, er ist mit dir!«

Immer noch schien man zu warten auf den Kaiser, auf seine Ankunft hoch zu Roß, das Zepter in der einen Hand, die Zügel in der anderen …

Der Kaiser im Kyffhäuser. Jahrhundertelang lebte der Mythos von der Wiederkehr Kaiser Friedrichs fort. Meinte man ursprünglich damit Friedrich II., so übertrug sich die Sage seit dem 16. Jahrhundert auf dessen Großvater, Barbarossa. Ihm ist auch das Denkmal auf dem Kyffhäuser geweiht. Dort soll er in einem unterirdischen Saal auf einem Thron aus Elfenbein sitzen, während sein langer, feuriger Bart durch den Tisch wächst

Barbarossa-Denkmal, auf dem Kyffhäuser

Zeittafel

768 – 814	**Karl der Große**
772 – 805	**Sachsenkriege**
788	**Absetzung Tassilos von Bayern**
800	**Kaiserkrönung**
843 – 919	Zerfall des Karolingerreiches und Entstehung der Nachfolgereiche Deutschland und Frankreich
919 – 936	Heinrich I., erster Herrscher aus sächsischem (ottonischem) Haus
936 – 973	**Otto I.**
955	**Sieg über die Ungarn auf dem Lechfeld**
962	**Kaiserkrönung**
973 – 983	Otto II.
983 – 1002	Otto III.
1002 – 1024	Heinrich II.
1024 – 1039	Konrad II., erster Herrscher aus salischem Haus
1039 – 1056	Heinrich III.
1056 – 1106	**Heinrich IV.**
1076	**Absetzung Gregors VII. in Worms**
1077	**Gang nach Canossa und Wahl eines Gegenkönigs**
1105	**Absetzung Heinrichs IV. in Ingelheim**
1106 – 1125	Heinrich V., letzter Salierherrscher
1125 – 1137	Lothar III.
1138 – 1152	Konrad III., erster Stauferherrscher
1152 – 1190	Friedrich I. Barbarossa
1190 – 1197	Heinrich VI.
1198 – 1215	Thronstreit in Deutschland
1212 – 1250	**Friedrich II.**
1212	**Ankunft in Deutschland**
1214	**Schlacht von Bouvines**
1215	**Krönung in Aachen**
1235	**Absetzung Heinrichs (VII.)**
1237	**Wahl Konrads IV. und Abschied von Deutschland**

Quellen- und Literaturverzeichnis

Althoff, Gerd: Das Bett des Königs in Magdeburg. In: Festschrift für Berent Schwineköper. Sigmaringen 1982, S. 141 ff.

Althoff, Gerd: Die Billunger in der Salierzeit. In: Die Salier und das Reich. Bd. 1. Sigmaringen 1992, S. 309 ff.

Althoff, Gerd/Keller, Hagen: Heinrich I. und Otto der Große. Neubeginn auf karolingischem Erbe. 2 Bde. Göttingen/Zürich 1994[2]

Askani, Bernhard: Ein Kaiser an der Stelle Gottes. In: Praxis Geschichte (1987), S. 6 ff.

Asmus, Helmut (Ltg. des Autorenkollektivs): Geschichte der Stadt Magdeburg. Berlin 1975

Bandmann, Günter: Mittelalterliche Architektur als Bedeutungsträger. Berlin 1981[7]

Berges, Wilhelm: Das Reich ohne Hauptstadt. In: Jahrbuch für Geschichte des deutschen Ostens 1 (1952). S. 1 ff.

Beumann, Helmut: Die Ottonen. Stuttgart/Berlin/Köln 1997[4]

Binding, Günther: Die deutschen Königspfalzen von Karl dem Großen bis Friedrich II. Darmstadt 1996

Blumenthal, Uta-Renate: Der Investiturstreit. Stuttgart u.a. 1982

Böhmer, Johann Friedrich: Regesta Imperii V. Neu herausgegeben und ergänzt von Julius Ficker. 1. Bd., 1. Abtlg. Innsbruck 1881

Böhmer, Johann Friedrich: Regesta Imperii I. Die Regesten des Kaiserreiches unter den Karolingern 751–918. Innsbruck 1889

Böhmer, Johann Friedrich: Regesta Imperii V. Neu herausgegeben und ergänzt von Julius Ficker und Eduard Winkelmann. 2. Bd., 4. Abtlg. Päpste und Reichssachen. Innsbruck 1892–94

Böhmer, Johann Friedrich: Regesta Imperii. Die Regesten des Kaiserhauses unter den Herrschern aus salischem Hause 919–1024. Neu bearb. von Emil von Ottenthal. Innsbruck 1893

Böhmer, Johann Friedrich: Regesta Imperii V. Neu herausgegeben und ergänzt von Julius Ficker und Eduard Winkelmann. 4. Bd. Nachträge und Ergänzungen, bearb. von Paul Zinsmaier. Köln/Wien 1983

Böhmer, Johann Friedrich: Regesta Imperii III,2. Die Regesten des Kaiserreiches unter Heinrich IV. 1. Lieferung 1056 (1050)–1065. Bearb. von Tilman Struve. Köln/Wien 1984

Boshof, Egon: Die Salier. Stuttgart u.a. 1987

Boshof, Egon: Heinrich IV. Herrscher an einer Zeitenwende. Göttingen/Zürich 1990[2]

Boshof, Egon: Bischöfe und Bischofskirche von Passau und Regensburg. In: Die Salier und das Reich. Bd. 2. Sigmaringen 1992, S. 113 ff.

Bosl, Karl: Pfalzen und Forsten. In: Deutsche Königspfalzen. Bd. 1. Göttingen 1963, S. 1 ff.

Brandt, Michael/Eggebrecht, Arne (Hrsg.): Bernward von Hildesheim und das Zeitalter der Ottonen. Ausstellungskatalog. 2 Bde. Hildesheim 1993

Braunfels, Wolfgang (Hrsg.): Karl der Große. Lebenswerk und Nachleben. Bd. 1. Düsseldorf 1967

Braunfels, Wolfgang: Die Welt der Karolinger und ihre Kunst. München 1968

Brühl, Carlrichard: Königspfalz und Bischofsstadt in fränkischer Zeit. In: Rheinische Vierteljahrsblätter 23 (1958), S. 161 ff.

Brühl, Carlrichard: Fränkischer Krönungsbrauch und das Problem der »Festkrönungen«. In: Historische Zeitschrift 194 (1962), S. 265 ff.

Brühl, Carlrichard: Fodrum, Gistum und Servitium regis. 2 Bde. Köln/Graz 1968

Brühl, Carlrichard: Die Herrscheritinerare. In: Ders.: Aus Mittelalter und Diplomatik. Bd. 2. Hildesheim/München/Zürich 1989, S. 550 ff.

Büttner, Heinrich: Die Ungarn, das Reich und Europa bis zur Lechfeldschlacht des Jahres 955. In: Zeitschrift für bayerische Geschichte 19 (1956), S. 433 ff.

Bullough, Donald: Karl der Große und seine Zeit. Wiesbaden 1966

Bulst-Thiele, Marie Luise: Kaiserin Agnes. Leipzig/Berlin 1933

Classen, Peter: Bemerkungen zur Pfalzenforschung am Mittelrhein. In: Deutsche Königspfalzen. Beiträge zu ihrer historischen und archäologischen Erforschung. Bd. 1. Göttingen 1963. S. 75 ff.

Dahlhaus, Joachim: Zu den Anfängen von Pfalz und Stiften in Goslar. In: Die Salier und das Reich. Bd. 2. Sigmaringen 1992, S. 373 ff.

Dannheimer, Hermann/Dopsch, Heinz (Hrsg.): Die Bajuwaren. Von Severin bis Tassilo 488–788. Rosenheim/Mattsee 1988

Dopsch, Alfons: Die Wirtschaftsentwicklung der Karolingerzeit. 2 Bde. Köln/Graz 1962

Dotzauer, Winfried: Die Ankunft des Herrschers. In: Archiv für Kulturgeschichte 55 (1973), S. 245 ff.

Einhard: Vita Karoli Magni. Lat./Dt. übersetzt von E. Scherabon Firchow. Stuttgart 1981

Engels, Odilo: Die Staufer. Stuttgart u. a. 1977[2]

Ennen, Edith: Die europäische Stadt des Mittelalters. Göttingen 1979[3]

Fichtenau, Heinrich: Lebensordnungen des 10. Jahrhunderts. München 1994[2]

Fillitz, Hermann: Die Schatzkammer in Wien. Wien 1986

Fleckenstein, Josef: Die Hofkapelle der deutschen Könige. 2 Bde. Stuttgart 1959 bzw. 1966 (= Schriften der MGH 16/I und 16/II)

Fleckenstein, Josef: Karl der Große. Göttingen/Zürich 1962

Fleckenstein, Josef: Grundlagen und Beginn der deutschen Geschichte. Göttingen 1974

Fleckenstein, Josef/Bulst, Marie Luise: Begründung und Aufstieg des deutschen Reiches. (= Gebhardt: Handbuch der deutschen Geschichte. Bd. 3) München 1970[3]

Fleckenstein, Josef/Monselewski, Werner/Neuhoff, Volker: Widukind und Karl der Große. Nienburg 1992

Fuhrmann, Horst/Mütherich, Florentine: Das Evangeliar Heinrichs des Löwen und das mittelalterliche Herrscherbild. Bayerische Staatsbibliothek, Ausstellungskatalog 35. München 1986

Gauert, Adolf: Zum Itinerar Karls des Großen. In: Braunfels, Wolfgang (Hrsg.) Karl der Große. Leben und Nachleben. Bd. 1. Düsseldorf 1967, S. 307 ff.

Goetz, Hans-Werner: Frauen im frühen Mittelalter. Köln 1995

Goez, Werner: Friedrich II. und Deutschland. In: Politik, Wirtschaft und Kunst des staufischen Lübecks. Lübeck 1976, S. 5 ff.

Goez, Werner: Zur Persönlichkeit Gregors VII. In: Römische Quartalschrift 73 (1978), S. 193 ff.

Goez, Werner: Bischof Ulrich von Augsburg. In: Gestalten des Hochmittelalters. Darmstadt 1983, S. 25 ff.

Goez, Werner: Papst Leo IX. In: Gestalten des Hochmittelalters. Darmstadt 1983, S. 100 ff.

Grimme, Ernst Günther: Geschichte der abendländischen Buchmalerei. Köln 1980

Grimme, Ernst Günther: Das Evangeliar Kaiser Ottos III. im Domschatz zu Aachen. Freiburg/Basel/Wien o. J.

GRUNDMANN: Wahlkönigtum, Territorialpolitik und Ostbewegung im 13. und 14. Jahrhundert. (= Gebhardt: Handbuch der deutschen Geschichte. Bd. 5.) München 1977[3]

HAMPE, KARL: Deutsche Kaisergeschichte in der Zeit der Salier und Staufer. Darmstadt 1979 (ND der 12. Aufl.)

HAUCK, KARL: Tiergärten im Pfalzbereich. In: Deutsche Königspfalzen. Bd. 1. Göttingen, S. 30 ff.

HEIDRICH, INGRID: Bischöfe und Bischofskirche von Speyer. In: Die Salier und das Reich. Bd. 2. Sigmaringen 1992, S. 187 ff.

HEINISCH, KLAUS: Kaiser Friedrich II. in Briefen und Berichten seiner Zeit. Darmstadt 1968

HEINISCH, KLAUS: Kaiser Friedrich II. Sein Leben in zeitgenössischen Berichten. München 1977

HOFMANN, HANS HUBERT: Fossa Carolina. In: Beumann, Helmut (Hrsg.): Karl der Große. Persönlichkeit und Geschichte. Düsseldorf 1967, S. 437 ff.

HOLTZMANN, ROBERT: Geschichte der sächsischen Kaiserzeit. 2 Bde. München 1971 (ND der 5. Aufl.)

HUGOT, LEO: Der Dom zu Aachen. Aachen 1989

JORDAN, KARL: Das Zeitalter des Investiturstreites als politische und geistige Wende des Hochmittelalters. In: Geschichte in Wissenschaft und Unterricht 23 (1972), S. 513 ff.

JORDAN, KARL: Investiturstreit und frühe Stauferzeit. (= Gebhardt: Handbuch der deutschen Geschichte. Bd. 4.) München 1973[3]

KALCKHOFF, ANDREAS: Karl der Große. Profile eines Herrschers. München/Zürich o. J.

KANTOROWICZ, ERNST: Kaiser Friedrich der Zweite. Hauptband. Neuausgabe Stuttgart 1998

KANTOROWICZ, ERNST: Kaiser Friedrich der Zweite. Ergänzungsband. Quellennachweise und Exkurse. Berlin 1931

Karl der Große. Werk und Wirkung. Ausstellungskatalog. Aachen 1965

KELLER, HAGEN: Zwischen regionaler Begrenzung und universalem Horizont. Deutschland im Imperium der Salier und Staufer. Berlin 1986

KILIAN, EUGEN: Itinerar Kaiser Heinrichs IV. Karlsruhe 1886

KLEWITZ, HANS-WALTER: Die Festkrönungen der deutschen Könige. In: Zeitschrift der Savigny-Stiftung für Rechtsgeschichte/Kanon. Abt. 28 (1939), S. 48 ff.

KOLMER, LOTHAR: Regensburg in der Salierzeit. In: Die Salier und das Reich. Bd. 3. Sigmaringen 1992, S. 191 ff.

KOTTJE, HEINRICH: Zur Bedeutung der Bischofsstädte für Heinrich IV. In: Historisches Jahrbuch 97/98 (1978), S. 131 ff.

KÜSTER, HANSJÖRG: Geschichte der Landschaft in Mitteleuropa. München 1995

LAMMERS, WALTER: Friedrich II. In: Beumann, Helmut (Hrsg.): Herrschergestalten des Mittelalters. München 1984, S. 199 ff.

LAMPERT VON HERSFELD: Annalen. Neu übersetzt von Adolf Schmidt. (= Ausgewählte Quellen zur deutschen Geschichte des Mittelalters. Freiherr vom Stein-Gedächtnisausgabe Bd. XIII) Darmstadt 1973

LANDESDENKMALAMT BADEN-WÜRTTEMBERG/STADT ZÜRICH (HRSG.): Stadtluft, Hirsebrei und Bettelmönch. Die Stadt um 1300. Stuttgart 1992

LEUSCHNER, JOACHIM: Das Reich des Mittelalters. Stuttgart 1963

LEUSCHNER, JOACHIM: Deutschland im späten Mittelalter. Göttingen 1975

LEYSER, KARL: Herrschaft und Konflikt. König und Adel im ottonischen Sachsen. Göttingen 1984

LINDNER, KURT: Geschichte des deutschen Weidwerkes. Bd. II. Berlin 1940

LÖWE, HEINZ: Deutschland im fränkischen Reich. (= Gebhardt: Handbuch der deutschen Geschichte. Bd. 2) München 1976[3]

LUCKHARDT, JOCHEN/NIEHOFF, FRANZ (HRSG.): Heinrich der Löwe und seine Zeit. Herrschaft und Repräsentation der Welfen 1125–1235. Katalog der Ausstellung Braunschweig 1995. 4 Bde. München 1995

MAYER, HANS EBERHARD: Geschichte der Kreuzzüge. Stuttgart u.a. 1965[4]

MAYER, THEODOR: Das deutsche Königtum und sein Wirkungsbereich. In: Ders.: Mittelalterliche Studien. Lindau/Konstanz u. a. 1959, S. 28 ff.

METZ, WOLFGANG: Das karolingische Reichsgut. Berlin 1960

METZ, WOLFGANG: Die Agrarwirtschaft im karolingischen Reiche. In: Braunfels, Wolfgang (Hrsg.) Karl der Große. Lebenswerk und Nachleben. Bd. 1. Düsseldorf 1967, S. 489 ff.

METZ, WOLFGANG: Das Servitium Regis. Darmstadt 1978

MEYER VON KRONAU, GEROLD: Jahrbücher des Deutschen Reiches unter Heinrich IV. und Heinrich V. Bd. 2: ND Berlin 1964. Bd. 5: ND Berlin 1965. Bd. 6: Leipzig 1907

MITTEIS, HEINRICH: Die deutsche Königswahl. Darmstadt 1977 (4. ND)

MÜHLBAUER, JOSEF: Lebensweg und Schicksal der staufischen Frauen. Esslingen 1977

MÜLLER-MERTENS, ECKHARD: Das Zeitalter der Ottonen. Berlin 1955

MÜLLER-MERTENS, ECKHARD: Die Reichsstruktur im Spiegel der Herrschaftspraxis Ottos des Großen. Berlin 1980

MÜLLER-MERTENS, ECKHARD: Reich und Hauptorte der Salier: Probleme und Fragen. In: Die Salier und das Reich. Bd. 1. Sigmaringen 1992, S. 139 ff.

NETTE, HERBERT: Friedrich II. von Hohenstaufen. Reinbek 1975

NITSCHKE, AUGUST: Die Ziele Heinrichs IV. In: Wissenschaft, Wirtschaft und Technik. Wilhelm Treue zum 60. Geburtstag. München 1969, S. 38 ff.

OHLER, NORBERT: Reisen im Mittelalter. München 1988[2]

OHLER, NORBERT: Krieg und Frieden im Mittelalter. München 1997

REISS-MUSEUM, MANNHEIM (HRSG.): Die Franken. Wegbereiter Europas. 2 Bde. Mainz 1996

RICHÉ, PIERRE: Die Karolinger. Eine Familie formt Europa. München 1991

RIPPMANN, DOROTHEE (Text) u.a.: Eine Stadt um 1100. Spurensuche und Einladung zur Stadtbesichtigung. Sigmaringen 1991

RÖMISCH-GERMANISCHES ZENTRALMUSEUM MAINZ (HRSG.): Das Reich der Salier. Katalog zur Ausstellung des Landes Rheinland-Pfalz. Sigmaringen 1992

SCHALLER, HANS MARTIN: Kaiser Friedrich II. Verwandler der Welt. Göttingen/Frankfurt/Zürich 1964

SCHALLER, HANS MARTIN: Der heilige Tag als Termin mittelalterlicher Staatsakte. In: Deutsches Archiv 30 (1974), S. 1 ff.

SCHIEFFER, RUDOLF: Erzbischöfe und Bischofskirche von Köln. In: Die Salier und das Reich. Bd. 2. Sigmaringen 1992, S. 1 ff.

SCHLESINGER, WALTER: Zur Geschichte der Magdeburger Königspfalz. In: Blätter für deutsche Landesgeschichte 104 (1968), S. 1 ff.

SCHMALE, FRANZ-JOSEPH (HRSG./ÜBERS.): Die Chronik Ottos von St. Blasien und die Marbacher Annalen. (= Freiherr vom Stein-Gedächtnisausgabe Bd. XVIIIa) Darmstadt 1998

SCHMALE-OTT, IRENE (ÜBERS.): Quellen zur Geschichte Kaiser Heinrichs IV. – Die Briefe Heinrichs IV. – Das Lied vom Sachsenkrieg. – Brunos Sachsenkrieg. – Das Leben Kaiser Heinrichs IV. (= Ausgewählte Quellen zur deutschen Geschichte des Mittelalters. Freiherr vom Stein-Gedächtnisausgabe Bd. XII.) Darmstadt 1974

SCHMID, KARL: Zum Haus- und Herrschaftsverständnis der Salier. In: Die Salier und das Reich. Bd. 1. Sigmaringen 1992, S. 21 ff.

SCHMITZ, FRIEDRICH: Die Aachener Pfalz. Architektur, Funktion und Bedeutung. In: Praxis Geschichte 2 (1988), S. 14 ff.

Schneider, Reinhard: Landeserschließung und Raumerfassung durch salische Herrscher. In: Die Salier und das Reich. Bd. 1. Sigmaringen 1992, S. 117 ff.

Schwineköper, Berent: Zur Deutung der Magdeburger Reitersäule. In: Festschrift für Percy Ernst Schramm. Bd. 1. Wiesbaden 1964, S. 117 ff.

Seltmann, Ingeborg: Heinrich VI. Herrschaftspraxis und Umgebung. Erlangen 1983

Staab, Franz: Die Mainzer Kirche. In: Die Salier und das Reich. Bd. 2. Sigmaringen 1992, S. 31 ff.

Das Staunen der Welt. Das Morgenland und Friedrich II. Berlin 1995

Steinitz, Benno: Die Organisation und Gruppierung der Krongüter unter Karl dem Großen. In: Vierteljahrschrift für Sozial- und Wirtschaftsgeschichte 9 (1911), S. 317 ff.

Störmer, Wilhelm: Bayern und der bayerische Herzog im 11. Jahrhundert. In: Die Salier und das Reich. Bd. 1. Sigmaringen 1992, S. 503 ff.

Stürner, Wolfgang: Friedrich II. Teil 1: Die Königsherrschaft in Sizilien und Deutschland 1194–1220. Darmstadt 1992

Szabo, Thomas: Der Übergang von der Antike zum Mittelalter am Beispiel des Straßennetzes. In: Lindgren, Uta (Hrsg.): Europäische Technik im Mittelalter. Berlin 1996, S. 25 ff.

Tellenbach, Gerd: Der Charakter Kaiser Heinrichs IV. Zugleich ein Versuch über die Erkennbarkeit menschlicher Individualität im hohen Mittelalter. In: Person und Gemeinschaft im Mittelalter. Festschrift für Karl Schmid. Sigmaringen 1988, S. 345 ff.

Über die Kunst mit Vögeln zu jagen. Miniaturen aus einer Handschrift des Falkenbuches von Kaiser Friedrich II. Mit einem Geleitwort von Carl Willemsen. Frankfurt 1979[2]

Väterlein, Christian (Hrsg.): Die Zeit der Staufer. Geschichte-Kunst-Kultur. Katalog zur Ausstellung. 4 Bde. Stuttgart 1977

Vogel, Jörgen: Gregor VII. und Heinrich IV. nach Canossa. Zeugnisse ihres Selbstverständnisses. Berlin 1983

Vogelsang, Thilo: Die Frau als Herrscherin im hohen Mittelalter. Studien zur »consors regni«-Formel. Göttingen/Frankfurt/Berlin 1954

Walther von der Vogelweide: Gedichte. Hrsg. von Hugo Kuhn. 13. Ausgabe. Berlin 1965

Weinfurter, Stefan: Herrschaft und Reich der Salier. Grundlinien einer Umbruchzeit. Sigmaringen 1991

Weinfurter, Stefan: Herrschaftslegitimation und Königsautorität im Wandel. In: Die Salier und das Reich. Bd. 1. Sigmaringen 1992, S. 55 ff.

Weinfurter, Stefan: Die Salier und das Reich. In: Die Salier und das Reich. Bd. 1. Sigmaringen 1992, S. 1 ff.

Wendehorst, Alfred: Bischofskirchen von Würzburg, Eichstätt und Bamberg. In: Die Salier und das Reich. Bd. 2. Sigmaringen 1992, S. 225 ff.

Widukind von Corvey: Die Sachsengeschichte. Über. und hrsg. von: E. Rotter und B. Schneidmüller. Lat./dt. Stuttgart 1981

Wolfram, Herwig: Tassilo III. und Karl der Große – Das Ende der Agilolfinger. In: Die Bajuwaren. Von Severin bis Tassilo 488–788. Rosenheim/Mattsee 1988, S. 160 ff.

Zotz, Thomas: Goslar – Silberbergbau und frühe Pfalz. In: Bernward von Hildesheim und das Zeitalter der Ottonen. Katalog der Ausstellung. Bd. 1. Hildesheim 1993, S. 241 ff.